자기계몽

자기 삶과 사회를 뒤바꾸는 꿈

자기계몽

자기 삶과 사회를 뒤바꾸는 꿈

이 인 지음

인간사랑

목차

사랑에 빠졌나요?

대학을 생각하다

나의 꿈, 우리의 꿈

왜 꿈인가

처음엔 망설였습니다. 많은 자기계발서적이 그러하듯 이 책 또한 절절한 마음으로 꿈을 찾는 사람들의 마음을 더 뒤숭숭하게 만들며, 읽은 뒤 얼마 지나지 않아 가물가물하게 되는, 그렇고 그런 책으로 비칠 수도 있기 때문입니다. 꿈이란 말조차도 자기계발이란 소용돌이에 휩쓸린 시대니까요.

그런가 하면 꿈이란 말이 사치가 되어버린 세상에서 잃어버린 꿈을 찾겠다니, 어수룩한 주제가 아닌가 싶기도 했습니다. 지구마을의 그늘을 걷어내고 부조리를 뜯어고칠 수 있게끔 힘을 보태도 모자랄 판에 '꿈타령'이나 하고 있으니, 배부른 소리 같게 들릴 수도 있으니까요. 나날이 팍팍하고 힘겨운 세상살이에서 꿈 꿀 엄두도 안 나는 사람들에게 꿈 얘기는 스산함만 자아내지 않을까 걱정도 들었습니다. 그럼에도 꿈 찾는 글을 쓴 까닭은 꿈을 찾아 헤매는 젊은 친구들이 너무나 많기 때문입니다.

딱히 특별한 꿈이 있거나 믿는 것이 있어 이렇게 대책 없이 버

> 티고 있는 것은 아닙니다. 집안사정도 좋지 못해 하루빨리 취직해야 하는 현실은 주위 친구들과 다르지 않습니다. 하지만 이대로 졸업해서 어딘가 적당한 돈을 주는 곳에 취직하여 평생을 살아가기에는 뭔가 억울했습니다. 꿈을 찾지 못했다면 찾아볼 노력이라도 해보고 끝내야 하는 것은 아닌가?라는 생각에 몇 차례를 휴학하고 이런저런 경험도 해보았습니다. 쉽지 않았습니다. 정말 좋아하거나 잘할 수 있는 일을 찾는다는 것. 집안사정도 기울 대로 기울고 하여 더 이상 직접 경험하며 찾는 것은 현실적으로 불가능한 상황이었습니다.

편지의 한 대목입니다. 이런 편지를 곧잘 받습니다. 다들 '보기 좋을 정도로만' 머리를 감싸쥐는 척하다가 휙 돌아서는데, 머리 감싸쥔 손을 놓지 않고 견디는 젊은이들이 생각보다 무척 많더군요. 머리를 쥐어뜯는 일은 아무리 시간을 들인다고 뾰족한 수가 나오지 않을 수도 있는 힘든 노동이지만, 그 버거움에 무릎 꿇지 않는 마음가짐이 반갑고 고마웠습니다. 그리고 미안했습니다. 그들의 '절절한 울부짖음'을 듣지 못한 작달막한 귀의 크기가 안타까웠습니다.

이 젊은이는 "누군가의 도움이 필요하다. 그리고 이 도움은 나 혼자만 필요로 하는 것이 아니다"라며 모임을 만들더군요. 젊은이들끼리 모여서 새로운 움직임을 열어가려는 것이죠. 이런 젊은이들이 부쩍 생겨나고 있습니다. 학술동아리들이 우르르 사라진 빈 곳에서 이런 모둠들과 만남들이 늘어나고 퍼져갑니다. 앞으로 어떤 일이 생길까요? 빈자리에서 새로운 생각을 키워가는 젊은이들이 어떤 일들을 이뤄낼까요?

많은 젊은이들이 이렇게 털어놓습니다. "꿈이 없습니다", "뭘 해야 할지 모르겠어요", "하고 싶은 게 없어요", "제 청춘이 너무 괴롭습니다"라며 슴벅이는 눈망울들이 동네방네에 있습니다. 그들의 눈빛을 보면 이 시대가 호되게 앓고 있다는 걸 느낍니다. 꿈을 꾸지 못하는 젊은이들은 한국 사회의 콜록거림입니다. 넓게 봐선 지구마을의 부스럼이지요. 단순히 꿈을 꾸라고 말해선 꿈을 꿀 수 없습니다. 이 사회가 '꿈을 꾸지 못하는 병'에 걸려 있으니까요.

그렇다면 무엇보다 병에 걸렸다는 깨달음이 있어야 하겠죠. 그렇지 않으면 고뿔 정도로 여기며 자신의 괴로움을 고치는 데 개뿔도 힘쓰지 않을 테니까요. 환자들에게는 건강한 먹거리와 알맞은 치료가 있어야겠지만 무엇보다도 병을 낫겠다는 자신의 마음가짐이 가장 대수롭듯 '꿈을 꾸지 못하는 병'에 자신이 걸렸으니 이 병을 고쳐서 '꿈을 꾸겠다는' 애탐과 발 동동구름이 있어야 합니다. 그때 비로소 나을 수 있고 더 나은 사람이 될 테죠.

그렇기에 이 책은 대단한 꿈을 꿔보라며 옆구리를 콕콕 찌르거나 꿈들을 늘어놓고 이 가운데 당신 마음에 드는 삼빡한 걸 고르라고 부추기지 않습니다. 도리어 꿈이 없는 형편을 따지고 꿈의 의미를 캐물으며 현실의 야로들을 헤치고 들추는 노릇을 하고자 합니다. 이른바 '성공한 이야기들'을 줄줄이 종알거리면서 "소년이여, 야망을 가져라"라는 자기계발에 맞서 나지막이 속삭입니다. "소녀소남들이여, 무엇이 진짜 야망인지, 이 사회는 어떠한 야망을 가지라고 하는지, 자신을 에워싼 사회의 꼬락서니가 어떠한지 따져라."

얼마든지 마음만 먹고 바라기만 하면 떡 하고 꿈이 이뤄진다는 얘기는 빛깔 좋은 개살구입니다. 삶에서 빚어지는 언짢음과 세상의 뒤틀림을 바로 볼 때만 삶의 파릇파릇함을 지켜낼 수 있습니다. 누군가가 의젓해졌다면 이리 채이고 저리 구르면서도 자신의 고통이 세상의 응달과 맞물려 있음에 눈 떴기 때문입니다. 자신에게 드리워진 그림자를 잘 알 때 자신이 어디에 서 있고 지구동네가 어떠한지 알 수 있습니다. 고통을 알지 못하는 사람은 기쁨도 제대로 알지 못합니다.

소설 『호밀밭의 파수꾼』의 주인공은 부조리에 부대끼면서 세상의 검댕에 눈을 뜹니다. 세상을 다 안다고 으스대던 주인공은 세상의 거친 물살에 젖으면서 차가운 이마로 현실을 다시 돌아보지요. 그리고 끝내 "나는 좀 겁쟁이일지도 모르겠다. 그렇다고 변명하는 것은 아니다. 정말이다. 정말 겁쟁이는 되지 말아야 한다. 누구의 턱을 갈겨야 할 때라든가 갈기고 싶을 때에는 반드시 갈겨야 한다"며 솔직하게 자신을 돌아보고 용기를 내어 조금씩, 천천히 어른으로 자랍니다.

마찬가지로 꿈을 찾아 헤매는 사람이라면 자신이 잘 모르는 것, 살짝 알지만 보기 싫은 것들을 뚫어져라 봐야만 합니다. 고개 돌리고 싶은 것들을 족집게로 집어내면서 괴로움에 맞닥뜨려야 하지요. 이러한 '눈뜸'의 과정 없이는 결코 즐거움을 누릴 수 없습니다. 양명학자 이탁오는 쉰 이전까지 개처럼 살았다고 털어놓던데, 돌이켜 보면 우리는 남들 따라 정해진 시궁창을 헤매는 한 마리 개인지도 모르겠네요. 엉망으로 살았다는 걸 깨끗이 받아들일 때, 솔직히 자기문제와 사회모순들을 바라볼 때, 그것들을 뜯어내고 깎아내고자 애쓰는 호두까기일 때 비로소 사람 노릇을 할 수 있겠지요. 여태껏 해오던 틀을 깨고 새로운 상상을 펼치는 이들이 많아질 때 세상이 바뀌듯 이날까지 해오던 생각에서 벗어나 낯선 생각들을 품을 때 사람은 바뀌니까요. 새롭게 생각하는 일이 쉽지도 않을 뿐더러 지금까지 자기모습을 뒤집어 들여다보기가 그리 내키지 않겠지만 그런 일을 하지 않는다면, 새롭게 생각하기를 꺼린다면 행복하기는커녕 삶에 아늑함조차 생겨나지 않습니다. 오로지 자신의 주인으로서 삶의 복판에 우뚝 선 사람만이 참 행복할 수 있지요. 세상과 마주치면서 끝없이 생겨나는 고통을 껴안고자 자기 마음을 열 때 비로소 어른으로 자랍니다.

이러한 '어른-되기'에 이름을 붙이자면 '자기계몽'입니다. 자본주의의 요구에 따라 '인적 자원'으로써 자신을 맞추는 자기계발과 달리 자기계몽은 이 사회가 자신에게 심어놓은 일그러진 욕망과 자기 안에 켜켜이 쌓여 있는 허물들을 꿰뚫고 솎아내며, 더 나은 사람이 되고자 고민하고 사람 사는 사회를 이룩하고자 벌이는 모든 애씀입니다. 미처 헤아리지 못했던, 자신을 에워싼, 자기 안에 스며든 세상의 검버섯을 깨단하려는 안간힘이지요. 자신의 검푸름에 손수 촛불을 켜고 살아 있음을 느끼려는 몸부림이자 자신의 꿈을 가로막는 것들과 싸우며 흘리는 모든 땀방울입니다. 한마디로 자기계몽이란 자신을 열고 가려졌던 세상의 진실들을 마주보면서(啓蒙) 남과 함께 살아가는 꿈을 이어가는(系夢) 작업입니다.

꿈을 찾으려면 '현실 속의 나'와 그 '나가 속한 현실'을 잘 알아야 합니다. 자신이 꿈을 꾸지 못한다는 건 무언가 잘못 알았다는 뜻이고, 그 잘못은 뜨거운 눈물을 흘리며 잘못을 떨쳐내는 과정에서 빚어지는 고통을 겪어야만 달라지고 사그라집니다. 그렇기에 자기계몽은 자기계발처럼 듣기에 달달한 말들을 던지며 뭔가 해보라고 겨드랑이를 간질이지 않습니다. 되레 여태 한 것들이 자신을 행복하게 하지 않는다면 잠깐 놓기나 서리 치우고 지금까지 살아온 시간들을 돌아보게끔 만들죠. 이골 난 일상을 가리키며 미처 생각지 못했던 모퉁이와 길섶들을 살핍니다.

요새 젊은이들에 대한 수다들이 어느 때보다 더 와글와글합니다. 이른바 '신세대'를 두고 따따부따하던 90년대에 못잖게 이러쿵저러쿵 '요즘 젊은 것'들이 어떠하다는 글들과 책들이 쏟아지고 있습니다. 그 흐름은 크게 바뀌었는데, 처음엔 '산업화'를 위해 달음박질치던 시절에 사로잡혔거나 '민주화'를 위해 뛰었던 기억에 머무르던 '기성세대들'의 한숨과 손가락질이 큰 물줄기였지요. 왜 요즘 애들은 자기밖에 모르냐면서 돌을 던지고, 패기도 없고 낭만도 모른다며 혀를 끌끌 차는 소리로 시끌벅적했죠. 그러다 지금 젊은이들이 갑자기 하늘에서 뚝 떨어진 게 아니라 자신들이 만든 사회에서 자란 아이들이란 깨달음이 퍼져나갔고, 이에 따라 젊은이들을 욕할 게 아니라 '이해'해야 한다는 움직임이 나타납니다. '너희가 잘못한 게 아니다'라며 토닥이는 글들이 불거졌지요.

이러한 바뀜이 고맙고 어쩌면 마땅하지만, 그러한 다독거림만으로 지금 젊은이들이 겪고 있는 어려움이 씻겨내려 가지는 않습니다. 잠깐이나마 기운을 차리고 '그래도 세상은 살 만한 곳이구나' 느낄 수 있을지언정 젊은이들을 옥죄는 사회모순은 그대로입니다. 기성세대들의 보듬음은 마치 종교단체가 주는 '알량한 위로'와 닮았습니다. 일그러진 사회형편은 바꿔내지 않은 채 지금의 고통을 잠깐 덜어내 주는 데 그치는, 다시 종교단체로 불러들이는 미끼와 같은 그 얄팍한 위안.

그러므로 새로운 글들이 더 나와야 합니다. 여태껏 '기성세대들'이 젊은이들에게 혼찌검을 내거나 어루만져 주려 했다면, 이제는 젊은 세대 “안에서” 젊은이들“끼리” 서로를 헤아리면서도 따끔하게 비판해야 합니다. 더 나아가서는 젊은이들이 기성세대들의 케케묵음을 꼬집고 털어내는 일에 발벗고 나서야 하겠지요. 젊은이들끼리 업신여기거나 깎아내리기는 하지만 정작 함께 머리를 맞대며 이야기를 풀어나갈 ‘비판’은 잘 하지 않습니다. 지금 사회에서 고통을 당하는 ‘피해자들’은 산더미처럼 있는데 그 고통의 가해자들을 찾아내고자 움직이고 입을 여는 ‘주체’들은 없습니다. 젊은이들은 사회현실에 짜증만 내거나 사회에서 하란 걸 하는 데 골똘하기 십상이지요.

따라서 비판은 젊은이들끼리 ‘우린 안 돼’라는 맥빠짐이거나 ‘우리 힘들어요’라는 칭얼댐이 아니라, 오히려 버거운 사회현실을 바꿔내며 새로운 사회를 만들어낼 ‘주체화’ 작업이라 할 수 있습니다. 지금 현실을 바꿔낼 힘을 키워주는 운동이 비판이니까요. 때론 미지근한 껴안음보다 날카로운 한마디에 정신이 번쩍 들 때가 있듯 내키지 않더라도 쓴소리를 들어야 하는 이유가 여기에 있습니다. 이런 과정을 거치며 ‘나이 많은 그들’에게 맡기고 기다리기보다 손수 사회를 바꿔낼 힘이 젊은이들에게 생깁니다. 젊은이들이 자신의 모습과 이 사회에 책임을 느끼고 울력으로 질 수 있도록 힘을 키우는 운동이 비판입니다. 책임을 지려는 마음가짐이 묵직한 울림과 커다란 바뀜을 낳는 법이죠. 젊은이들이 사회에 떳떳하게 나설 수 있는 마당은 젊은이들 스스로 하는 ‘비판’이 열어낼 터입니다.

많은 젊은이들이 괴로움을 잘 견디면서 꿋꿋하게 살아가기에 누가 누구에게 삶을 돌아보라고 할 수 없습니다. 그렇기에 저마다 삶에서 ‘같이’ 해내야 합니다. 다만, 사람이기에 때론 지치고 손 놓고 싶을 때가 있습니다. 그때 이 책이 소금이나마 기운을 추스르고 외로움을 가시게 했으면 좋겠습니다. 이 글들이 자신의 삶을 비추는 거울로 쓰이길 바랍니다. 거울을 보면서 자신의 얼굴을 매만지고 싱긋 웃으면서 다시 힘을 내듯 책을 보면서 자신의 삶을 가누었으면 합니다. 찬물로 등목하면 정신이 번쩍 들듯 여기 있는 글들을 활대삼아 자신의 삶을 당긴다면 더할 나위 없겠네요.

책장을 넘기다 보면 꿈이 팍 생기진 않더라도 자기 안에서 뭔가 부글부글 끓을 성싶어요. 그때의 마음과 느낌을 놓치지 않고 더 애태우면 자신을 바꿔낼 힘이 용솟음치겠죠. 현실이란 무게에 눌려 밑에 깔린 사람들에게 그 현실을 뒤집게끔 북돋워주는 어마어마한 기운이 꿈이고, 이 기운은 괴로움 속에서도 자신의 삶을 주체하는 사람만이 얻습니다. 꿈꾸기는 사회를 짚으면서 삶의 알통들을 단단하게 만드는 훈련입니다. 어제의 나에서 앞날의 나로 넘어갈 수 있게 해주는 뜀틀입니다.

꿈이란 말엔 아스라한 옛 냄새가 어려 있습니다. 이 예스러움이 오히려 더 예사롭지 않는 시대입니다. 저마다 아름다운 꿈을 꾸고, 함께 꿈을 꾸며, 꿈을 이루고자 그 뜻들이 모일 때 더 나은 사람들이 되고 더 좋은 사회로 거듭나겠지요. 꿈은 내 안에 미처 몰랐던 나를 열어주는 열쇠이자 사회를 바꾸는 지렛대입니다. 이미 모든 될성부름은 이 글을 읽는 당신 안에 다 있습니다. 이 책이 마중물로써 당신 가슴 안에 맴돌고 있는 기운을 새롭게 물꼬 트이는 데 작은 도움이라도 되었으면 좋겠네요. 이 책을 읽는다고 단박에 꿈이 생기지는 않겠지만 읽으면서 당신의 불행이 뒤흔들리길, 읽고 난 뒤 꿈을 꾸고 싶다는 마음이 들길 바랍니다.

꿈을 잃어버린 세대

어른이 어른답지 못하고 어린아이 같을 때 우리는 그런 사람의 행동을 가리켜 소아적이라 말한다. 그러나 오늘날 소아적인 것, 유치한 것은 어떤 사람들의 특징이 아니라 현대인 자체의 특징이다. 현대인은 누구나 자본주의 체제와 대중문화 안에서 살아가면서 원하든 원하지 않든 소아적이 된다. 어린아이에서 어른이 되어 가는 과정은 의식수준의 반성 정도가 깊어지는 과정이다. 따라서 현대인이 소아적이라는 것은 의식수준이 어린아이와 같다는 것, 반성의 정도가 극히 얄팍하다는 것을 의미한다.

이정우, 『가로지르기』, 142쪽

:: 왜 난 지금까지 그런 생각을 못했지?

"이게 어째서 공산품인지, 어디에 쓰이는지, 결정적으로 이걸 만들어 도대체 우리에게 어떤 이득이 있는지 전혀 알 길이 없습니다. 그렇지 않습니까?"

지루해서 견딜 수 없는 표정의 칼잡이와는 다르게 소년은 은자의 말을 듣는 순간 적잖은 충격을 받았다. 소년의 머릿속은 순간 아득해졌다. 따지고 보면 은자가 던진 질문은 당연한 건지도 모른다. 소년은 지금까지 은자의 질문에 대해 한 번도 생각해 본 적이 없었다. 그 순간 소년의 머릿속에서 새로운 물음이 떠올랐다. 그건 항의에 가까웠다. '왜 난 지금까지 저런 생각을 못했지?'

주원규, 『무력소년생존기』, 22쪽

록그룹 '크래쉬'의 '니가 진짜로 원하는 게 뭐야'란 노래는 뜨끔뜨끔한 토막들로 이뤄져 있습니다. "사는 대로 사네 가는 대로 사네 그냥 되는 데로 사네", "내 인생의 전부를 걸어보고 싶은 그런, 니가 정말 진짜로 원하던, 내 전부를 걸어보고 싶은 그런, 니가 진짜로 원하는 게 뭐야?"

이 노랫말들은 가슴을 후벼파며 진짜로 원하는 게 뭐냐고 따지듯 묻습니다. 이런 질문을 받는다면 아마 꿈이라고 대답할 이들이 많을 거 같습니다. 꿈이 뭐냐고 물었을 때 요즘 어느 누구도 시원하게 답할 수 없는 시대니까요. '꿈' 이란 말을 마치 처음 들었다는 얼굴로 벙해하며 머쓱해하는 사람들에게 크래쉬는 거친 목소리로 뒤통수를 후려칩니다. "그 나이 쳐먹도록 그것 하나 몰라!"

많은 젊은이들의 얼굴이 굳어 있습니다. 88만 원 세대로 일컬어지는 '불안정 고용' 인데다 무언가를 갖지 않으면 괴로운 '소비자본주의' 가 엉키면서 죽을 둥 살 둥 몸부림쳐야 하기 때문이지요. 지친 젊은이들은 세상의 등쌀에 날로 시달립니다. 하고 싶고 갖고 싶은 건 수북한데 주머니는 텅텅 비어 있으니 속에선 열불이 나고 자신감은 쪼그라들 수밖에요. 그러나 지금 딱딱한 얼굴을 하고 있는데 행여나 돈이 잔뜩 생긴다고 행복해질 거 같지는 않습니다. 수많은 벼락부자들뿐만 아니라 많은 갑부들이 불행하다는 건 널리 알려진 사실입니다. 한국 부자들의 돌덩이 같은 얼굴은 돈 많이 벌기가 결코 행복한 일일 수 없음을 잘 보여줍니다.

그렇다면 여태껏 '세상에서 부추기는 욕망' 말고 젊은이들 스스로 새로운 살림과 산뜻한 모습을 바라야 하지 않을까요? 왜 꿈꾸지 못하는지, 왜 꿈을 잃어버렸는지 뼈저리게 짚고 자신에게 배어 있는 '잘못된 생각' 을 뜯어내는 데서 모든 변화의 싹은 틔어지지 않을까 싶습니다. 꿈을 꿀 수 없게끔 사회가 짜여 있기에 하란 대로 한다면 결코 꿈을 꿀 수 없습니다. 생각을 '새롭게' 해야 합니다. 현실이란 땅에서 생각이란 씨앗이 움튼 뒤 하늘을 향해 뻗어나가는 나무가 꿈이니까요. 젊은이들이 꿈을 꾸지 못하고 늙어버린 얼굴로 하루하루를 보내고 있다면 자신의 생각을 가꾸지 않기 때문입니다.

물론 사람들은 하루에도 수많은 생각을 합니다. 그런데 '생각 그 자체' 란 어디에도 없습니다. '그 무언가' 를 생각하지요. 생각은 언제나 어떠한 무엇을 향합니다. 따라서 그 어떤 누구라도 뭘 먹지, 주말에 뭐하지, 왜 전화를 안 받지, 저 옷을 갖고 싶네 따위의 어떠한 일이나 무언가를 생각합니다. 허나 이런 생각들이 머릿속에서 피고진다고 해서 그 사람을 '생각 있는 사람' 이라고 하진 않습니다. 파플로프의 개가 종소리에 침을 흘린다고 해서 그 개를 '침 흘리는 개' 라고 할 수 없듯 단지 생각한다고 해서 '생각하는 사람' 이라고 할 수는 없습니다. 이라크를 몹쓸 나라라고 '생각' 하는 미국인들이 '생각' 한다고 할 수 없는 것처럼 주어진 대로 생각하는 사람은 생각이 없다고 할 수 있습니다. 비트겐슈타인은 이런 말을 하죠. "규칙을 따를 때 나는 선택하지 않는다. 나는 규칙을 무턱대고 따를 뿐이다." 비트겐슈타인의 말을 가져다가 현실을 들여다봅니다. 자신의 삶이 뭔가 꿀꿀하고 갑갑하다면, 정작 자신은 이런 삶이 싫다면 그동안 자신이 생각하지 않고 선택하지 않고 규칙을 그냥저냥 따랐기 때문은 아닐까요?

그렇기 때문에 꿈을 꾸려면, 선택을 하려면, 생각을 하려면 잠깐 멈춰야 합니다. 곧바로 머릿속에서 튀어나오는 생각들이 과연 어디에서 생겨났는지 가다듬을 수 있어야 해요. 생각은 돌아봄이란 너럭바위 위에서만 튼튼합니다. 생각하는 사람은 사회의 규칙을 되짚으면서 스스로 무엇이 옳은지 가늠할 줄 알아야 하고, 자신과 남의 선사리를 뒤바꿔서 어림잡을 수 있어야 합니다. 그런 사람만이 생각을 한다고 할 수 있지요.

하지만 소스라치게도 세상엔 생각 없이 사는 이들이 적잖습니다. 생각을 하려면 겨를이나 틈이 있어야 하는데 그럴 수 있는 사회환경이 아니니까요. 규칙만 따르라고 학교와 사회에서 얼마나 을러대는지요. 수많은 권위 밑에서 숨죽이며 길러진 사람들이 주인의식과 줏대를 갖고 살아간다면 그게 더 신기한 일이겠지요. 밥 왕창 먹고 살자는 과녁에 꽂히고자 한평생 날아간 사람이 삶이란 무엇이며 왜 살아야 하는지, 사회엔 어떤 문제가 있는지를 생각하기란 몹시 어렵습니다.

마찬가지로 스펙 쌓기와 일자리 마련하기에 골골대는 젊은이들이 생각을 갖고 살기란 아주 힘겨운 일입니다. 우묵 파인 홈 따라 흘러갈 때 꼭 있어야 하는 것은 생각이 아니라 남을 앞지를 수 있는 지느러미니까요. 한 20대는 생각 없다는 비판에 이렇게 맞장구를 놓더군요.

> 요즘 젊은이들은 인스턴트에요. 어렸을 때 본 대학생들은 열심히 살고 대단한 준비를 하는 게 보였거든요. 제가 20대 후반이라 이십대부터 서른 초반까지는 주변에 많은데, 요즘 젊은이들은 열심히 살지 않는다는 얘기는 아니지만 상당히 많은 수가 현실조건에 그냥 만족하고 인스턴트식으로 살아요. 독립할 수 없으면 부모님 집에서 그냥 살려고 하고요. 일자리가 없다고 얘기하는데, 대충 일하면서 그런 얘기를 하는 건 아니라고 생각해요.
>
> 『꺄르르♡인 블로그』, 「대기업 다닐 때 진짜 불행했어요」

지금 자신이 왜 욕을 하는지, 무엇을 갖고 싶은데 그 이유가 무엇인지 헤아리는지요? 하던 대로 욕을 하고 남들도 다 갖고 싶어 하니까 가지고 싶은 건 아닌지요? 젊은이들 가운데 자신의 모습과 자기 세대를 돌이켜서 생각하는 이가 드물 뿐더러, 자신의 젊음에 펄떡거림을 잘 살려서 길을 열어가는 이는 더더욱 찾아보기 어려운 흐름입니다. 이러니 사회가 답답하지요. 여태껏 위에서 욱여넣은 것들을 곧이곧대로 믿으면서 살아가는 사람들이 많고, 그런 만치 꽉 막힌 젊은이들도 차고 넘칩니다. 스스로 자기 머릿속에 있는 것들을 가만가만 뒤져보세요. 과연 그것들이 '진짜' 자기 생각인지 알쏭달쏭하지 않나요? 자신을 돌아보지 않으면 얼떨결에 녹아든 것들을 마치 자신의 생각인 것처럼 혀를 날름거리기 마련입니다. 이러다 보니 젊은이들은 조각조각나 있고 자기 안에서도 생각들이 조각나 있지요.

젊은 세대는 너무 분화되어 있어요. 사회문제들이 왜 문제인지 한번쯤은 관심 갖고 생각하는 사람도 있지요. 아수 시니컬하게 정치인들은 그냥 쓰레기야라는 친구도 있고, 어차피 잘사는 사람 잘살고 못사는 사람 못살지, 체념에서 오는 무관심을 가신 친구도 있고요. 세대를 하나로 아우를 수 있다면 센스는 있는데 깊이는 없는 세대, 비판보다는 불평이 많은 세대라고 말하고 싶어요. 모두 뭉뚱그릴 수는 없겠지만 젊은 세대가 문화에 대한 촉수는 날카롭게 벼려졌는데 정치는 골치만 아프고 고리타분하다고 생각해서 일부러 거리를 두려고 하는 거 같아요. 그래서 말초적인 것에만 빠지게 되지요.

80-90년대까지만 해도 서로 정치토론이 이뤄졌지만 2000년대

에 다닌 대학 친구들은 그런 수혜를 받지 못했어요. 공동체의식이 부재하고 기본 정치토양이 부실한 상황이에요.

『꺄르르♡인 블로그』, 「20대 시인에게 물었다. 한국 사회에서 고쳐야 할 것은?」

요즘 젊은이들은 정치를 얘기하지 않는다고 하는데 안타까운 일이지요. 삶이 바로 정치인데 정치를 생각하지 않으면 자기 삶을 생각하지 않겠다는 말과 다름없으니까요. 그렇다고 안타까워만 해서는 안 되겠지요. 젊은이들이 어리바리를 '욕망'하는 건 아니니까요. 다만 정치는 골치 아픈 거라고 이 사회가 가르쳤고, 거기에 길들여진 나머지 스스로 생각할 짬이 없었던 것뿐이죠. 젊은이들은 그악스럽게 몰아치는 세상 흐름 속에서 달음박질칠 수밖에 없었습니다. 숨을 가쁘게 몰아쉬며 자기 몸 하나 가누기 벅찬데 이 몰아세움에서 벗어나 몸소 생각을 일군다면 그게 더 놀라운 일이 아닐까요? 오늘날 생각을 하며 살기란 된통 가탈진 일이듯 젊은이들에게도 생각은 좀처럼 거두기 어려운 열매인 듯합니다. 그렇다고 이대로 '생각 없이' 살 수는 없는 노릇이고, 어찌 해야 할까요?

:: 늙은 아이들

출근길? 결혼 애기 미리 못 해서 미안. 울 엄마가 그런 건 미리 떠들고 다니는 게 아니라고 해서.

서른한 살. 우리는 아직도 '엄마들'의 세계 속에 살고 있다.

정이현, 『달콤한 나의 도시』, 41쪽

한국에서 젊은이들은 아직 '애'입니다. 이 말은 꼭 정신연령을 가리키는 말만은 아닙니다. 현실조건으로 젊은이들은 애처럼 다뤄집니다. 어른은 홀로서기를 한 사람이라 하겠지만 요즘 젊은이들 가운데 홀로서기를 누가 할 수 있겠는지요. 몸과 마음이 기성세대로부터 따로 나누어지지 않았고, 소비생활마저 부모에게 기대는 이들이 한가득합니다. 그래서 대부분 젊은이들은 애입니다.

젊은이들을 싸잡아서 돌팔매질할 수는 없습니다. 죽을 때까지 '애'처럼 살아가는 사람들이 수두룩한 한국에서 젊은이들에게 어른이 되라고 애기하는 것도 멋쩍은 일이니까요. 10대와 아이돌이 대중문화를 휩쓸듯 '아이처럼' 별 생각 없이 살라고 보채는 한국 사회입니다. 자유롭게 생각하기보다 사는 대로 생각하고 옳게 살기보다 배불리 사는 게 으뜸이라는 사회에서 과연 어느 누가 어른이란 어떠한 사람이고 자신은 어떻게 살아야 하는지 고민하겠는지요. 아마 이러한 흐름 때문에 '어른' 같지 않은 사람들이 부쩍 많아진 듯싶습니다. 느낌 있는 어른이 되기보다 느끼한 배불뚝이가 되고자 하는 것이죠.

그럼에도 "어리다고 놀리지 말아요"라고 툴툴대는 늙은 아이보다 "저 차갑게 서 있는 운명이란 벽 앞에 당당히 마주칠 수 있어요"를 부르는 어린 어른이 더 멋진 건 어쩔 수 없습니다. 칭얼거림이 잠깐은 깜찍할지 몰라도 날마다 들으면 이보다 더 끔찍한 일이 없으니까요. 젊은이들은 배냇저고리를 벗어던지고 맨몸으로 인생이란 바다로 헤엄쳐 갈 때 비로소 마음의 키가 자란다는 사실은 인류역사에서 한결같이 이어지는 진리가 아닐까 싶습니다.

> 제가 일찌감치 취업을 했고 돈을 벌기에 이 정도지, 취직할 수 있는 직장이 거의 없는 상황에서 다짜고짜 한 달에 40만 원을 낼 수 있는 사람이 어디 있겠어요? 주거독립은 꿈도 꿀 수 없죠. 하지만 나와서 혼자 살아야 자기 식대로 삶을 꾸려볼 수 있는 경험을 할 수 있거든요. 자기가 책임질 수 있는 공간이 있어야 어떻게 꾸밀지 생각하고 움직이거든요. 이것이 안 되니까 궁극적으로 자기 삶을 책임지는 인식 자체가 늦게 탄생하는 거 같네요.
>
> 『꺄르르♡인 블로그』, 「무신경함 때문에 시민들은 화난다」

힘겹게나마 홀로서기를 한 20대 젊은이는 자기의 공간을 갖고 어떻게 꾸밀지 생각하고 움직이는 사람이 자기 삶을 책임질 수 있다고 말하더군요. 고개가 끄덕여지는 꿰뚫어봄입니다. 자기 삶이란 '나'를 이해하고 만들어가며 책임지는 과정이라 할 수 있으니까요. 이 '나' 엔 수많은 남들과의 관계가 들어와 있고, 또한 사회맥락과 시대흐름이 어려 있지요. 따라서 '내가 있을 공간' 을 마련함은 나를 에워싼 사회관계에 짓눌리지 않고 나 스스로 '나와 사회관계' 를 만들어갈 수 있는 텃밭이자 꼿꼿한 허리세움입니다. 자신의 몸을 누이고 몸소 책임지는 '공간' 없이 '주체' 가 생길 리 없으니까요.

자기 삶을 자신의 뜻대로 꾸리는 경험은 삶의 팔딱거림을 늘리는 운동입니다. 이러한 운동을 통해 삶은 더 낭창낭창해지고 탄탄해지죠. 손수 자신의 의미를 만들어가지 않고서는 어른이 될 수 없습니다. 어른이란 자신과 세상 사람들이 들어가서 쉴 '의미의 집' 을 스스로 짓는 사람이니까요. 자기가 책임질 수 있는 장소를 가져야 자신의 삶을 책임지겠다는 의식이 생겨나는 건 아니겠지만, 자기 공간이 있는 사람일수록 자기 삶을 몸소 짊어져야 한다는 생각이 더 강합니다. 아무도 치워주지 않고 홀로 챙겨야 하는 자기 삶을 '온몸으로' 느끼니까요. 자취를 하거나 배낭여행을 하거나 집에서 나와 공부를 하거나 군대에 가거나 등등 홀로 자기 삶을 맞닥뜨린 이들이 씩씩해지는 까닭입니다.

그러나 아직도 많은 젊은이들이 부모의 그늘에서 나오지 못합니다. 경제형편 때문에 홀로서기가 만만치 않기도 하지만, 정작 여건이 갖춰지더라도 어버이 품을 파고드는 젊은이들이 있지요. 부모 집에서 부모가 해주는 밥 먹고 부모의 뒷바라지를 받으며 하루하루를 보냅니다. 부모라는 배를 다고 손에 물 한방울 안 묻히며 인생이란 바다에 떠 있는 셈이지요.

> 저는 부모님이랑 사는 게 좋아요. 지금은 독립해도 살 자신이 없어요. 솔직히 여자 혼자 나가서 산다는 게 허망하다는 생각도 있고요. 경제문제도 그렇지만 지금 돈이 있다고 하더라도 저는 부모님하고 사는 걸 선택할 거예요.
>
> 제 둘레를 보면 독립하고 싶어 하는 사람이 별로 없어요. 어학연수를 갔다거나 학업 때문에 집을 나와야 해서 어쩔 수 없이 독립해야 하는 상황이 아니면 독립하려고 하지 않죠. 독립이 화려하게 자유롭다고 대중매체가 그려내기도 하지만 알고 보면 독립은 되게 외롭고 힘든 거 같아요. 친구들을 보면 굳이 독립하고 싶은데 여건이 안 된다기보다는 독립 자체를 아예 하고 싶지 않은 친구들이 많아요. 우리는 나가면 피곤해요.

한 젊은이의 솔직한 얘기입니다. 누군가에게는 이런 젊은이들이 뇌꼴스러울 순 있어도 그렇다고 손가락질만 해서는 안 됩니다. 왜냐하면 어쩌면 삶의 꼴이 통째로 바뀐 것일 수도 있으니까요. 예전 같으면 나이가 스물이 넘으면 짝을 만나 가정을 꾸리거나 그렇지 않더라도 한 사람의 어른으로서 자기 삶을 만들어 나갔지요. 지난날엔 20대 때 성인이 되고 나이가 서른을 넘기면 그동안 쌓아온 걸 한창 뿜어냈습니다. 20대도 어른으로서 자리매김할 수 있었지요.

하지만 오늘날엔 사는 날이 늘어난 만큼 삶의 자람도 그 끝을 모릅니다. 배움을 평생 해야 한다는 말이 너울대고, 쉰이어도 예순이어도 다시 배워야 할 만치 세상이 빠르게 바뀝니다. 이에 따라 사람들은 줄기차게 자기 정신의 너비를 넓혀야 하지요. 사회여건이 달라지고 해내야 하는 몫이 늘어난 만큼 사회에 나아가 어른으로서 노릇을 할 수 있는 시기는 미뤄집니다. 갖춰야 하는 게 늘어나니까요. 그래서 요즘 젊은이들은 옛날엔 어른이었을지 몰라도 이제는 지난날의 청소년들과 비슷하다고 할 수 있습니다. 몸은 다 컸지만 사회 안의 자리는 '미성년' 인 셈이죠. 자신이 바라든 바라지 않든.

> 성년의 날을 통과했다고 해서 꼭 어른으로 살아야 하는 법은 없을 것이다. 나는 차라리 미성년으로 남고 싶다. 책임과 의무, 그런 둔중한 무게의 단어들로부터 슬쩍 비켜나 있는 커다란 아이, 자발적 미성년.
>
> 정이현, 『달콤한 나의 도시』, 43쪽

이러한 '더딘 자람' 을 두남둘 수만은 없습니다. 세상의 비를 맞기보다 부모의 우산 속에서 편히 자랐기 때문이기도 하니까요. 손수 세상을 겪고 사람들과 부대끼고 집안 살림을 몸소 꾸려보지 못한 사람의 정신이 그윽해지고 커질 리 만무합니다. 생각이 여물지 못한 만큼 아버지의 입김에 더 휘둘리고 손수 움직이지 못한 만큼 엄마의 치마 속에 더 웅크리지요. 이대로 간다면 이 사회는 '늙은 아이들의 놀이터' 가 될 게 뻔합니다. 프로이트는 이렇게 글을 씁니다.

> 어린이는 철저하게 이기적이다. 어린이는 자신의 욕구를 다스릴 줄 모를 뿐만 아니라 경쟁자인 다른 아이들, 특히 형제에 대해 배려할 줄 모른다. 지신이 원하는 것이면 무조건 충족하려고 든다.

그것이 일반적인 아동들의 행태이다. 그렇다고 우리는 그런 아이를 '나쁜 아이' 라고 죄인 취급하지는 않는다. 그저 '버릇없는 아이' 일 뿐이다. 이 버릇없음은 대부분 성장과정을 거치면서 순치되게 마련이지만 때론 도덕성의 발달이 지체될 때도 있다. 그래서 이런 퇴행이 심각해지면 후에 히스테리로 발병해 버릇없는 성격이 되살아날 수도 있다. 실제로 버릇없는 아이의 성격과 히스테리적 성격은 놀라울 정도로 닮아 있다.

『꿈의 해석』, 「꿈의 재료와 출처」

시간이 간다고 늙은 아이가 어른으로 거듭나지는 않습니다. 세상엔 거저가 없습니다. 쉽게 얻은 건 쉽게 빠져나가는 법이지요. 몸으로 익히지 않으면 '어른' 을 얻을 수 없습니다. 사회란 거친 물살에 흠뻑 젖으며 정신을 차리고 맨몸으로 물장구칠 줄 알아야 어른이 되는 셈인데, 이 자맥질은 부모의 등에 붙어서는 결코 배울 수 없는 기술입니다.

따라서 늙은 아이들보다 나이를 거꾸로 먹게끔 돌아가는 사회를 도마 위에 올려야 합니다. 오늘날 젊은이들이 다른 시대 젊은이들보다 호구들이라 이렇게 길들여진 것이 아닙니다. 훈육사회에서 통제사회로 변화하면서 자신만의 생각을 갖지 못하게끔 이 시대가 사람들을 야릇하게 길들이기 때문이죠. 모두가 '네' 라고 말할 때 '아니오' 라고 말할 수 있는 이는 정말 드뭅니다. '네' 라고 말하는 사람들의 눈총과 혼자 튀면 안 된다는 어려서부터 자기 머릿속에 심어진 목소리가 명령하니까요. 남들처럼 해. 뒤처지면 안 돼!

부모 몇몇이 '자기 새끼' 만 잘 되길 바라며 치맛자락으로 감싸며 기르더라도 사회가 올곧게 자리매김하였다면 그 아이들은 부모의 변변찮은 가치관을 대물림하지 않습니다. 사회와 마주치며 보다 자유로우면서도 따듯한 자신만의 가치관과 윤리의식을 얻죠. 하지만 요새 사회는 아이들의 됨됨이가 얼마나 망가지든 아랑곳하지 않고 내남없이 죄다 1등만을 바라며 물신을 섬깁니다. 그러다 보니 '버릇없는 늙은 아이들'이 넘쳐납니다. 남이야 어떻게 되든 말든 자신이 바라는 거라면 마구잡이로 가지려 드는 쪼다들이 쌔고 쌨습니다. 자신의 등마루를 곧추세우지 못한 채 허리가 굽은 삭정이들이죠. 나이를 어디로 먹었는지 알 수 없는 이 늙은 아이들은 오늘도 이곳저곳에서 어리광을 부리며 앙앙댑니다. 우스개 같은 일이지만, 다른 나라로 공부하러 가서 박사 '학위'를 따온 사람이 이런 말을 했다고 합니다. "엄마 이제부턴 뭘 하지?"

장난감 사주지 않는다고 토라져서 땡깡부리는 아이들처럼 자신의 꿍꿍이가 채워지지 않는다고 응석부리는 늙은 아이들과 마주칠 때마다 왜 이런 코흘리개들로 사회가 미어터지는지 애처롭죠. 영화처럼 늙은 아이들의 무의식 속으로 들어가 '인셉션'을 해야 할지도 모르겠네요. 이제 어른이 되라고!

애처럼 손가락만 빠는데 어련히 자기 삶이 좋아지고 사회가 나아질 리 없습니다. 야금야금 마음이 앙상해지는 젊은이들에게 어떤 이들은 사회비판 의식은 없고 앙탈만 부린다고 침을 뱉고 다른 사람들은 싼값에 써먹으려고만 군침을 흘립니다. 이제 애처럼 가만 있어선 안 되겠죠. 어른이 될 시간입니다.

:: 젊은이들이 괴로운 까닭

> 엑스레이 상에는 보이지 않지만 나는 늘 가슴에 사표를 넣고 다녔다. 이왕이면 왼쪽 가슴에. 회사의 미로 속을 헤매다 보면 복도 한 구석에서 따가운 총탄이 날아올 것 같기 때문이다. 사표를 양복 안주머니 속에 부적처럼 지니고 다니는 사람이 나뿐만은 아니다. 이 사무실 안의 모든 사람들이 왼쪽 가슴 속에 흰 봉투를 숨기고 있다. 비수처럼, 혹은 부고처럼.
>
> 윤고은, 『무중력증후군』, 15쪽

일자리가 없다며 한숨이 골골샅샅에서 들끓습니다. 특히 청년실업은 이미 징한 수준을 넘어 살얼음판을 걷는 지경에 이르렀지요. 한국의 앞날에 빨간 불이 들어왔습니다. 젊은이들은 어디 들어갈 수 있다면 무엇이든 하겠다며 여기저기를 헤매고 쏘다닙니다. 스펙을 쌓고 자소서를 끼적거리며 사회 밑바닥에 찰싹 엎드려 있지요. 청년실업이란 거센 폭풍우가 어서 자신의 삶에서 지나가길 바라며.

그러나, 그러나 말이죠. 운 좋게 일감을 구했다손 치더라도 삶이 꽃초롱으로 밝아지지 않으니 이게 무슨 일일까요? 붙었다는 소식을 듣고 새내기 연수를 받으면서 잠깐이나마 얼굴이 환해질지 모르나 자기 삶의 더께는 떨어져 나가지 않습니다. 금세 이건 아닌 거 같다고, 일하기 싫어 죽겠다고 혼자 머리를 쥐어뜯습니다. 삶과 땀을 팔아서 돈을 버는 건 알지만 왜 이렇게 팔아야만 하는지, 그렇게 벌어서 뭘 하고 싶은지, 이런 삶이 정녕 자신이 바란 건지 젊은이들은 고개를 갸우뚱합니다. 그러니 자기가 있는 곳이 싫고, 늘 어딘가를 하염없이 그리워만 하며 여기를 못마땅해 하고 투덜거릴 수밖에요. 돈이 '많이' 있어야 한다는 강박은 '묻지마 취업'을 부추기고, 운 좋게 수많은 경쟁자들을 물리치고 괜찮은 일거리를 얻어도 시름입니다. 참으며 일한다 해도 아침마다 괴로움이 솟구칩니다. 사표를 가슴에 품고 다니는 사람들로 북적입니다. 라캉의 말마따나 자신이 생각하는 곳에 자신이 없고 자신이 없는 곳에서 생각을 하고 있는 꼴이죠. 이러니 괴로울 수밖에요. 바라지 않은 일 반복하기, 그것이 지옥입니다.

국내외 기업 855개 회사에 신입사원 퇴직률을 알아보니 열 가운데 셋은 한해 안에 일을 그만둔다고 합니다. 신입사원들 가운데 20%는 머잖아 그만둘 것을 헤아려 회사들은 어느 정도 더 뽑는다고 하네요. 이런 모습을 보고 젊은 세대가 준비가 덜 되었다거나 자기만 안다며 혀를 끌끌 차는 헌내기들도 많습니다. 그러나 그러한 지청구보다 오히려 같이 '이 물음'을 생각해야 하지 않을까 싶습니다. 왜 직장을 구할 땐 회사에 들어가지 못해 안달하다가 안에서는 사표를 안주머니에 넣고 괴로워하며 자리를 지키고 있을까?

> 돈은 넉넉하게 번다. 그런데 괴롭다. 하고 싶은 게 분명히 이건 아닌 것 같다. 하고 싶은 걸 해야 하는데 뭘 해야 좋을지 모르겠다. 그게 너무 속상하다. 내가 무엇으로 행복할 수 있는지 모르면 그 자체로 불행 아닌가. 부모님은 평소에 별 탈 없던 나를 보고 크게 당황한다. 참으라고만 한다. 난 답답해서 펑펑 울었다.
>
> 《시사IN》 54호, 「좌절하는 20대 여성」(2008. 9. 27, 고동우 · 변진경 기자)

한 직장인은 이렇게 털어놓습니다. 그런데 이런 이야기나 느낌은 '일반성' 을 띱니다. 어떤 '못난' 직장인의 볼멘소리가 아니라 이 시대를 살아가는 사람이라면 누구나 겪고 느끼는 삐걱거림이니까요.

왜 이런 삐걱거림이 메아리칠까요? "평소에 별 탈 없이" 잘 살아온 수많은 젊은이들이 자기 삶에 고개를 내젓습니다. 그렇다면 '별 탈 없이' 살아왔기 때문에 이런 뒤탈이 생기는 건 아닐까요? 세상에서 하란 대로 '열심히' 해왔고, 부모의 사랑이라는 이름의 가두리에 갇힌 채 너무 곱게 키워져서 무엇이 행복이고 무엇이 불행인지 모르는 건 아닐까요? 한마디로 너무 '고분고분히' 살아왔기 때문에 지금 이런 사태가 빚어지는 성싶습니다. 남들에게 이끌려 살아온 사람이 행복하게 산다면 그게 더 수수께끼일 테니까요.

자신이 하고 싶은 게 뭔지, 뭘 해야 좋을지는 수많은 말썽을 일으켜 세상과 치고받음을 해야만 간신히 알 수 있습니다. 자신은 상품이어서는 안 됩니다. 사람으로 살며 줄기차게 만들어내야 하는 예술작품이어야 합니다. 예술가로서 자기 삶을 아름답게 빚어야 합니다. 그러려면 나는 어떤 삶을 바라는지 '자신에 대한 앎' 과 삶이란 무엇이고 어떻게 그려나가야 하는지 '세상에 대한 앎' 이 있어야 하지요. 이러한 앎들은 수많은 헤맴과 동동구름을 거쳐서야 그 모습을 드러내는 길입니다. 난데없이 거둬지지 않지요.

하지만 젊은이들은 그동안 눈을 내리깔고 살아왔습니다. 때문에 자기 삶의 주인으로서 '나는 누구이고 어떻게 살겠다' 는 '자신에 대한 앎' 조차 갖춰지지 않았죠. 오늘은 어제의 손아귀에 있기 마련입니다. 어제와 똑같지 않은 오늘을 살고자, 오늘보다 더 포근하고 행복한 내일을 맞고자 애쓰지 않은 사람이 잘 살 수는 없는 법입니다. 무엇이 행복이고 불행인지 몸소 겪어낸 사람만이 자신의 삶을 꾸려갈 수 있습니다.

따라서 젊은이들이 무엇보다도 가장 먼저 해야 할 일은 자기 삶 살피기입니다. 암만 경제경영학 지식과 여러 스펙들을 소복이 쟁여놓아도 불행한 까닭은 자기 스스로 삶의 집을 어떻게 지을지 생각하지 않았기 때문입니다. 여러 장신구와 자격증을 끌어들여 얼기설기 자기 집을 꾸미려 하지만 삶의 밑절미가 딴딴하지 않다면 그 어떤 것도 자신의 일렁임과 헛헛함을 감추는 거적때기일 따름입니다. 겉은 멀쩡해 보이나 바람결에 흔들리고 비가 오면 물이 새기 일쑤지요.

대학에 갈 때 '별 생각' 없이 점수 맞춰 끌려갔듯 젊은이들은 취업할 때도 '별 생각' 이 없습니다. 따질 수 있는 것도 고작 몇 개 없지요. 재계 몇 위다, 연봉이 얼마다, 그리고 회사에 들어갑니다. 어떤 일을 하고 그 일이 사회에서 어떤 의미를 가지며 회사문화가 어떻다는 걸 알기에 앞서 그저 뽑아주면 몸 둘 바를 몰라 하며 서둘러 들어갑니다. 뭔가를 하긴 해야 하는데 뭘 해야 좋을지 모르겠는 데다 가뜩이나 일자리도 제대로 없으니 우선 들어가고 보자는 사람들로 뒤채입니다.

> 대학 졸업 후 호수에 돌멩이를 던지듯이 수십 개 회사에 원서를 넣고, 또 넣고, 다시 넣던 시기였다. 낙방이 반복되고 있었지만 주위의 모두가 같이 미끄러지고 있었기 때문에 딱히 불행하다고는 느끼지 않았다. 서류가 통과되었으니 면접을 보러 오라고 연락이 왔을 때는 오히려 어리둥절한 기분이었다.
>
> 정한아, 『나를 위해 웃다』, 「천막에서」, 180쪽

이런 사람들이 행복하다면 해외토픽감 아닐까요? 자신을 돌아보며 욕망과 삶을 다듬지 않은 사람이 행복할 수 있을까요? 알짜 행복은 꿈을 꾸는 사람이 힘껏 삶을 살아가는 과정에서 거두는 알곡이니까요. 사회에서 욕망하는 걸 욕망한다면 잠깐은 들뜨거나 들썩거리는 감정들을 가질 수 있으나 금세 시들어 버리죠. 또 다른 욕망의 떡밥이 나타나 자꾸 낚일 뿐입니다. 삶에 의미가 돋아날 때 맺어지는 뿌듯한 느낌은 스스로 생각을 열어가고 꿈을 꾸는 사람만이 가질 수 있으니까요.

> 회사 다닐 때 힘들었던 것 중에 하나가 회사 부품이 된다는 느낌이었어요. 부속품처럼 있다가 잘 살아남으면 10년 뒤에 과장자리에 갈 거고, 또 5년 뒤에 부장자리에 가겠죠. 그렇게 다람쥐 쳇바퀴처럼 산다는 것이 갑갑했고 무거운 짐처럼 느껴졌거든요.
>
> 「까르르♡인 블로그, 「삼성을 다니던 그녀가 그만둔 이유」

많은 이들이 들어가고 싶어 하는 삼성에 다니다가 그만둔 젊은이의 얘기입니다. 사람이 부속품처럼 살아가는데 행복하다면 정신감정을 받아야 하겠지요. 즐겁게 일하는 사람과 '부속품'인 사람은 얼굴부터 다릅니다. 아침에 출근하거나 저녁에 퇴근하는 수많은 사람들의 우울한 낯빛은 사람들이 자본주의와 맺는 '관계'를 일러줍니다.

사람은 많은 걸 갖지 않아도 뜻이 있다면 행복할 수 있지만 뜻 없이는 아무리 금은보화가 많더라도 행복할 수 없습니다. 의미만이 심장을 힘차게 뛰게 합니다. 자기 삶에 어떠한 가치가 있고 어떤 뜻이 있는지 알고 있는 사람만이 행복하게 살 수 있습니다. 의미라는 산소를 들이마시며 신나게 숨을 내쉬는 사람만이 산뜻하게 살지요.

오늘날 젊은이들이 불행한 까닭은 단순히 돈을 못 벌고 직장일이 힘들어서가 아닙니다. 꿈을 꾸지 못하기 때문입니다. 그리고 꿈에 대해서 깊게 생각하지 않았기 때문입니다. 자신의 꿈이 없는 사람은 자기 삶에서 의미를 만들어내지 못합니다. 꿈이란 텃밭에서 의미가 돋아나니까요. 많은 젊은이들이 달뜨게 이리저리 많은 일을 하며 바쁘게 살아도 마음의 굶주림이 가시질 않는 까닭은 남의 텃밭에 더부살이를 하며 남의 의미를 뜯어먹기 때문이 아닐까요?

:: 그릇된 꿈에 빠졌거나 꿈이 없거나

나는 이 회사에 들어오기 위해 나름대로 고시원과 학원가를 개미처럼 부지런히 왔다갔다했고, 식당에서 파는 허름한 음식 때문에 위장병도 앓았다. 학원가나 고시촌 어디에도 느긋하고 맘 편하게 일을 처리할 수 있는 화장실이 없어서 결국 변비에 걸리기도 했다. 이 시대의 가냘프고 심약한 취업 준비생들처럼 경쟁률 발표에 걱정하고 실업뉴스를 보며 불안에 떨었다. 머리는 나쁘고 든든한 줄도 빽도 없는 한심한 처지의 청년이었으므로, 믿을 거라고는 무거운 엉덩이밖에 없었으므로 나는 여름이건 의자에 앉아서 버티고 또 버텼다. 뭐 그랬다는 말이다. 내 입장에선 이 직장도 굉장한 곳이고 또 날로 먹은 것도 아니란 말이다.

김언수, 『캐비닛』, 59쪽

꿈을 엉뚱하게 생각하는 흐름이 출렁입니다. 적잖은 젊은이들이 어릴 때부터 장래희망을 적어내는 버릇에 익숙하다 보니 어떠한 '직업' 이나 어떠한 '자리' 를 꿈이라고 생각하지요. 그러다 보니 막상 애면글면하여 '꿈' 을 이루고 난 뒤 이루 말할 수 없는 덧없음과 허전함에 시달립니다. 세상에서 대학에 들어가야 한다고 하니까 아득바득해서 대학생이 되고, 남들이 다 어느 직장이 좋다고 하니까 그 직장에 들어갔는데 하나같이 행복하지 못하죠.

변호사, 회계사, 의사 등등 '사' 자가 들어간 직업을 가지거나 대기업이나 공기업에 들어가면 삶이 잘 풀릴 거 같지만 현실은 전혀 아닙니다. 한국 사회가 깔아놓은 에스컬레이터를 타고 자란 젊은이들은 유명대학생이든 전문대생이든 거기서 거기입니다. 누가 조금 더 교과서를 잘 외웠느냐가 조금 다를 뿐, 커다란 부정의엔 무뚝뚝할지라도 조금의 불이익엔 무라도 뽑아서 싸우려는 몸가짐은 피장파장해요. 어른이라 여길 수 있는 젊은이가 얼마나 되는지요. 한국이란 늙은 아이들의 나라에서 젊은이들은 가엾게도 '애 가운데 애' 입니다.

자기 삶의 중요한 길목과 굽이들을 자기 힘으로 넘지 못하고 부모의 응달에서 입시문제집만 넘기다가 지구동네에서 무슨 일이 일어나는지 털끝도 모른 채 대학에 덜컥 와버립니다. 그리고 교수들이 불러주는 걸 베끼면서 학점에 매이죠. 이런 사람에게 자기만의 뜻이 돋아날 리가 없습니다. 삶의 흐뭇함은 사회와 세상을 향한 이글거리는 고민과 팔팔한 움직임에서 나오니까요. 그러다 보니 많은 젊은이들이 자신이 살아왔던 얄팍한 경험과 이 사회가 밀어넣어 준 욕심에만 처박히기 일쑤입니다.

이른바 '정상교육' 이란 게 있다면, 그걸 받았다면 사람이 어떻게 살아야 하며 사회는 어때야 하는지 알아야 하건만, 도대체 '무슨 교육' 을 받았기에 젊은이들은 뭉크의 그림들처럼 괴로운 표정을 하는 걸까요? 10대 때부터 사람으로서 어떻게 살아야 하는지를 고민하고, 나는 남과 어떻게 관계를 맺어야 하며 세상이란 어떻게 돌아가는지 차근차근 생각하고 '삶의 놀라움'을 고민한 외국 젊은이들과 이렁저렁 끌려온 젊은이들의 정신연령은 차이가 벌어질 수밖에 없지요.

> 한국에서 스무 살은 아무 것도 공부가 안 된 나이에요. 저는 고등학교 때도 앞만 보고 가서 사춘기도 제대로 못 겪었어요. 대학에 와서 20년 동안 눌렸던 것들이 올라오는데, 그것이 해결이 안 되더라고요. 어떻게 살아온 건지 되돌아보게 되고, 그러면서 공부는 해야 하니 힘들었어요.
>
> 『꺄르르♡인 블로그』, 「한국 교육의 승리자들이 어떤 정신상태인지 … 」

전교 1등을 도맡으면서 마침내 남들이 다 우러러보는 대학교 법대에 들어간 이 젊은이는 스스로 공부가 안 되었다고 터놓습니다. 고등학생들에게는 어느 대학이 꿈이겠지요. 그러나 '어느 대학교'에만 들어가면 인생이 확 달라질 거라고 믿다가 막상 대학에 들어가도 자기 삶의 지질함은 그대로입니다. 속았다는 더부룩함에 새내기들이 해마다 술에 취해 속내를 왈칵 게워냅니다. 이 게워냄이 새로움으로 나아갈 수 있는 힘이 될 수 있으나 대학이란 곳이 사람공장으로 바뀌었고 기업을 돌아가게끔 하는 땔감을 찍어내는 곳이라 젊은이들은 또 다시 생뚱한 것들을 삼키지요. '어느 회사'를 욕망합니다. 그렇게 어느 회사에 들어가면 대학생 때 했던 게워냄을 또 합니다. 도대체 왜 이렇게 힘들고 짓궂은지 모르겠다는 하소연을 하며.

자신이 어떤 일을 하고 싶고 뭘 잘 할 수 있는지는 겪어야 알 수 있는데 한국의 젊은이들은 경험이 무척 얕습니다. 사회에서 움푹 파 놓은 홈 따라 흘러왔기 때문에 경험이 별로 없고 뭘 하고 싶은지조차 알 수 없지요. 남들보다 물살을 더 잘 탔거나 허우적거릴 순 있어도 자신만의 경험과 그를 바탕으로 한 주체성을 세우지 못했습니다. 주체성이 없는 사람이 꿈을 꾸고 잘 살기란 노예가 행복하게 사는 일만큼 말이 안 되는 일이지요. 꿈이란 주체성의 다른 이름이기도 하니까요.

주체성에 대한 고민 없이 어떤 '직업' 이나 '성취' 를 꿈이라 여기라는 어중이떠중이들이 있습니다. 이렇게 돈 잘 버는 일이라든지 이른바 '성공' 을 하여 부자가 되는 일을 사람들이 욕망하던 시기와 사회가 더욱 엉멍진창 된 때는 맞물려 있는 듯싶습니다. 퍽 안타까운 일이지만 꿈을 그릇되게 생각하면서 주체성이 꼬부라지고 사회가 버그러지면서 꿈도 삶도 샐그러진 셈이죠.

꿈이 없다고 어른들이 얘기하는데, 많은 젊은이들이 공무원이나 대기업 가는 꿈을 갖고 있어요. 답답해 보이기도 하지만, 486세대가 벤처기업을 만들면서 도전했던 것처럼 뭔가 새로운 걸 만들 수 있는 사회가 아니잖아요. 작은 일로 변화가 일어나는 사회가 아니잖아요. 위기가 끝나고 경제가 잘 돌아서 분위기가 달라지면 가능할지 모르겠지만 지금은 사회전반이 허락하지 않아요. 작은 개인이 어떤 변화를 요구하는 게 안 되는 거 같아요. 사회에 편한 대로 흡수되는 거 같아요.

『꺄르르♡인 블로그』, 「대학 5학년생 '올해는 취직하고 싶어'」

이렇게 직업을 '꿈'이라고 여기며 자기 자신을 닦달하는 이들도 많지만 꿈이 아예 없어 괴로워하는 젊은이들도 많지요. 그릇된 꿈을 갖고 있는 이들도 꿈을 잃어버렸다고 할 수 있으니 요즘 젊은이들은 말 그대로 '잃어버린 세대'(lost generation)입니다. 꿈이 없어 힘들어하는 젊은이들을 둘레에서 쉽게 만납니다. 자신이 무얼 잘 하는지, 무얼 하고 싶은지 잘 모른 채 하루하루를 흘려보냅니다. 꿈을 꾸지 못해 괴로워하거나 아니면 누가 쏜 화살마냥 눈앞의 과녁만 쫓으며 날아가고, 그렇게 젊음은 날아갑니다.

> 대기업을 다니는 사람들이 비슷할 텐데, 쉽게 회사를 버리지 못하는 이유가 회사 지명도 때문인 거 같아요. 저도 회사 이름을 얻고 있거든요. 나 어디 다녀, 이렇게 말했을 때 사회에서 지위까지는 아니더라도 위치가 있잖아요. 회사를 버리고 나갔을 때 그걸 그리워하지 않을 자신이 솔직히 없었어요. 사실 모든 고민은 하나 때문이에요. 꿈이 없어서죠. 이 모든 게 필요없다, 그 길로 가겠다는 꿈이 없기 때문에 나갈 수도 없고, 나가서도 할 게 없는 거죠.
>
> 『꺄르르♡인 블로그』, 「외고, 좋은 대학, 대기업, 그런데 어쩌라고?」

많은 젊은이들이 위 얘기에 무릎을 칩니다. 다른 이들도 이직이나 사표를 오지게 생각하나 차마 그만두지 못하는 까닭은 딱히 하고 싶은 일이 없기 때문입니다. 꿈이 있다면 마음에 안 드는 이곳을 떠나 찍지더라도 자신이 가고 싶은 그곳을 향해 나아가겠지만 '진짜로' 가고 싶은 데가 없기 때문에 그 자리에 머무는 것이죠. 참말 하고 싶은 일이 있다면 '지금-여기'가 탐탁찮을 때 후련하게 떠날 텐데, 가고 싶은 '미래-거기'가 없기에 어쩔 수 없이 '늘 있던 데'에 주저앉게 됩니다. 그러다 보니 눈앞의 쪼그만 겨냥점을 놓아두고 자신을 채찍질하게 되지요. 그마저도 갖지 못하면 자기 삶을 견딜 수 없으니까요.

> 전 장기적으로 꿈도 안 꾸고 계획도 안 세워요. 허황돼요. 단기 목표를 성취하고 다시 단기 목표를 세워서 실행할 거예요. 그래야 재미있잖아요. 성취하는 맛도 있고요. 장기 목표는 너무 지루해요. 하다가 포기하는 경우도 많고요. 차라리 짧게 끊어서 목표를 이뤄갈 거예요. 지금 목표는 원하는 데서 일하는 거예요. 거기까지예요. 그 이후에는 없어요. 그것을 이루면 다음 목표가 생기겠죠.
>
> 『꺄르르♡인 블로그』, 「조선일보 보는 청년에게 정치를 묻다」

한 젊은이는 꿈도 꾸지 않고 계획도 세우지 않는다고 합니다. 이렇게 짧게 짧게 이뤄나가는 것이 삶이라고 믿고 있는 친구들이 숱합니다. 그러나 꿈도 안 꾸고 계획도 안 세우며 "그 이후"를 생각지 않는 젊은이들은 과녁에 꽂히는 맛을 느낄지 모르나 끝없이 팔랑거릴 수밖에 없습니다. 큰 그림이 있다면 여러 가지에 기웃거리더라도 자신이 가고자 하는 방향을 잃지 않을 수 있으나, 그렇지 않다면 자신이 어디로 가는지 모른 채 눈앞에 있는 당근만을 좇으며 내달릴 수밖에 없으니까요. 사회에서 내놓는 당근은 자주 달라지고 그에 따라 갈팡질팡하게 됩니다.

다른 길을 가고 싶어도 자기가 하고 싶은 게 뭔지, 뭘 잘 할 수 있는지 잘 모르겠다는 젊은이들의 푸념으로 사회가 와글와글합니다.

그렇다고 자기 모습이 수틀린 젊은이들은 자신이 바라는 대로 삶을 수놓지 못합니다. 왜냐하면 꿈이 없으니까요. 행복하고 싶다고 말하고 이것도 갖고 저것도 손에 쥐지만 우울한 까닭은 행복이란 뭔지 고민하지 않았고 자신의 꿈을 어림잡지 않았기 때문입니다.

:: 꿈과 꿈꾸기

이십대였던 나는 (…) '좋은 사람'의 의미에는 별 관심이 없었다. 아니, '좋은 사람'은 특징 없고 재미없는 사람이라고 생각했다. 하지만 세월이 많이 흐른 지금 나는 새삼 '좋은 사람'에 대해 생각한다. 그리고 정말 누구의 마음에 '좋은 사람'으로 남는 게 얼마나 힘들고 소중한지 깨닫기 시작한다. 누군가 단 한 사람이라도 따뜻한 마음, 아끼는 마음으로 날 '좋은 사람'으로 기억해 준다면 수천수만 명 사람들이 다 아는 '유명한' 사람이 되는 일보다 훨씬 의미 있는 일이기 때문이다.

장영희, 『살아온 기적 살아갈 기적』, 211쪽

꿈이란 뭘까요? 꿈이란 한마디로 더 나은 사람이 되겠다는 바람입니다. 더 좋은 사람이 되고자 자기 안에서 끝없이 솟구치는 기운이지요. 그렇기에 꿈은 특정 직업이나 자리가 될 수 없고, 인생에서 '꿈의 마무리'는 없습니다. 오직 꿈을 향해 나아감만 있습니다. 어떤 사람이더라도 그보다 '더 나음'이 있기 때문이지요. 사람은 끝없이 자신을 넘어서야 합니다.

꿈은 꾸겠다고 해서 꿔지는 건 아니겠지요. 더 나은 사람이 되는 일은 쉽지 않으니까요. 그래서 '다짐'과 '품'을 들여 꿈꾸기를 해야 합니다. 꿈꾸기는 대나무 같은 곧은 다짐을 가슴에 안고 질퍽거리는 진창을 온몸으로 기어서 넘어가는 땀방울의 다른 이름입니다. 된서리가 쏟아지고 어떤 고비가 닥치더라도 번듯하게 살아서 자신의 뜻을 자기 삶에 곧추세우겠다는 다짐이 꿈꾸기입니다.

이렇게 꿈꾸기를 한다면 삶이 바뀌죠. 날마다 똑같이 되풀이되는 지겨움일 수 있지만 꿈을 꾸는 사람에겐 하루하루의 색깔과 향기가 다릅니다. 똑같아 보이는 되풀이 속에서 똑같이 않은 다름을 낳으며, 그러한 차이를 하루하루 자아낼 수 있는 순환을 삶의 꼴로 가집니다. 겉보기엔 삶을 되풀이하는 듯싶지만 날마다 새로운 날이 펼쳐지는 셈이지요. 얼핏 비슷해 보일지 몰라도 가슴이 뛰는 삶, 하루하루 신명나는 일들을 이끌어내면서도 꾸준함이 흐르게 살기가 꿈꾸기입니다. 이건 저 먼 나라 얘기나 전해 내려오는 동화가 아니라 누구나 지금 들여야 하는 품입니다. 꿈꾸기를 하는 사람만이 자기 삶에 의미의 집을 지을 수 있습니다.

그런데 의미의 집은 자기 혼자 세울 수 없습니다. 의미는 사회관계에서 빚어지니까요. 의미란 불쑥 자기 혼자 만들어내는 게 아니라 자신이 사회와 관계를 맺어가면서 거두는 알맹이입니다. 사회를 잘 알아야 하는 까닭이 여기에 있죠. 꿈을 꾸고 자기 삶에 의미와 행복을 얻으려면 사회를 잘 알아야 합니다. '더 나은 사람'이 어떠한 사람인지는 사회 관계그물에서 생기니까요. 꿈을 꿀 수 없다는 것은 자신이 의미의 집을 어떻게 지어야 할지 모른다는 말이고, 이 사회를 잘 읽어내지 못해 자신이 어디에서 어떻게 해야 하는지 알지 못한다는 얘기입니다. 그런 사람에게 어느 누가 옛다 하며 알맞은 노릇을 장만해 줄 리 없습니다. 자기 삶의 의미는 누군가에게 떠넘길 수 있는 것도, 다른 이들이 주는 것도 아닙니다. 오로지 자신이 몸소 얻어내야 합니다.

사회를 공부하고 잘 알고자 애끓는 사람은 자기 삶에서 꿈이 피어납니다. 꿈을 꾸는 사람은 용기를 내어 도전할 수밖에 없습니다. 사회는 어떠어떠하고 나는 이러저러한 재주가 있고 생각이 있는데, 그렇다면 어떻게 해야겠다는 그림이 나오니까요. 사회라는 그루터기에서 자신이 틔우는 싹이 도전입니다. 도전의 모습이 작거나 차분할 순 있어도 아예 없다는 건 둘 가운데 하나지요. 사회를 공부하지 않았거나 자신이 게으르거나.

한국의 젊은이들은 학창시절 공부를 하도 코피 터지게 하여 딱하다는 얘기까지 듣습니다. 그러나 한창 맑을 때 책과 벗하고 사람들과 미리를 맞대며 입씨름 벌여야 마땅합니다. 공부는 쉽지 않습니다. 공부를 하면 애먹을 수밖에 없습니다. 발에 물집 잡히더라도 길눈 밝을 때 힘써 성큼성큼 걸어가야죠. 따라서 도마 위에 올려서 내리쳐야 하는 건 공부를 빡세게 한다는 사실 그 자체가 아니라 이즈음 공부가 야바위라는 점입니다. 답안지를 내는 순간 머릿속은 'delete'를 누른 것처럼 깨끗이 지워지죠. 게다가 공부에 들인 품들이 인생에 이바지하기는커녕 되레 더 나은 삶을 꿈꾸지 못하도록 가로막는 빗장이기 일쑤입니다. 자기 몸을 바꾸고 더 나은 삶으로 자신을 이끌지 못한다면 헛공부인데, 많은 이들이 헛공부에 청춘을 꼬라박습니다. 대학에 와서도 그저 중고등학교 때처럼 교수들이 건네주는 먹물을 달달 외우기만 할 뿐이죠. 그러니 나이가 들어도 허둥지둥하며 부모에게 기댈 수밖에 없습니다.

그렇다고 시무룩해서만 안 되지요. 여태 자신의 삶을 좀먹고 곰팡이 슬어버리게 한 것들을 빨래하고 청소해야 합니다. 자신의 삶을 돌아보고 자신을 둘러싼 사회를 짚으면서 새롭게 공부하고 생각해야 합니다. 그럴 때 비로소 꿈이 생깁니다. 꿈은 그저 가만히 기다린다고 주어지지 않습니다. 자신이 온 마음을 다해 문을 두드리고 손을 내밀 때 간신히 거둘 수 있는 열매니까요. 사회를 몸으로 부대끼면서 자신에서 생긴 씨앗을 자기 삶에 뿌리고 일구는 노동이 꿈입니다. 그 씨가 움트고 자랄 수 있으려면 두엄도 주고 김도 매주고 물도 잘 대주고 정성을 쏟아야 하지요. 온 힘을 쏟을 수밖에 없습니다. 두근거리는 일이니까요. 자신이 하고 싶은 일을 하는 사람의 표정과 삶은 다를 수밖에 없습니다. 꿈을 일구는 과정에서 자신의 삶은 '이미' 달라집니다.

꿈은 누구나 한살이 꿔야 하는 즐거운 노동입니다. 흔히들 얘기하는, 사랑을 하지 않으면 사람이 아니듯 꿈을 꾸지 않으면 젊은이가 아니란 말을 곱씹어 봅니다. 꿈을 꾸지 못하고 있다면 자기 삶에 사달이 났다는 신호입니다. 몸이 아프면 기침이 나오듯 자기 삶에 문제가 생겼으면 꿈 없음이란 쿨룩거림이 나옵니다. 자신의 꿈이 피어나는 걸 무언가 짓누릅니다. 그렇다면 찾아서 고쳐야 합니다. 자기 삶을 뒤돌아보고 추려낼 건 추려내고 바꿀 건 바꿔야 해요. 젊은이들이 상상력이란 날개를 펴야 해요. 왜 갈수록 손발이 오그라들게 만드는 세상이 되는지 짚어야 합니다.

채 100년도 못 살고 스러지지만 사람은 꿈을 꾸기에 동물과 다릅니다. 고작 푸지게 밥을 먹다가 흙으로 돌아가는 삶이 아니라 남과 더불어 살아가는 즐거운 삶만이 사람을 사람답게 하지요. 사람만이 현실을 바꿔갑니다. 자신의 삶이 개운치 않고 행복하지 않다면 오늘날 자신의 현실을 주어진 '사실'로 믿기 때문입니다. 젊은이들은 처음엔 기성세대가 닦아놓은 길로 걸어가지요. 그러나 그 길로 가면 기성세대처럼 살 수밖에 없습니다. 기성세대의 삶이 좋아 보이면 그리로 가야겠지만, 그렇지 않다면 다른 길을 찾거나 자신이 몸소 길을 만들어내야 하겠지요.

저 멀리에 있는 꿈을 현실에서 일구고자 팔 걷어붙일 때, 아슴푸레한 저기를 아름다운 여기로 끌어오고자 깨금발을 하고 발걸음을 뗄 때 자신은 더 좋은 사람으로 바뀌고 꿈은 자기 삶을 살맛나게 풀무질합니다. 꿈을 품은 사람은 처음엔 느린 듯 보여도 한참 지나서 돌아보면 걸어온 자취마다 함초롬한 꽃들이 피어나죠. 걸어간 쪽으로 길은 새롭게 만들어집니다. 새로운 길을 열어가면서 이마에 맺히는 땀방울을 머금고 행복이란 열매는 맺힙니다.

기업이 바라는 인재(인간재료)로 자신을 빡세게 쪼고 들볶는다면 어딘가에 들어가서 적잖은 돈을 받으며 살아남을 수 있을지 모릅니다. 하지만 삶은 쾨쾨해지고 성말라지죠. 자기가 바라는 대로 한 번도 살지 못한 삶이 행복할까요? 죽을 때 자기가 번 돈이 생각날까요, 덮어두었던 꿈이 생각날까요? 10년 뒤 이렇게 살고 있는 젊은이들이 자기 삶을 돌아보면 무엇이 남아 있을까요?

:: 터무니없는 꿈?

나는 고개를 들어 별들로 가득한 밤하늘을 바라보며 밤거리를 걸었다. 그 순간, 나는 그때까지 이 세상에 살았던 누구보다 더 행복했다. (…) 거기 하늘 위에 달이 떠 있었기 때문이었다. 거기 떠 있는 달이 내가 존재하기 아주 오래 전부터, 나의 아버지가, 또 나의 아버지의 아버지가 태어나기 아주 오래 전부터 지금의 우리 모두를 꿈꾸고 있었다는 것이 한순간에 명백해졌기 때문이었다. 나는 저 달이 존재하는 한, 내 존재가 결코 사라질 수 없다는 사실을, 처음부터 우리가 모두 연결돼 있다는 사실을 깨닫게 됐다.

김연수, 『네가 누구든 얼마나 외롭든』, 338쪽

목표는 부장이에요. 일단은 거기까지 가고 거기서 또 생각해야죠. 한 번에 목표를 높게 설정해서 처음부터 CEO라고 하면 오만 아닐까요? 그래서 저는 부장까지 도달하는 걸 목표 삼고, 그 목표 지점을 이룬 다음에 좀 쉬었다가 또 위를 쳐다보려고요. 부장에서

제 인생의 또 다른 분수령이 되겠죠.

『꺄르르♡인 블로그』, 「취업은 끝이 아니다, 정글에서 살아남아야」

젊은이들은 눈앞에 보이는 데까지만 욕망합니다. 큰 꿈을 "오만"으로 여기며 젊은이들은 살아가죠. 어쩌면 영리한 몸가짐일 수도 있지만 한편으론 그만큼 주눅들어 있다는 느낌도 있네요. 젊을 때는 그래도 희망이 무럭무럭 자라나는 때인 만큼 꿈을 우렁차게 꿀 수도 있을 텐데, 어련히 자신의 꿈에 금을 긋고 그 너머를 바라보지 않으려고 하니까요. 올라가질 못할 나무는 쳐다도 보지 않겠다는 맥빠짐을 영리함으로 바꿔치기한 건 아닐까요?

인생 뭐 있냐는 말이 사람들 사이를 감돕니다. 이 말은 삶의 괴로움을 벗어나 사람들과 오순도순하게 살겠다는 뜻으로 읽어낸다면 다행이지만, 더 많은 경우 사람살이에 대단한 거 없으니 괜히 허파에 마파람 넣지 말라며 콧방귀 뀌는 쪽으로 흐릅니다. 이 말을 덤덤히 하는 사람들의 속내를 한 꺼풀 벗겨 들여다보면 살아온 대로 살겠다는 억센 의지가 잔뜩 묻어 있습니다. 짙게 서린 '이대로 살겠다는 욕망'에 등줄기가 오슬오슬해지네요. 소중하고 귀한 삶에 뭐 있냐면서 어제와 같은 오늘을 보내고 겉볼안 한 내일을 그린다는 건 참 서글프면서 씁쓸한 일이니까요.

그런데 '인생 뭐 있냐'는 말을 새롭게 읽어낼 수 있습니다. 인생에 뭐 있지 않았으니까 스스로 뭘 만들자는 뜻이 되죠. 이미 주어진 것이나 지킬 게 없으니 거침없이 뭔가를 짓고 이루고자 팔 걷어붙이고 땀 뻘뻘 흘리며 애쓰자는 말로 거듭날 수 있습니다. 자기 인생에 뭐가 있는지 또 뭐가 없는지 곰곰 돌아보면서 모름지기 있어야 하는 걸 있게끔 애태우도록 북돋워줍니다. 이런 변화의 물꼬를 트는 사람만이 의미란 흐름을 얻고 행복의 바다로 나아갑니다. 그럴 수 있으려면 이상을 품어야 합니다. 이상은 자신의 삶을 만들어 나가게 해주는 '설계도' 니까요.

> (…) 이상주의의 귀함은 반드시 그 이상이 실현이 되는 데 있는 것이 아니다.
>
> 별이 반드시 붙잡혀서 길 인도가 되는 것이 아닌 것같이 이상도 반드시 거기 도달이 되어서 좋은 것이 아니다. 따라가도 따라가도 잡을 수 없는 별이기 때문에 영원한 길잡이가 되는 것이요, 힘써도 힘써도 그대로는 되지 않기 때문에 사람을 이끌어갈 수 있다. 별이 주는 것은 방향인데, 확실한 방향을 줄 수 있는 것은 무한히 높이 있기 때문이다. 이상도 인생이 방향을 주는 것뿐이요, 그러기 위해서는 될수록 높고 멀어야 한다. 현실의 낮고 가까운 것보다 이상의 높고 먼 것을 따르려는 그 정신, 그 기개가 민족을 살린다. 인생은 정신에 살고 기개에 산다.
>
> 함석헌, 『뜻으로 본 한국 역사』, 247-248쪽

함석헌의 카랑카랑한 목소리가 들리는 성싶네요. 함석헌의 글은 죽비처럼 정수리를 세차게 후려치고 천둥처럼 가슴 속을 번쩍이게

울리지요. 이상이 아름다운 까닭은 함석헌의 말처럼 어쩌면 "무한이 높이 있기 때문"이겠죠. 눅눅하고 매몰차고, 거기다 투미한 세상이기에 '꿈타령'은 천덕꾸러기들의 겉멋처럼 보이는 것도 그 얘기가 '현실'에서 봤을 땐 '터무니없기' 때문입니다. 어쩌면 누군가에게 비친 현실의 모습은 찬바람이 쌩쌩 불며 사람들의 고개를 떨어뜨리고 심장을 식히는 곳인지 모릅니다.

그러나 지구마을이 조금씩이나마 새록새록 더 살 만한 곳으로 바뀐 까닭은 '터무니없게' 덤비고 맞선 바보들 덕분이었단 진실을 잊지 않아야 합니다. 혼자 배불리 먹으려 하기보다 누군가의 굶주림에 고통스러워하며 낮은 곳으로, 낮은 곳으로 기어들어가 불꽃을 피워내 온누리를 밝혔던 '바보들' 덕분에 그나마 지구고을은 나아진 셈이죠. 지구에서 사람으로 사는 일이 몹시 끔찍하지 않다면 이것은 앞서 누군가가 '피와 땀과 눈물'을 흘려준 덕분입니다. 그들이 아니었으면 아마 대부분 사람들은 지금도 천민이거나 노예로 살았겠지요.

이상주의란 꼭 거기에 다다르고자 하는 어떤 장소가 아니라 북극성처럼 자기 삶을 이끌어주는 길라잡이입니다. 흔들리고 괴로울 때 기운을 북돋워주고 마음을 추스르게 해주는 건 명함의 직함도, 자기가 입고 있는 옷의 상표도 아닙니다. 애오라지 꿈입니다. 꿈을 꾸는 사람은 어떠한 꿍꿍이가 자신을 꺾으려 해도 무릎 꿇지 않습니다. 주머니가 볼록할수록 사람의 정신엔 비계가 끼고 뺀질거리기 일쑤인데 오히려 더 가뿐하고 쌩쌩한 사람들이 있습니다. 자기에게 주어진 재주를 자기만을 위해 쓰지 않고 더 나은 사회를 만드는 데 쓰기 때문이죠. 많이 버릴수록 많이 얻는다는 마음으로 오늘도 슬금한 꿈을 꾸는 사람들은 늘 펄떡거리고 생생할 수밖에 없고, 이러니 사람들이 좋아하지 않을 수 없죠. 이런 몸가짐을 지닌 사람들을 만나면 절로 함지박만한 웃음이 자라납니다.

거창고등학교 직업선택 십계명은 사람들의 가슴을 데우는 훌륭한 도우미입니다. 읽으면 누구든 무릎을 치게 됩니다. 그 뜻에 뭉클해서든 어이가 없어서든.

1. 월급이 적은 곳을 선택하라.
2. 내가 원하는 곳이 아니라 나를 필요로 하는 곳을 선택하라.
3. 승진의 기회가 거의 없는 곳을 선택하라.
4. 모든 조건이 갖추어진 곳은 피하고 처음부터 시작해야 하는 황무지를 선택하라.
5. 앞을 다투어 모여드는 곳은 절대 가지 말라. 아무도 가지 않는 곳으로 가라.
6. 장래성이 전혀 없다고 생각되는 곳으로 가라.
7. 사회적 존경 같은 것을 바라볼 수 없는 곳으로 가라.
8. 한가운데가 아니라 가장자리로 가라.
9. 부모나 아내나 약혼자가 결사반대를 하는 곳이면 틀림없다. 의심치 말고 가라.
10. 왕관이 아니라 단두대가 기다리고 있는 곳으로 가라.

윗글은 언뜻 턱없게 보입니다. 그러나 그만큼 현실의 때에 찌들었기 때문은 아닐까요? 현실감각은 놓치지 않되 옹골차게 꿈꾸는 사람만이 현실의 때를 벗겨낼 수 있습니다. 꿈이 현실을 바꾸고 자신의 삶을 이끌어주니까요. 꿈을 다라지게 꾼다고 배부름을 느끼거나 큰 돈을 만지는 건 아니겠지만, 스스로에게 떳떳하고 허리를 꼿꼿이 세우며 짱짱하게 살아갈 수 있습니다. 심장이 쿵쾅거리며 행복을 순간순간 뿜어내니 얼굴이 밝아지고 신바람 납니다. 꿈을 꾸는 사람은 수많은 벽들에 부딪히면서도 고개 떨어뜨리지 않습니다. 꿈을 사회에 뿌리면서 삶에서 의미들을 거둘 테니까요.

> 나는 상자에서 나침반을 꺼낸 다음 팽이를 치듯 몇 바퀴를 돌려보았다. 자침은 위태롭게 흔들렸지만 언제나 같은 방향을 가리키고 있었다. 도대체 자침을 붙드는 이 힘은 무엇일까? 무엇이 우리를 이끌고 가는 것일까?
>
> 김중혁, 『펭귄뉴스』, 「에스키모, 여기가 끝이야」, 101쪽

인류를 이끄는 힘은 무엇일까요? 무엇이 우리를 이끌고 가는 걸까요? 우리는 인류역사를 곰곰이 살피며 고민하고 답을 찾으려 애써야 합니다. 그 답이 우리 모두가 꿔야 하는 꿈일 테니까요.

인생 뭐 있나요? 네, 뭐가 있습니다. 세상은 그 뭐를 찾아서 꿋꿋하게 가는 젊은이들을 기다립니다. 지금-여기에서 살아 있다는 사실은 얼마나 짜릿한 놀라움입니까? 삶의 신비를 놓치지 않으며 보다 더 즐겁고자 하는 몸놀림, 함께 행복한 꿈을 영글게 하는 마음가짐을 지켜가는 사람만이 행복하게 웃을 수 있습니다. 꿈을 이루려는 노래를 부르며 춤을 추듯 살아가는 사람은 삶의 찌릿함을 느끼며 얼마를 살든 후회 없이 살 수 있겠지요.

:: 삭아버려야 하나

> 어렸을 때는 생각했었다. 서른이 넘은 사람들은 도대체 무슨 재미로 살까, 모든 것은 다 정해져 버렸을 텐데 … 그리고 스물두 살 때는 그렇게 생각했었다. 난 너무 늙어버렸어, 인생에 대해서 다 알아버린 걸.
>
> 공지영, 『무소의 뿔처럼 혼자서 가라』, 18쪽

젊은이들은 나이 든 사람들처럼 살고 싶어하지 않습니다. 젊은 '애들' 이 그러거나 말거나 나이 든 사람들은 눈썹 하나도 까딱하지 않지만요. 나이 든 사람들은 젊은이들이 뭐라고 떠들더라도 귀를 막고 꿈적하지 않습니다. 이미 자신의 얼굴과 살아가는 모습을 결과로 받아들인 사람들이기 때문에 옆에서 뭐라고 하든 꿈짝하지 않으려 하니까요. 외려 사회질서나 통제에 잘 따르지 않는 젊은이들을 고까워하며 왜장치기만 해대죠. "아니, 왜 시끄럽게 일을 만들어! 어영부영 이렇게 살다 뒈지는 게 사람인데 말이야! 어차피 니네도 우리처럼 될 거야!"

그 가운데는 부조리가 있더라도 다 나름대로 이유가 있으니 참으라면서 마치 좋은 사람인 것처럼 등 두드려 주는 이들도 있습니다. 그러나 이들도 잘못된 틀을 젊은이들에게 들이대며 따르라 으르렁거리는 배불뚝이와 그리 다르지 않습니다. 찌그러짐에 찌들대로 찌든 배뚱뚱이와 겉보기엔 다른 거 같지만 어차피 이들 또한 사회의 찡그림을 고치려 하질 않으니까요. 조금 더럽더라도 사람 사는 게 다 그렇고 부조리와 손을 잡는 것도 하나의 방법이라며 얍삽함을 마치 어른의 슬기인 것마냥 우쭐대는 꼴은 느글거리는 악바리들과 어금버금합니다. 두말할 나위 없이 불룩 나온 자기 배를 통통 두드리느라 젊은이들의 울부짖음과 이 사회 안의 썩어 문드러짐에 눈 감고 귀 막은 놀부들보다야 난 사람들이라 할 수 있겠죠. 그럼에도 그들과 거리두기를 뚜렷이 해야 하는 까닭은 젊음은 모든지 될성부름이기 때문입니다. 그 정도 '푹신함' 에 마뜩해선 안 되는 것이죠.

야멸치고 매몰찬 한국 사회에서 어쩌면 그 '점잔' 이 고맙긴 합니다. 외롭고 회끄무레한 청춘을 거칠 때 젊은이들은 앞서 걸어간 사람들의 뒷모습을 보면서 길을 찾을 수밖에 없기에 '상냥한 사람들' 의 다정어린 몸짓은 돛대의 불빛처럼 반가울 수밖에 없으니까요. 서로 보살피지 않고 너의 힘겨움은 너의 책임이라며 다들 자기 뱃구레만 들여다보는 세상에서 그 정도 '정겨움' 은 귀하지요.

하지만 그 정도 '싹싹함' 에 넙죽 절해서는 안 됩니다. 자기 안에서 튀어나오는 솟구침을 거기에 멈춘다면 자신은 어느새 '그 친절' 마저도 잘 못 하는 깍쟁이가 될 게 빤하니까요. 젊은이들에게 '살가운 기성세대' 는 청춘을 아주 뜨겁게 보낸 기억을 갖고 사는 사람이란 걸 잊으면 안 됩니다. 그들은 활활 타올랐던 적이 있기 때문에 지금까지도 미적지근하게나마 그 온기를 갖고 있는 것이죠. 따라서 오늘날 젊은이들이 미지근하다면 얼마 안 가 닳아빠지고 깨진 구들장이 됩니다. 시간이란 가랑비와 세월이란 된바람에 처음의 풋풋함을 지켜가는 사람은 드무니까요. 지금 볼썽사나운 기성세대들도 한때는 발그레한 얼굴로 사회를 고민하고 세상을 뒤흔들고자 팔 걷어붙였던 사람들이었습니다. 그렇지만 나이가 들수록 사회흐름을 막아서는 둑으로 변해가는 것이죠.

젊음의 온도를 낮추고 젊은이들의 초롱초롱함을 짓밟으며 흐리멍덩하게 하려는 굴레들이 세상에 한가득합니다. 여태껏 하란 대로 '착하게' 살아왔다면 이제 뒤집어 생각해 봐야 하지 않을까요? 어쩌면 자신이 어릴 때부터 '착하게' 받아온 교육이나 머릿속에 심어진 생각들이 자기 삶을 얽매는 코뚜레인지도 모르니까요. 우직하게 논을 갈다가 늙으면 도살장에 끌려가는 '불쌍한 소'가 되지 않으려면 기성세대가 깔아놓은 질펀한 욕망의 구덩이에서 냉큼 벗어나야 합니다. 자신의 꿈을 찾으며 젊음의 판을 깔고자 애써야 합니다.

자신의 꿈을 찾아 살아가는 사람이 워낙 적기에 꿈을 꾸지 못하는 현실이 젊은이들 탓은 아니겠지요. 그렇지만 자신이 꿈꾸지 못함을 사회에만 덤터기 씌운다면 젊은이들의 마음은 조금 가벼워질지 모르나 꿈이 생겨나는 건 아닙니다. 그저 꿈을 꾸지 못하게끔 자신을 이렇게 키워놓은 부모나 사회가 미워질 뿐이지요. 그렇게 남에게 노염을 내는 일도 여태 쌓였던 사무침을 풀어내는 방법일 수 있으나 거기서 그쳐선 안 됩니다. 끝내 지녀야 하는 것은 자기 삶을 자기가 짊어지고 옆 사람들과 함께 사회를 이루면서 살아간다는 책임감입니다.

세상이 귀접스럽고 누더기라고 해서 자기 또한 꼬질꼬질해지란 법은 없습니다. 비틀린 사회라고 자신의 비틀거림이 예뻐지는 건 아닙니다. 틀어진 것들을 꿰뚫어보면서 가리키고 꼬집되 그 안에서 사회를 바꾸고자 용쓰면서 꿈을 꿔야 하지요. 그렇지 않고 사회를 욕하는 건 누워서 침뱉기나 다름없습니다. 사회나 자기나 똑같으니까요.

> 누군가가 잘못한 게 분명한데 아무도 잘못한 사람이 없다니 이상한 노릇이다. 그렇다면 결국 내가 잘못한 게 아닐까. 그런 것 같았다. 알고보니 전부 내 탓이었던 것이다.
>
> 스물여덟 살에 쓴 글을 꺼내 보았다. 나는 불만에 가득 찬 젊은이였다. 마음에 드는 게 하나도 없었다. 모두 다 기성세대의 잘못이었다. 나는 기성세대를 욕하고 비난했다. 열정을 가지고 부딪치고 도전하라는 말에, 열정을 바쳐 일한 만큼 돌려줄 수 있는 세상을 만들어두었냐고 반문했다. 또박또박 따져 물었다.
>
> 그런데 이제는 내가 바로 그 세대가 되었다. 그렇게 이십 년이나 지났는데도 여전히 세상이 아름답지 않다면 이제는 다른 누구를 비난할 처지가 아니었다. 내 잘못이었다. 내가 잘못했다. 세상이 아름답지 않은 것은 바로 내 책임이었다. 나는 나를 즐겁게 하는 수많은 것들을 접어두고 이런 말을 하기로 마음먹었다 … .
>
> 배명훈, 『타워』, 71–72쪽

구시렁거리기만 하면서 낮에 허우적거리다 밤이면 몸부림치는 젊은이들이 있습니다. 낮 동안엔 꿈이 밥 먹여주냐는 말을 거리낌 없이 뇌까리면서 자신의 밥그릇만을 품에 꼭 안고 남의 눈치만을 살피며 주먹을 꽉 쥐다가 정작 밤에 자기 꼴을 보면 을씨년스럽기 때문이지요. 뺏고 뺏기는 일이 익숙한 '밀림사회'다 보니 자신의 몸 하나 건사하는 것만도 대단한 일이라지만, 그렇다고 그 밀림에 길들여진 짐승으로 사는 것과 그 안에서도 사람답게 살고자 애쓰는 건 하늘과 땅 차이입니다.

많은 젊은이들이 곧 꺼질 거 같은 눈동자로 병든 병아리마냥 매가리 없이 하루하루를 보내거나 술렁임에 몸 둘 바를 몰라 하는 까닭은 꿈을 꾸지 않기 때문입니다. 오직 살아남는 걸 목적으로 살아가서는 안 됩니다. 나이를 먹어갈수록 마치 누가 더 불행하기를 경쟁하는 것처럼 살아간다면 자기 안의 신명은 죽어갈 수밖에 없습니다. 지친 목소리, 곤두선 신경, 따분한 나날, 인생을 다 산 거 같은 '젊은 노인'들이 그들먹해진 까닭도 꿈을 꾸지 않기 때문입니다. 그래서 불행하고요.

세상에서 가장 슬프면서도 끔찍한 일은 자신의 고통에 괴로워하던 사람이 자기보다 약한 사람에게 앙갚음할 때입니다. 영화 「똥파리」에서처럼 아버지의 주먹질에 부아를 낸 아들이 커서 발길질을 하듯, 어렵게 산 사람이 자기보다 가난한 사람들에게 야멸치게 굴 듯, 개구리가 올챙이 시절을 잊고 다른 올챙이들을 잡아먹는 것처럼 섬뜩하면서도 슬픈 일은 없지요. 사람이 올챙이랑 같아선 안 되지요. 기성세대의 겉치레들을 거추장스러워하던 젊은이들이 뒷날 기성세대와 똑같은 얼굴을 하고 있다면 얼마나 까무러칠 일이겠는지요?

몸은 나이가 차면 더 자라지 않지만 마음은 내처 자라지요. 마음가짐은 생각의 그릇에 담기기 마련인데, 사람은 누구나 자신의 생각 항아리를 만들어내야 하는 대장장이입니다. 몸이 다 컸다고 어른은 아닙니다. 한살이 배우겠다는 마음가짐을 품고 하루하루 즐겁게 익히고 배우려는 사람만이 어른이 될 수 있습니다. 흘러가는 세월만 하염없이 쳐다만 보는 '젊은 꼰대'가 되어선 안 됩니다. 나이가 드는 일이 슬픈 건 단순히 살갗의 탱탱함이 떨어지고 알통이 느슨해졌기 때문이 아닙니다. 나이가 들수록 생각이 여물기보다 정신이 녹슬기 때문입니다. 나이 듦과 늙음은 아예 다른데, 나이 듦은 나이가 늘어나는 일이지만 늙음은 고민하기를 멈췄다는 뜻입니다. 그렇기에 나이가 들어서도 젊은 사람은 얼마든지 있고 나이는 적지만 얼마든지 늙다리들이 있습니다. 조금만 둘러보면 '푸르싱싱한 노인'들과 '해져버린 청년'들이 나이와 삶에 대해서 찬찬히 되짚게 해주지요.

허겁지겁 여기저기를 뛰어다니며 달뜨게 일을 하여도 어찌된 게 사람들의 얼굴은 잿빛입니다. 자신이 내키는 일을 하기보다 누군가 시키는 일을 하면서 살아가니까요. 사람들 사이에 있을 수밖에 없는 차이를 한국 사회는 존중하지 않습니다. 하나를 정해놓고 그것만을 따르라고 하고, 그렇게 많은 사람들이 지배권력의 구부정한 나팔수가 됩니다. 뭉뚱그려진 호두과자처럼 살아가는데 기쁠 리 없지요. 이렇게 자기 삶에 자신이 소외당하니 자기 모습이 낯설게 느껴집니다. 돈을 위해서 뭔가를 하고 있지만 자신이 하고 싶지 않은 일을 하면서 산다는 것에 신물이 납니다.

세상에서 믿도록 을러대는 '어떠한 현실'을 생각 안 할 수도 없고 거기서 벗어나기도 어려우니 꿀꿀할 수밖에요. 삶이 어떤 사슬에 묶여서 답답할 때 생기는 감정이 우울입니다. 그 사슬에서 벗어나려면 삶에 주인으로 자신이 우뚝 서야 합니다. 그러려면 자신의 삶을 꿰뚫어야 해요. 그 무렵에야 왜 덤벙거렸는지 보일 테니까요. 자신에게 처진 사슬을 끊어내는 것은 자신이 해내야 합니다.

몽땅 저잣거리에 떠맡겼더니

2008년 금융위기를 기점으로 우리는 경제를 운영하는 방식에 대해 심각한 의문을 품게 되었다. 그러나 대부분의 사람들은 이를 깊이 고민하지 않는다. 전문가들 몫이라 생각하기 때문이다. (…) 우리가 사는 세상은 인간의 힘으로 만들 수 있는 여러 세상 중 가장 나은 세상이 아니다. 우리가 다른 종류의 결정을 내렸더라면 지금 다른 모습의 세상에 살고 있을 것이다. 이런 점들을 고려해 볼 때 우리는 돈 많고 힘 있는 사람들이 내리는 결정들이 확고한 증거와 제대로 된 논리에 근거한 것들인지 따져봐야 한다.

장하준, 『그들이 말하지 않는 23가지』, 14-16쪽

:: CEO 대통령과 스펙, 그리고 양극화

> 세상을 끌고 나가는 건 2%의 인간이다
>
> 입버릇처럼 담임은 그런 얘길 했는데, 역시나라는 생각이다. 치수를 보면, 확실히 그런 인간이 존재한다는 걸 알게 된다. 출마를 하고, 연설을 하고, 사람을 뽑고, 룰을 정하는—좋다. 납득한다. 이 많은 인간들을 누군가는 움직여야 하는 거니까. 수긍한다. 나머지 98%의 인간이 속거나, 고분고분하거나, 그저 시키는 대로 움직이거나—그것은 또 그 자체로 세상의 동력이니까.
>
> **박민규, 『핑퐁』, 19쪽**

CEO가 사람들 입과 입을 오가며 무시무시한 회오리를 일으켰습니다. 초등학생들도 CEO가 꿈이라고 재잘거리고, 차고 넘치는 경영학과 학생들은 CEO되기를 바라며 생산관리책과 재무관리책을 파지요. 이런 CEO를 향한 뭇사람들의 욕망을 먹고 'CEO 리더십'을 내

세운 이명박 대통령이 태어났습니다.

17대 대통령선거 때 이명박은 모든 사람의 욕망을 이뤄낼 것처럼 나타나 한반도 남쪽을 들었다 놓았습니다. 젊은이들뿐만 아니라 온 사람들이 아롱거리는 이명박이란 도깨비불에 마음을 빼앗겨 버렸죠. 이명박이 뽑힌 까닭은 참여정부와 민주개혁 세력이 짜부라졌기 때문이기도 하지만, 더욱 많이 먹고 싶다는 뭇사람들의 속셈도 한몫 톡톡히 하였죠. 나라를 회사처럼 꾸리겠다는 사람을 대통령으로 뽑은 데에는 사람들의 욕망이 자리합니다. 이명박을 대통령으로 뽑으면 '747' 이 될 거라 믿었던 거죠. 사람들은 정치 대통령이 아닌 경제 대통령, 정치지도자가 아닌 CEO를 바랐습니다.

'경제가 장땡' 이라는 '믿음' 이 사회를 꽉 잡았습니다. 국가나 정치는 이제 경제를 섬겨야 하며, 오직 '경제성장' 과 '부유함' 만이 사회가 좇아야 하는 겨냥점이 되어버린 것이죠. 나라와 정부는 부침개를 맛있게 부쳐 골고루 나눠먹기보다 더 '크게' 부치는 구실을 하고, 나누는 건 '저잣거리' 에서 알아서 해준다고 사람들은 믿고 있지요. 그러나 사람들의 욕망을 이명박 정부는 이뤄주지 못했습니다. 많은 이들이 '이명박식 민주주의' 와 'CEO 대통령' 에게 뒤통수를 얻어맞고 얼떨떨해했습니다. 자신들이 생각했던 CEO가 아니었던 것이죠.

그런데 불보듯 빤했습니다. 1970-1980년대 이명박이 겪었던 사회와 오늘날 사회는 경제의 몸집과 흐름 자체가 아예 다릅니다. 옛날 '직장인들의 아이돌' 은 사람들의 아련한 욕망을 문지르며 대통령이 되었지만 자신이 회사를 꾸려나갔던 시절과 다르다는 걸 미처 깨닫지 못했죠. 박정희식 국가독점자본주의로 사람들을 주물럭대던 시절을 더듬으며 그때처럼 나라를 밀어붙이려고 하니 '21세기 소비자들'

은 벙했죠. 저잣거리의 약삭빠름에 길들여진 사람들은 케케묵은 권위주의에 잦바듬할 수밖에요.

사실 대통령에게 'CEO leadership' 은 어울리지 않는 옷입니다. CEO는 이윤 만들어내기가 할 일이고, 그 이윤은 대주주들에게 돌아갑니다. 회사주주들과 사주들의 잇속을 챙겨주고자 꼽힌 심부름꾼이 CEO인 셈이죠. 그렇다면 대통령을 CEO로 뽑은 사람들이 주주가 되는 셈인데 과연 '국민' 들은 이 나라의 주주인가요?

한국의 국민소득이 한 사람 앞에 2만 달러가 넘어섰습니다. 환율에 따라, 오르락내리락하는 경제 흐름에 따라 국민소득이 조금씩 달라지지만 여하튼 한국이 '가난한 나라' 는 아닙니다. 네 사람이 한 가정을 이룬다고 잡으면 한 해에 8만 달러, 얼추 1억 가까이 버는 걸로 나오니까요. 그러나 사나워지는 양극화에 가난한 사람들은 갈수록 가난하고 영영 가난합니다. 겉보기엔 한국 사회가 잘 살게 되었다고 하지만 헤아릴 수 없는 사람들이 굶주림과 쪼들림에 시달립니다. 돈은 한가득한데 많은 아이들이 돈이 없어 밥을 굶는 형편입니다. 뭔가 사달이 나도 된통 난 셈이죠. 이 까닭은 그동안 한국 사회가 지은 가마니의 밥들을 가진 자들이 지들 상자로 몽땅 쓸어 담았기 때문이고, CEO 대통령은 알고 보니 부자들에게 돈다발을 퍼수는 삽질꾼이었기 때문입니다. 그러니 가난한 사람과 부자 사이의 비탈은 가팔라집니다. 빈부의 치우침을 나타내는 '지니계수' 는 용트림을 합니다. 민주주의 사회란 틀 안에 돈에 따른 신분질서가 굳건해지죠.

특정계급의 사람들이 평민들을 희생양 삼아 자기들 뱃속을 채웁니다. 경제의 몸집이 암만 커지고 GDP가 늘어나도 서민들의 살림살이는 더 앙상해지고 하루하루 먹고살기도 빠듯한 까닭이죠. 빈대떡을 키우면 나눠주겠다는 말에 '속아' 시장과 정부에 모든 걸 맡기고 여태 시장함을 참아온 수많은 서민들은 콩고물을 기다리며 오늘내일 하지만 노상 '다음'으로 미뤄집니다. 빈대떡이 더 커지면 나눠주겠다며 귀족들만 잔치를 벌이며 흥청망청 살아가고, 그 밑에서 평민들은 그들을 우러르며 부러워하고 자신을 부끄러워합니다.

여기엔 자본주의의 빼앗음과 다시 쌓음이 도사립니다. 용산참사에서 들통났듯 자본주의는 우격다짐으로 남의 것을 낚아채 살집불리기를 하며 자본을 돌립니다. 자본주의가 돌리는 쳇바퀴에서 젊은이들은 자신을 자본처럼 여기며 불리고 키우고자 '개조'하기에 이릅니다. 젊은이들은 '스펙'을 쌓고자 발싸심하는데, 스펙이란 말은 2004년부터 국립국어원에 신조어로 올라갈 정도로 널리 퍼졌고, 이 시대가 어떠한지 잘 담고 있습니다. 스펙 '요구'가 뜨악하게 거세진 때는 이 사회에 기업들의 콧바람이 커진 때와 맞물려 있습니다. 그러니까 한국 사회에서 '경제권력'이 힘세진 만큼 스펙의 틀에 젊은이들이 자신을 끼워맞추게 되었습니다. 젊은이들이 기계나 전자제품의 성능이나 기능을 뜻하는 '스펙'이란 쇠고랑에 채워진 꼴이죠. 이제 젊은이들은 기계가 '업그레이드'하듯 기계처럼 자신의 성능을 높여야 합니다. 그래야 상품들이 비싸게 팔려나가듯 젊은이들도 몸값 두둑이 받고 팔려갈 테니까요.

그러나 스펙 쌓는 데 온 삶을 바치는 젊은이들은 싸움터에 나가는 군인들처럼 하루하루 안절부절못하며 일렁거립니다. 이력서에 한 줄이라도 더 채워넣고자 여러 취업 사이트를 돌아다니고, 어학연수를 가고, 토익 책을 파고, 경험을 쌓는다는 그럴싸한 이름으로 푼돈을 받아가며 인턴을 하고, 공모전에 뛰어들어 상을 따려고 밤을 세고, 삶을 반짝거리게 해주진 않지만 일감 구하는 데 보탬이 될 거라고 저잣거리에서 정해준 자격증 문제집을 넘기며 마음에 우러나지 않는 봉사활동을 합니다.

더 안쓰러운 사실은 이렇게 아등바등 스펙을 쌓아도 이기고 지는 건 거의 판가름 나 있다는 점입니다. 숫제 '명품' 으로 키워진 귀족들에게 '대중저가품' 으로 취급되는 평민들이 올라갈 수 있는 사다리는 야트막합니다. 언걸먹으면서까지 '스펙' 을 쌓아 가까스로 '신상' 이 될 순 있을지언정 금세 다른 '신상' 들에 밀려 '분리수거' 되기 십상입니다.

> 한국청년연합(KYC)에 초청을 받아 20대로서 심사를 하러 갔어요. 공모전에 나온 젊은이들의 작품들을 보러 갔죠. 나이 많은 분들이 많이 오셨는데, 같은 20대로서 굉장히 창피했어요. 이 정도밖에 안 되나는 생각이 들더라고요. 물론 신청한 사람이 20대 전부를 대변하는 건 아니죠. 그래도 지금 20대들의 수준을 방증한다고 봤거든요. 스펙을 굉장히 중요히 여기고, 돈을 잘 벌어서 소위 성공했다는 젊은이들을 추천하거나 그런 작품들이더라고요. 현대 사회 자본주의에 찌든 20대라는 게 느껴졌어요. 우석훈 씨도 20대들에게 상상력이 없다고 그러시더라고요. 20대가 아닌 외부인이 보기에도 그렇게 보이는데, 20대로서 봐도 상상력이 부족하다 못해 사회 압박에 눌려 찌들어 있다는 생각이 드네요.
>
> **『꺄르르♡인 블로그』, 「시민단체 20대 활동가, 청년문제를 말하다」**

이문만을 따지는 한국 사회가 오로지 취업만을 따지며 스펙 쌓는 고만고만한 젊은이들을 뜯어먹으며 굴러갑니다. 경제란 맷돌에 수많은 젊은이들이 갈리고 있네요. 사라지는 봄날의 울먹임과 사람들의 발버둥소리가 갈마들며 젊은이들의 귓가를 맴돕니다. 이렇게 용을 빼도 이무기는커녕 감히 용꿈조차 꿀 수 없는 미꾸라지들은 청년백수가 되거나 비정규직 노동자가 되어 한국 사회의 '밥' 들이 되고, 이러한 밥상을 누군가는 퍼먹으며 배를 더부룩하게 만들어 갑니다.

:: 사는 데가 가난하면 꿈도 가난하다

도시 외곽의 여자 대학 식품영양학과에 다니는 내게는 그 흔한 과외도 들어오지 않는다. 게다가 나는 영양사 시험 준비를 한답시고 아르바이트도 하지 않는다. 가급적 돈을 쓰지 않는 것이 우리가 할 수 있는 최대의 벌이지만 이제는 그나마 쓸 돈도 없다. 돈이 없으면 원래 가난했던 것에서 하루치씩 더 가난해져야 하지만 가난에는 그런 산술적인 계산이 들어맞지 않는다. 우리는 몇 년치의 가난을 한꺼번에 맞았고 이후로도 몇 달치씩 가난해지고 있다. 가난이란 본래 평생의 가난이 일시에 들이닥치는 법이라는 걸 뒤늦게 알았다.

편혜영, 『아오이가든』, 「마술피리」, 201쪽

공직을 맡겠다는 후보가 "땅을 사랑했을 뿐 투기가 아니다"며 얼토당토않은 둘러댐에 다들 쉽사리 버럭 성내지만 누구든 자기 손에 돈이 생기면 맨 먼저 부동산을 기웃거리는 한국입니다. 듣고 아는 바는 있어서 부동산 군더더기를 걷어내야 한다고 입으론 되뇌지만 뒤로는 어떻게 부동산으로 꽁돈 생기지 않을까 머리를 굴리죠.

그러다 보니 당신은 어디 살아요? 아무렇지 않게 묻고 대꾸할 수 없습니다. 단 한마디로 그 사람이 어느 정도 사람일지 드러나는 시대니까요. "어디 사세요?" "강남 ××××× 살아요." 그 사람이 누구인지 사는 곳이 일러줍니다. 집은 단지 사람이 살아가는 데 필요한 조건 가운데 하나일 뿐인데 한국에서 집과 땅은 사람의 운명을 쥐락펴락하는 물신입니다.

> 전 또래들보다 직장인들이나 나이 많은 사람들이랑 접할 기회가 많았어요. 거기서 어른들은 "너 강남 산대매? 아빠 뭐하시냐?", "남자친구가 의사 정도는 되겠네?" 이런 질문을 하더라고요. 근데 트집 잡으려고 했다고는 생각 안 해요. 그냥 진짜 궁금해서 물어봤으려니 하죠. 그러면 남친은 그냥 직장인이니까 직장인이라고 하고, 전 그냥 강남에 산 지 10년 넘었다고, 처음 이사 왔을 땐 집값이 안 비쌌다고 얘기해요. 그러면 사람들이 "집값 많이 올라서 좋겠네" 그러면 "네, 아빠는 좋으시겠죠. 전 잘 모르겠다"고 해맑게 대답했어요. 제가 그 어른들 앞에서 "무슨 그런 말씀을 하세요" 하면서 팩팩거리면 그 사람과 저의 관계는 거기서 끝이겠죠.
>
> 『꺄르르♡인 블로그』, 「집값 오른 게 강남주민 탓은 아니잖아요」

2010년 가을, 교육과학기술위원회 권영길 의원실은 한 보고서를 냅니다. 이 보고서엔 서울에 있는 56개 초중고생 37,258명이 어떠한 꿈을 꾸는지 담고 있는데, 읽다보면 아주 서글프고 소름이 돋습니다.

10대들이 나이를 먹을수록 교사나 공무원을 장래희망으로 손꼽습니다. 젊은이들이 보수화되었다고 하는데 느닷없이 스무 살을 넘어가면서 기성세대화되지 않습니다. 한국 사회에 살면 10대 때부터 애늙은이가 될 수밖에 없지요.

이 보고서는 여기에 그치지 않습니다. 이른바 '사회지도층'을 꿈꾸는 비율을 서울에서 집값이 가장 높은 강남3구(강남, 서초, 송파)와 가장 낮은 관악구와 구로구, 그리고 금천구를 견줬는데, 그 차이가 망가진 가윗날처럼 벌어지더군요. 초등학교는 10.4% 정도 차이나더니 중학교는 18.3%, 고등학교는 18%가 납니다. 넉넉지 못한 곳에 살지 않는 아이들은 커갈수록 사회지도층 되기를 꿈꾸지 않습니다. 야멸친 현실을 알아버린 것이죠. 사는 데가 가난하면 꿀 수 있는 꿈도 가난해집니다. 사는 곳이 그 아이의 앞날을 찍어내는 거푸집인 셈이죠. 아이들의 꿈은 그 아이의 재주와 애씀보다 이제 어떤 부모에게서 태어나느냐에 따라 정해집니다. 미꾸라지들이 꼼지락거리면 용이 되기는커녕 한 접시 추어탕이 될 따름입니다. 신분사회로 돌아간 꼴이죠.

자신이 태어난 계층에서 윗계층으로 올라가는 사다리가 걷어차졌습니다. 부모가 '사회지도층'이면 자식들도 비평준화고를 나와 유명대에 들어가거나 아니면 유학을 갔다가 다시 한국에 돌아와 부모의 돈과 직업을 대물림하는 일이 자연스러워졌습니다. '보잘것없는' 부모를 둔 자식들은 영영 사회 바닥에서 길 수밖에 없지요. 누구에게나 자유가 있고 얼마든지 애쓰면 성공을 할 수 있으며 사회가 민주주의 원리로 돌아간다고 믿고 싶을지 모르지만, 아무리 덮개로 가리려 해도 도저히 감출 수 없는 구멍들이 뻥뻥 뚫리고 있고, 징그럽게 커지네요. 민주공화국이라지만 이 사회의 주인은 뭇사람들이 아닙니다.

가난한 어버이들은 자기 자식들에게 이 사회의 주인으로서 커다란 꿈을 꾸라고 말할 자유조차 없습니다.

물론, 사회를 계급화해서 보지 않고 '한민족, 하나의 대한민국' 이라는 허깨비로 눈과 귀를 가리고 사는 사람들도 숱합니다. 부지런히 살면 해뜰날도 있지 않겠냐는 갸륵한 이들이 쌔고쌨습니다. 윗사람들이 언젠가 머리 쓰다듬어 주지 않겠냐며 다소곳이 고개를 숙이는 사람들 위에서 귀족들은 한마디 하지요. 쯔쯧, 평민들이란 역시 어리석어!

> 회사원이 의사보다 '나쁜 꿈' 은 아니다. PC방 사장을 꿈꾸는 금천구의 고등학생이 외교관을 꿈꾸는 강남구의 고등학생보다 행복하지 않으리라는 보장은 어디에도 없다. 청소년 하나하나의 꿈은 그 직종의 위신과 평균소득으로 환산해 우열을 나눌 것이 못 된다. 하지만 청소년의 꿈이 부모의 경제력에 연동하는 현상이 전반적으로 나타난다면, 집안 사정에 따라 꿈을 가질 가능성부터가 제약이 되는 사회라면, 그 결과로 '꿈의 양극화' 라 부를 만한 현상에 가속이 붙는다면 한명 한명 꿈의 가치를 인정하는 '착한 태도' 만으로는 해결되지 않는 구조적인 문제가 있는 게 아닐까.
>
> 《시사IN》 162호, 「꿈도 양극화, 강남 학생 꿈은 의사 · 비강남은 회사원」(2010. 10. 23, 천관율 기자)

바야흐로 '부동산 계급사회' 입니다. 이런 사회가 잔잔하고 정다울 리 없죠. 한국 사회는 끊임없이 사회 바닥에서 철렁임이 들끓고 있고 많은 이들이 살얼음 위를 걷듯 조마조마하면서 살아갑니다. '우리도 잘 살아보세' 라는 말에 여태 달려왔던 그 '우리' 에 자신들이 들어가지 않는 걸 안 사람들은 이를 갈면서 주먹을 쥘 수밖에 없지요. 재주는 곰이 부리고 돈은 왕서방이 번다는 말처럼 곰처럼 미련한 사람들만 뒤틀린 현실에 무덤덤합니다. 미련하게도!

부동산 계급사회에서는 말짱 불행할 수밖에 없습니다. 300개가 넘는 통계자료를 보습과 갈퀴삼아 한국 부동산의 야로들을 낱낱이 파헤친 『부동산 계급사회』(후마니타스, 2008)는 부동산에 투자하면 누구나 이득을 본다는 '부동산 신화' 가 거짓이며, 한 줌도 안 되는 부자들 빼고는 모조리 피해를 봤다고 밝힙니다. 한국의 땅과 집을 몇몇 부자들이 싹쓸이했기 때문이지요. 그들은 땅투기를 하여 어마어마한 잇속을 거저 챙겼습니다. 불평등이 얼마나 옴팡진지 지은이 손낙구는 이렇게 견줍니다.

> 한마디로 말해 우리나라가 100명이 사는 나라라면 27명이 사유지 기준으로 국토의 99%를 자지하고 있으며, 이들이 소유하고 남은 1%의 땅을 33명이 발 디딜 틈도 없이 북새통을 이루며 살고 있는 셈이다. 더구나 나머지 40명은 서 있을 사리도 없어 바다 속에 빠진 상황이다.
>
> 손낙구, 『부동산 계급사회』, 52쪽

지금도 사람답게 살 수 없는 곳에서 살아가는 사람이 1,000만 명에 이릅니다. 지하방, 옥탑방, 쪽방, 움집, 심지어 동굴에서 살아가는 이들도 160만 명이나 되고요. 이들이 한국 사회에서 행복할 수 있을까요? 어떤 꿈을 꿀 수 있을까요?

:: 초식남이 되고 건어물녀가 되는 까닭

나는 구글의 검색창에 '알바' 라고 쳐넣었다. 별로 오래 검색할 필요도 없이 수많은 구인정보가 쏟아졌다. 가장 흔한 편의점 알바는 시급이 삼천 원에서 사천 원 정도였다. 주간은 싸고 야간은 비쌌다. 하루에 열 시간을 일한다고 했을 때 하루에 삼만 원에서 사만 원 정도를 벌 수 있었다. 그렇게 한 달을 일하면 대충 백만 원 정도 손에 쥘 수 있을 것 같았다. 그 돈으로 고시원 방값을 내면? 용돈 정도나 겨우 남을 것 같았다.

김영하, 『퀴즈쇼』, 65쪽

통계청의 '2010년 경제활동 인구 청년, 고령층 부가조사 결과' 를 보면 갑갑해집니다. 임금노동자로서 첫 일감을 가진 청년층(15-29살, 972만 명) 가운데 겨우 반을 넘긴, 60% 남짓의 젊은이만이 출렁거리지 않는 일터에 들어갑니다. 21.6%는 계약기간이 정해진 '비정규직' 이었고 16.0%는 '잠깐 하는 일' , 2.9%는 돈을 받지 않고 가족일을 돕거나 자영업을 하며 사회에 첫발을 내딛었습니다.

젊은이들이 일거리 구하기도 어려울 뿐더러 구한다 해도 어줍은 일자리뿐이란 게 눈앞에 나타납니다. 그래서 그런지 많은 젊은이들이 일렁이는 마음을 알아서 다독이며 탄탄한 밑바탕을 바랍니다. 일자리가 든든해야 마땅하지만 철밥통 얻고자 일하는 건 아닐진대 어느새 '잘리지 않고자' 일하게 되었네요. 청년층 비경제활동 인구(541만 8,000명) 가운데 일반직 공무원 시험에 젊음을 건 이들이 20만에 가깝습니다. 사회가 너무 울렁이며 모질게 몰아붙이기에 어떻게든 자기 밥줄을 지키려 하는 것이죠.

먹고사는 일은 중요하고 소중하지만 그렇다고 살아남기가 젊은이들을 사로잡는 단 하나의 가치인 사회를 만들어야 하겠습니까? 자기 손으로 밥 벌어 먹는 건 몸소 해내야 하는 일이지만 그렇다고 밥 먹는 데 젊음을 바치는 건 서글픈 일이지요. 뱃속을 채우고자 사는 데는 동물의 왕국일 뿐, 사람 사는 사회가 아닙니다. 그런데 안타깝게도 대부분 사람들은 먹고 살고자 하기 싫은 일을 억지로 하고 있습니다. 이런 무작스러운 시대를 읽어내지 못하고 젊은이답게 야망을 갖고 꿈을 펼치라면서 스스럼없이 배퉁이를 내미는 사람들을 볼 때마다 속이 부대낍니다. 청춘들의 기운을 삼킨 채 시치미를 뚝 떼고 있으니까요. 젊은이들이 어떤 일감을 갖는지, 어디서 살아가는지, 앞으로 집을 어떻게 구할지 알면서도 딴청을 부리는 한국입니다.

일자리 문제와 아울러 집문제는 거머리마냥 젊은이들의 피와 땀을 빨아먹습니다. 그런데 더더욱 골치 썩는 건 이 거머리가 좀처럼 떼어지지 않는다는 점이죠. 집을 하도 지어대서 건축업계는 집이 안 팔린다고 툴툴대는데 집값은 팍 떨어지지 않아요. 가난한 사람들과 젊은이들은 쳐다도 보지 못할 정도로 저 높은 곳에 집값이 걸려 있습니다. 사람이 사람답게 살려면 사람마다 모름지기 집이 있어야 한다고 여기기보단 부자들의 돈놀이 연장으로 집을 놀리면서 부동산에 비계가 그들먹하기 때문이지요. 집값이 떨어지면 배불뚝이들이 밋밋해질까봐 어떻게든 그 뱃살을 지켜주고자 무진장 안달복달합니다.

집값은 부풀어 오르기만 하여 서민들은 죽어라고 일해서 죽기 전에 간신히 자기 몸 누울 곳을 마련할 수 있는 한국입니다. 집이 관인셈이죠. 이런 판이니 많은 젊은이들은 어버이 밑에서 숨죽이며 눈치만 보거나 밖에 나가 살더라도 부모에게 슬그머니 손 벌리기 일쑤입니다. 젊은이들이 한국에서 자기 힘으로 집을 살 수 있을까요? 대한민국 평범한 직장인이 110m³(33평형) 아파트를 사려면 먹고사는 데 드는 돈만 빼고 죄다 모아도 19년이 걸리고 서울 아파트는 29년, 강남은 44년 걸린다고 합니다. 27살쯤 운 좋게 일감을 구했다손 치더라도 머리가 희끗해질 때나 자기 이름의 집을 가질 수 있습니다. 그것도 집장만하는 데 자기 삶을 몽땅 쏟아부어야 이뤄질 수 있는 일입니다. 집장만은 공상과학 영화에 나오는 이야기가 되어버렸네요. 오죽하면 집을 갖고 태어나는 거북이나 자라가 부럽다는 넋두리가 떠돌겠는지요.

이제 젊은이들의 홀로서기는 거의 이뤄질 수 없는 꿈입니다. 한국의 많은 젊은이들에게 나와 살기는 마땅한 일이긴커녕 '불가능한 임무'에 가깝습니다. 한편 찍을 때 수천 억을 받는 탐 크루즈 아니면 해낼 수 없지요. 비눗방울이 꺼지고 있다고는 하나 아직도 집값이 어처구니없는 데다 젊은이들을 짜먹는 경제얼개는 그대로입니다. 젊은이들은 집장만에 엄두도 내지 못하고 있고, 한국 사회가 휘두르는 채찍질에 시달리며 홀로서기를 생각할 겨를조차 없습니다. 싸구려 영화 같은 한국 꼴을 현실로서 담쑥 받아들이긴 되우 힘듭니다. 집을 나와 홀로서기를 한 젊은이는 이렇게 얘기합니다.

> 젊은이들이 독립하면 살 곳이 옥탑방 아니면 반지하예요. 반지하는 방공호하려고 생긴 건데, 거기다 세를 내주고 사람이 살고 있어요. 살 만한 곳이 아니라 잠깐 피하려고 만든 곳인데 거기에 사람이 살아요. 햇볕이 드는 곳도 있지만 거긴 소수죠. 1호선 타고 지상으로 가면 한남이나 용산을 볼 때 가관이에요. 다 옥탑방이에요. 진짜, 서울에서 어렵게 사는 사람들이 많구나 하는 생각이 들어요.
>
> 가끔씩 이 생각을 해요. 길을 지나가면 거리에 건물들이 엄청 많잖아요. 건물은 사람을 위해 지어졌고 안락하게 살 만한 건물인데 사람이 살지 않아요. 아이러니하죠. 제가 사는 곳은 저기보다 훨씬 안 좋아요. 저긴 사람 사는 데도 아니고 사람이 없으면 비어 있는 곳인데 제가 사는 곳보다 더 안락해요. 코엑스가 제 집보다 안락할 걸요. 주객전도가 되어버린 거죠.
>
> 『캬르르♡인 블로그』, 「젊은이의 독립, 옥탑방 아니면 반지하」

집 마련하는 것이 인생의 겨냥점이 된 사회, 집장만 하고자 골골대다가 인생이 송두리째 날아가 버리는 사회에서 살아가니 젊은이들의 앞날이 캄캄할 수밖에요. 몇몇 귀족 자식들이야 큰 걱정이 없겠지만 대부분 서민들 자식들은 달팽이로 태어나고 싶은 마음이 굴뚝같습니다. 젊은이들이 용기 있게 부모의 그림자를 벗어나 홀로서기를 했다고 하더라도 집에서 사는 게 아니라 방에서 삽니다. 원룸, 리빙

룸, 고시원, 반지하, 옥탑방 등등에서 쭈그려 있습니다. 원룸만 해도 영어로 이름을 붙여서 그런지 들어가기가 다른 나라로 넘어가듯 벅차고, 오피스텔은 감히 다다를 수 없는 엘도라도입니다. 전세든 월세든 널찍한 곳은 부모 등에 빈대붙어서야 지낼 수 있는 시멘트 덩어리일 뿐입니다.

어느 곳이든 바짝 치솟은 콘크리트들을 보면서 젊은이들은 고개를 떨어뜨립니다. 가만히 앉아서 손에 물 한방울 묻히지 않고도 떼돈을 긁어모으는 부라퀴들을 보면서 젊은이들은 일하고 싶은 마음이 싹 가십니다. 달뜨게 일을 해도 집장만이 버거운 사회에서 꾸준히 자기 일을 해나가는 사람은 푼수데기니까요. 땀 흘려 일하면서 살아가는 사람이 핫바지처럼 보이는 사회입니다. 거저 돈을 벌려는 꿍꿍이가 넘칠수록 성실한 노동과 이를 통해 거두는 마땅한 보상을 낮잡아보게 되지요. 한국 집값은 그 덩치만큼 젊은이들의 홧홧함을 앗아가고, 젊은이들은 차가워진 채 싸늘한 사회 밑바닥에서 얄기죽거립니다.

이러다 보니 초식남과 건어물녀가 나올 수밖에요. 초식남, 건어물녀는 기운을 이 사회가 짜먹어 쭉정이가 된 젊은이들을 가리키는 말입니다. 사랑도 만남도 기운이 있어야 하건만 삐거덕거리는 한국 경제란 물레방아에 빻이며 젊은이들은 가루가 됩니다. 특정계급이 젊은이들의 몸에 빨대를 꽂고 체액을 쪽쪽 빨아먹고 있으니까요. 젊은이들의 몸과 마음은 앙상해지고 여위어 갑니다. 젊은이들의 훌쩍임이 번져가지만 기름기로 번들거리는 사람들은 귀담아 듣지 않습니다.

오늘날 한국 사회의 페로몬은 돈입니다. 돈이 있는 곳에 성과 쾌락이 너울댑니다. 젊은이들에게는 돈이 없으니 페로몬이 나올질 않습니다. 젊은이들은 사랑할 기운도, 돈도, 낌새도 없습니다. 초식남과 건어물녀들은 밑에서 허덕이고 그 위에 올라탄 기성세대들은 “이대로가 좋아”를 외치며 헐떡댑니다.

:: 짐승으로 길러지는 88만 원 세대

바코드와 다섯 지역의 화폐로 계산된 가격표가 그녀의 목에 달려 있고 그것이 그녀의 생존을 담보한다. 살아남기 위해 그녀는 무척 바쁘다. 소와 말을 합쳐놓은 만큼 일하며 육식동물같이 서로를 물어뜯으며 휴식한다. 업무에 찌든 샐러리맨들처럼 알코올과 기름진 음식으로 포위당한 채 웃는다. 소비적이며 소모적인, 천박하며 폭력적인, 주위의 모든 것을 황폐화시키는 도시 학생의 삶.

김사과, 『미나』, 83쪽

젊은이가 어른으로 자라려면 홀로서기를 해야 하지만 현실은 썰렁하다 못해 매몰차죠. 어른이 되겠다고 보금자리 밖으로 나와봤자 거품이 잔뜩 낀 집값에 맞닥뜨리면 입에 거품을 물게 됩니다. 그래도 꿋꿋하게 돈을 모아서 홀로서기를 해보겠다고 애쓸라 치면 기가 막힌 돈을 받습니다. 그야말로 새경이죠. 어이를 잃어버린 젊은이들은 아이로 쭉 살고 싶은 생각을 이악스레 품을 수밖에요. 입에 풀칠하기

도 어려운 돈으로는 죽지는 않겠지만 사람답게 살기 어려우니 그렁저렁 아이처럼 살고 싶은 마음이 생기는 것이죠.

암만 땀을 흘려도 먹고 살기 빡빡한 까닭은 젊은이들의 피땀만큼 제대로 보상해 주지 않기 때문이지요. 우석훈과 박권일의 『88만 원 세대』(레디앙, 2007)는 바로 이 문제를 건드리며 '세대 사이 짜먹기'를 공공담론으로 끌어올린 책입니다. 이 책은 큰 물살을 일으켰지만 또한 많은 꼬집음을 받았습니다. 세대갈등을 끄집어냈지만 세대모순은 하나의 증상일 따름이니까요. 계급모순을 까발리고 바꿔내지 않는다면 세대갈등은 어떠한 방법으로도 풀어낼 수 없습니다. 그럼에도 이 책은 오늘날 젊은이들의 꼬인 실타래를 헤집는 데 큰 도움을 줍니다. 사회얼개가 불공정하다는 얘기만으론 젊은이들의 어려움을 매끄럽게 풀어내지 못하니까요.

시대가 사뭇 바뀌었습니다. 사회얼개는 늘 삐뚜름했고 젊은이들은 언제나 힘겨웠지만 오늘날 88만 원 세대처럼 파김치가 되진 않았습니다. 다시 말하면 계급모순이 세대모순으로 오늘날처럼 강하게 불거진 때가 없었지요. 그러므로 보수우파들이 얘기하는 것처럼 젊은이들이 부지런히 자신을 갈고 닦기만 하면 된다고 말하기엔 여러 가지로 입맛이 쓰죠. 아무리 가리고 덮으려 해도 오늘날 젊은이들의 피와 땀을 윗세대 자본가들이 쥐어짜먹고 있다는 건 숨길 수 없습니다.

선거에서 자기들이 지는 까닭을 젊은이들의 '무개념' 때문이라며 자신들의 '무능함'을 눙치는 데퉁바리들처럼, 젊은이들의 헉헉거림을 청년들의 쓸모없음이나 산업구조의 변화를 내세우며 자신의 잘못을 털끝만큼도 느끼지 못하는 '민주주의 인사'들이 있습니다. 그들은 자신과 자기 가족의 자유를 위해선 팔을 걷어붙이지만 자유를 누리지 못한 채 내동댕이쳐지는 수많은 남들을 보면서는 딴딴하게 팔짱을 낍니다. 이 '민주주의자' 들이 걸어온 길들을 들여다보면 나름대로 손뼉을 칠 만하지요. 언죽번죽 자기 밥통만 뚫어지라 쳐다보며 살아온 얼뜨기들과 다르게 독재정권에 맞섰고 민주화 운동을 하였으며 더 나은 사회를 이룩하고자 자기 젊음을 바쳤으니까요. 그들의 말과 몸놀림에 어엿이 깃든 자랑스러움은 거저 주어진 손금이 아니라 손수 얻어낸 만큼 훌륭하지요.

그러나 자신들의 경험에 묶여 지난날의 자막대기로 오늘날을 가름하고자 설레발치는 꼴은 젊은이들을 메스껍게 합니다. 한국전쟁세대가 자신들의 경험을 앞세워 '반공주의' 로 사회를 패대기치는 데 울컥하던 사람들이 판박이처럼 똑같은 일을 벌입니다. 자유주의가 가장 빼어난 사상이라고 왁자하게 떠들 뿐, 사회의 곪아터진 응달에서 젊은이들이 졸아든 데는 심드렁해 합니다. 왜? 자신들은 햇볕 쬐면서 잘 먹고 잘 사니까요.

이렇기에 『자유의 의지 자기계발의 의지』(돌베개, 2009)를 쓴 서동진은 지난날 민주화 세대가 쫓았던 자유주의가 오늘날 젊은이들을 옥죄는 올가미로 쓰이고 있다고 목소리 높입니다. 나중에 젊은이들을 훌닦으려는 뜻은 꼭 없었더라도 자신들이 쫓았던 생각 속에 밴 독물을 자유주의자들은 미처 알지 못했거나 알았더라도 그 독성을 어물쩍 덮으며 얼버무렸으니까요.

(88만 원 세대) 논의가 분명히 장점이 있다. 왜냐하면 1980년대 대학을 졸업한 사람과 1990-2000년대 대학을 졸업한 사람은 결정

적인 차이가 있으니까. 이처럼 세대차이가 큰 의미를 갖는 단절의 시기가 있다. 1980년대 대학을 졸업한 이들이 가졌던 자유에 대한 열정이 1990-2000년대 대학을 졸업한 이들을 괴롭히는 환경을 만들었으니까.

안타까운 점은 이런 문제제기가 있는데도 1980년대에 대학을 졸업한 이들이 민주주의로 위장한 자유주의의 실체를 깨닫지 못하고 있다는 점이다. 자기들의 자유에 대한 열정이 자기는 물론이고 다음 세대를 신자유주의에 맞춤한 인간형을 만드는 계기가 되었다는 사실을 인정하지 않는다. 이런 인식이 바뀌지 않는다면 세대 간 갈등은 필연적이다.

다만 여기서 주의해서 볼 게 있다. 이른바 '88만 원 세대'가 빈곤의 나락으로 떨어졌다고 해서 곧바로 그들이 자기계발하는 주체와는 다른 주체로 거듭나는 것은 아니다. 그 매개 고리가 필요하다. 그게 바로 아까 언급한 '어떻게 투쟁하는 사람이 등장할까' 이런 질문이 중요한 이유다.

《프레시안》, 「노무현 · 이명박 낳은 '괴물'은 어떻게 탄생했나?」(2009. 12. 19.)

그들이 그렇게 바랐던 '자유주의 사회'가 왔지만 어느 누구도 행복하지 않습니다. 아무도 서로가 서로를 '자유롭게' 돌보지 않고, 더불어 살아가기는커녕 어떻게 하면 고꾸라뜨릴 수 있을까 '자유롭게' 머리 굴리고 있으니까요. 자신들이 목숨 걸고 싸워 이룩한 '자유주의'는 말만 번질거릴 뿐, 부자만을 위한 자유사회로 걷잡을 수 없이 바뀝니다. 적잖은 사람들은 쇼핑할 자유를 얻고자 일하고, 지갑을 채우느라 정신이 없지요. 사람으로서 살기보다 소비자로서 살라는 사회입니다. 샐그러진 자유주의가 한국 사회에 젖어들면서 나날은 축축한 무간도입니다. 여기서 지면 '루저'가 된다며 어떻게든 옆 친구들을 거꾸러뜨리느라 젖먹던 힘까지 쏟는 아이들, 돈과 쾌락밖에 모르는 아저씨 아줌마들, 외로움에 지쳐 눈물샘조차 말라버린 노인들, 쪼들림에 허발하는 사람들과 그들을 골려대는 야살쟁이들 … .

이렇게 사회는 팍팍해지지만 어떠한 변화의 싹도 잘 보이지 않습니다. 자본가들에게 짜먹히던 노동계급이 알아서 사회변혁하기 어렵듯 88만 원 세대 또한 자신들이 빠진 늪에서 벗어나고자 사회판을 바꾸자며 들고 일어나지 못합니다. 여태 수그리고 있던 사람들이 문득 사회를 변화시키고자 고개 들기 어려우니까요. '자기계발하는 주체'로서 길들여진 젊은이들은 암만 헉헉대며 시궁창에서 뒹굴더라도 자신이 '계발'하지 않았기 때문이라고 믿습니다. 어릴 때부터 '무한경쟁'이란 밀림에서 자란 젊은이들은 1%의 육식동물이 되지 못한 것을 자신의 못남으로 여기며 어련히 초식동물처럼 살아갑니다.

사람이 아니라 돈이 모든 가치의 뿌리로서 섬김을 받는 시대에 모든 것이 말리고 욻니다. 자본을 키우고자 갖은 연장으로 싸움질해야 하고, 그런 진흙탕 개싸움이 정당화되는 까닭에 젊은이들은 어려서부터 송곳니를 뾰족하게 갈고 닦죠. 약육강식의 원리가 단 하나의 규칙이 된 판에서 젊은이들은 끙끙 앓고 있지만, 자신의 신음소리를 듣고 누가 잡아먹을까봐 기성세대가 준 푼돈으로 자신의 입을 틀어막습니다.

생각을 좀 바꿔야 하지 않을까요? 아득바득하지 않고도 얼마든지 살 수 있다는 걸 '알게 된다면' 지금처럼 피칠갑을 하면서 살지 않아도 될 수 있으니까요.

이거 한 가지만 더 부탁하자면, 단순히 자신이 취업을 한다고 해서 세상은 달라지지 않거든요. 물론, 취업하는 거 되게 중요해요. 중요한데, 기본적으로 '내가 쟤를 죽여야지 올라갈 수 있다' 생각하고 세상을 바라보는 시각 자체를 바꿨으면 좋겠어요. 내가 갖고 있지 못한 것들, 가지지 못할 것들 때문에 자신을 헐뜯지 않았으면 좋겠고요.

왜냐하면 가지지 못한 것들은 어떻게 보면 나 사는 데 필요없는 것들이에요. 서울에 차 많잖아요. 지방이면 모르는데 서울은 워낙 대중교통이 잘 되어 있어서 차 필요없어요. 차를 가지고 있지 못하다는 것으로 자기를 헐뜯지 말란 말이죠. 상당히 어려운 부탁이긴 하죠.

『꺄르르♡인 블로그』, 「당신은 영웅을 바라는 건가요?」

많은 이들은 자신이 현실을 잘 알고 있다고 믿습니다. '한 마리 짐승'처럼 살아가는 까닭도 현실을 '밀림사회'라고 여기기 때문이죠. 어려서부터 세상을 밀림처럼 듣고 배운 짐승들은 빼드렁니를 날카롭게 벼리며 둘레를 두리번거립니다. 민주주의 사회라지만 돈이 없는 사람들은 이 사회의 주인이 아니기에 젊은이들은 사회에 빨리다가 사회 뒤편으로 동댕이쳐집니다. 뒤틀린 한국 자본주의의 얼개가 젊은 세대들을 쥐어짜면서 짐승으로 만듭니다. 뭔가 이건 아닌 거 같은 느낌이 들면서 좀 쭈뼛거리지만 그렇게 길러졌기에 다른 생각이 드는 것도 잠깐, 금세 손톱을 곤두세우며 할퀴려 듭니다.

그러나 현실은 밀림이 아닙니다. 현실은 끝없이 움직이고 만들어집니다. 세상의 흐름을 꼼꼼히 짚어보고 허물이 있으면 바꿔야 하지요. 젊은이들이 헉헉대게끔 만드는 경제를 잘 읽어내고 밑판을 고쳐야 합니다. 사람이 짐승처럼 살 수는 없으니까요.

:: 누가 한국에서 아이를 낳아 키울 수 있나

> 아이가 떨어져나간 몸에서는 계속 하혈이 쏟아졌다. 용자는 저를 버린 훈이도 저를 두들겨 패던 달곤도 다 잊기로 했다. 단지 이제부터는 돈만 벌기로 했다. 남편도 사랑도 자식도 다 필요없이 그저 믿을 것은 돈밖에 없다고 용자는 생각했다.
>
> 공선옥, 『유랑가족』, 84쪽

결혼하기도 어려울 뿐더러 결혼했다손 치더라도 맞벌이를 해야 가까스로 먹고 살 수 있는 한국 사회다 보니 남편이나 아내 가운데 누구 하나 집에서 살림하며 아이를 키우기란 만만치 않습니다. 결혼해서 아이를 넷, 다섯까지 낳을 수 있는 사람은 부유층 마나님들뿐입니다. 서민 자식들에겐 결혼 자체가 벅찰 뿐더러 결혼했다손 치더라도 아이 낳는 일은 엄청난 사치입니다. 정부에선 결혼도 많이 하고 아이를 많이 낳아야 한다고 부르짖지만 '네가 낳아라, 아기들' 이라는 대거리가 치솟아 오릅니다.

대한가족보건복지협회는 2005년, 결혼 후 1년 안에 임신해서 2명의 자식을 30살 전에 낳자는 '1·2·30운동'을 펼쳤습니다. 그동안 어떻게든 아이를 낳지 못하게 말렸던 조직이었으나 세월이 흘러 제발 낳아만 달라고 바람몰이하는 기관으로 탈바꿈한 것이죠. 서른 살에 결혼도 하기 벅찬 젊은이들은 아이 두 명을 서른 앞서 낳으라는 정부를 보면서 한숨을 내쉬었습니다. 정부가 한심한 건지, 결혼해서 아이를 낳을 수 없는 자신이 한심한 건지 모르겠다며 고개를 절레절레 내젓죠. 암만 볶아쳐도 출산율이 안 오르자 '국가 비상사태'에 이릅니다. 2009년 7월 24일, 전재희 보건복지가족부 장관은 '아이 낳기 좋은 세상 부산운동본부' 출범식에서 "북핵보다 무서운 게 저출산 문제"라며 "지금 시기를 국가 준비상사태"라고 하더군요. 아이를 낳지 않는 젊은이들이 "국가 준비상사태"를 낳은 셈이죠. 기막힌 출산이 아닐 수 없습니다.

허나 정부가 암만 나대며 호들갑을 떨어도 젊은이들은 자녀계획을 자꾸만 뒤로 미룹니다. 강심장이 아니면 '운 좋게' 결혼을 했더라도 바로 아이를 낳을 수 없으니까요. 한국 사회에서 아이를 낳는 게 과연 아이에게 몹쓸 짓을 하는 건 아닌가 철학자처럼 고민해야 할 지경에 이르렀습니다. 단순히 사교육비 문제가 아닙니다. 아이의 삶이 달렸습니다. 숨 가쁘게 살 게 훤한 한국에서 아이를 낳는 일은 두고두고 사람들을 괴롭히는 윤리문제입니다. 한국에서 아이를 키운다는 건 부자들이 자식에게 돈과 회사를 물려주듯 서민들은 자신들이 겪었던 끔찍함을 대물림한다는 뜻이죠. 왜 기러기아빠와 이민가정들이 늘어가겠는지요.

아이 키우는 환경과 아이가 자라는 사회는 하나도 나아지지 않았습니다. 아이 키워달라는 딸과 며느리 물리치는 방법이란 우스개가 나돌 만치 부모세대에게 손 벌리기도 힘든 터, 젊은 부부들은 어찌할 바를 몰라 합니다. 물만 주면 잘 자라는 식물과 달리 아이가 어련히 분유를 타먹고 기저귀 갈지 못하기에 일터로 나가는 부모 마음은 새까맣게 타들어 갑니다. 믿고 맡길 곳이 턱없이 모자란 데다 그마저도 자리가 나질 않습니다. 아이를 들쳐업고 회사에 갈 수도 없기에 젊은 부부들에게 피임은 결혼서약보다 더 중요합니다.

여자가 아이를 낳으니 아이 키우기도 여자들이 하라는 사회에서 어느 여자가 자신의 삶을 통째로 내두르는 '출산'을 하려 하겠는지요. 아기 낳기와 아이키우기는 사회가 적극 거들어야 하건만 여자들의 처지에 눈 깜짝하지 않은 채 아가만 낳으라고 목청껏 소리 지릅니다. 아이를 키우는 여건은 크게 나아지지 않은 한국이다 보니 여자들은 어쩔 수 없이 '모성애'가 치솟습니다. 한국에서만 유독 치맛바람이 드센 까닭도 여자들이 많은 걸 희생하여 아이에게 정력을 쏟기 때문이죠.

설사 아이를 낳았다 하더라도 아이 키우는 데 들어가는 돈을 헤아려 보면 입이 다물어지지 않습니다. 말 그대로 등뼈가 꺾어 'ㄱ'자로 휘죠. 더군다나 빡빡해지는 암기교육과 한 줄로 쭉 세우며 소고기 등급 매기듯 점수 주는 학교수업, 한 해에도 수많은 아이들을 잡아먹고 있는 입시지옥, 이 살천스러운 곳에서 누가 아이를 낳아 키우고 싶겠는지요? 아이를 낳고 싶어도 아이에게 못할 짓 하는 게 아닌가 머리를 감싸쥐게 됩니다. 아이를 키우는 20대의 이야기입니다.

지금 한국은 돈을 덜 들이면서 키우는 방법이 있고 돈을 많이

들여서 키우는 방법, 이렇게 있는 게 아니라 돈을 많이 들여야만 키울 수 있는 상황이에요. 선택의 문제가 아니란 거죠. 이 사회에서는 좋은 걸 해주고 싶어도 그렇게 해주질 못하는 사람들이 많잖아요. 저도 그렇기 때문에 어쩔 수 없이 돈을 들이지 못하는 방법으로 끌려가는 거뿐이에요.

요즘 태어나는 애들의 70%는 아토피가 있다고 하잖아요. 뭘 먹이냐에 따라서 아토피가 생기느냐 안 생기느냐가 갈리는 만큼 좋은 걸 먹여야 하죠. 그래서 유기농 채소와 좋은 음식을 줘야 하는데 돈이 없어서 그냥 싼 걸 줬어요. 그러다 애한테 아토피 증세가 일어나면 참, 커다란 걱정이 들죠. 내가 무능력해서 애 건강도 안 좋게 하는구나 자괴감도 들고요.

아토피가 생기면 로션도 발라줘야 하는데 조그마한 게 몇 만 원씩 하는 거예요. 육아용품이 너무 비싸고 아이에게 들어가는 돈이 너무 많아요. 주사 한 번 맞으러 가도 5-10만 원이 들고요. 생각하지 못했던 것들에 대한 지출이 계속 늘어나요. 경제적으로 많이 버는 상황이 아니니까 당연히 억눌릴 수밖에 없죠. 애 얼굴은 아토피 때문에 울긋불긋해지는데 로션 하나 못 사주나, 절망스러움도 있고 신경이 많이 쓰이지만 해결방법은 지금 딱히 없네요.

『꺄르르♡인 블로그』, 「20대 기러기아빠 '로션 하나 못 사줄 때 절망'」

2005-2010년 사이 한국의 합계 출산율은 1.13명으로 지구마을 맨 밑바닥에서 바짝 엎드렸습니다. 이런 흐름이 바뀌지 않으면 한국의 사람 숫자는 2019년부터 줄어들게 됩니다. UN 연구결과에 따르면 한국이 세계에서 가장 일찍 사라질 나라라고 합니다. 어떻게 된

게 한국은 섬뜩하고 께름칙한 것들만 죄다 꼭대기를 차지하는지 모르겠습니다.

저출산은 한국 사회에서 사람답게 살기가 얼마나 버거운지 온몸으로 보여주는 조용한 대듦이자 제발 알아달라는 뜨거운 몸짓입니다. 젊은 사람들이 아이를 낳지 않는 건 와장창 젊은이들이 아기혐오증에 걸렸기 때문이 아니라, 한국 사회에서 차마 아이를 키울 수 없기 때문입니다. 사람뿐 아니라 모든 걸 돈으로 셈하고 따지라며 윽박지르는 한국입니다. 더 많은 단물을 빨기 위해서라면 자기 인생을 바쳐 수십 년을 일한 노동자도 하루아침에 모가지를 뎅강 잘라버립니다. 이런 사회에서 아기를 낳는 것은 모자란 사람들이나 하는 덜떨어진 짓입니다. 아이를 낳아 기르는 건 '효율성과 생산성'이 낮으니까요. 아이는 바로 이득이 생기지 않아 '놀리는 돈'이 두터운 사람들만 할 수 있는 '장기투자상품'이 된 셈입니다. 대부분 비정규직이 되거나 백수가 되는 젊은이들이 아이를 낳는다면 그게 더 정신 나간 일 아닐까요?

아이를 낳지 않는 젊은이들은 한국 사회가 낭떠러지로 간다는 걸 몸소 알려주는 빨간 불입니다. 그동안 푼돈으로 으쓱대며 사회복지에 모른 척했던 걸 뼈저리게 돌아보고 한국 사회의 밑판을 송두리 갈아엎어야 저출산 문제가 풀립니다. 전재희 장관은 "저출산 문제를 생각하면 등에 활활 타는 불을 지고 있는 기분"이라고 했는데, 젊은이들은 '아이 낳아 기를 생각하면 활활 타는 불에 휩싸인 기분'이니까요. 저출산 깃발이 펄럭이며 사람들 사이를 헤집고 다닌 지 오래지만 그러한 꼬드김에 애를 낳을 순 없습니다. 여자들과 젊은이들이 아이를 안 낳는 건 그들이 자기만 알아서가 아니라 이 사회가 깽판이기 때문입니다.

아이를 낳고 보살피는 문제를 지금까지는 여자에게 떠맡기면서 능쳤지만 더 이상 여자들은 미련하게 가시밭길을 걸어가지 않습니다. 임신을 하면 바로 눈칫밥 먹는 직장문화와 아이를 맘 편히 맡기고 일할 수 없는 사회에서 젊은 여자들은 '출산파업' 으로 새로운 길을 열어갑니다.

:: 왜 사람들은 월요병에 시달릴까

사람들은 자기에게 보이는 것을 중심으로 그저 하루하루를 살아간다. 그러다 어느 한순간 멈추고 돌아보니 그렇게 의식없이 보내버린 시간이 쌓여서 바로 자기 인생이 되었다는 걸 깨닫는다. 그때 그는 이렇게 말할지도 모른다. 뭐라고? 나는 좋은 인생이 오기를 바라고 이렇게 살아가고 있는데, 아직 인생다운 인생을 살아보지도 못했는데, 그런데 내가 무턱대고 살아왔던 그것이 바로 내 인생이었다고?

은희경, 『마이너리그』, 53쪽

많은 사람들이 자기 생활이 찐덥지 못해 하루하루를 힘겹게 보냅니다. 이대로는 살 수 없다는 웅성거림과 삶이 지긋지긋하다는 볼멘소리가 들려옵니다. 안타깝고 목메는 일이 아닐 수 없습니다. 직장인들은 몇 주 전부터 주말계획을 짜고 약속을 잡아놓습니다. 평일엔 그것만이 자신을 유일하게 다독이고 달래주니까요. 금요일 퇴근을 하면 밤부터 주말까지 이리저리 어슬렁거리면서 맛있는 걸 사먹고 돈을 씁니다.

그러나 아무리 별난 것을 먹고 대단한 걸 해도 일요일 낮부터 부풀어 오르는 꿀꿀함을 누그러뜨릴 수 없습니다. 그렇게 눈덩이처럼 커진 우울은 일요일 저녁에 눈보라가 되어 몸을 으스스 떨리게 하더니 끝내 월요일 아침부터 눈사태를 일으킵니다. 많은 일꾼들이 끄무레한 낯을 한 채 가까스로 출근을 하지요. '월요병' 또는 '화요병'이 사람들을 휩쌉니다.

스트레스를 쓰나미처럼 퍼붓는 한국 사회가 어떻게 될는지 등골 시큰하게 짚어봐야 합니다. 가슴 저린 사건을 떠올려 봅니다. IMF 금융위기 뒤 몽땅 시장에 내맡기자는 칼날이 몹시 서슬 퍼렇게 일어난 1999년 10월, 서른다섯의 젊은이가 한강에 몸을 던져 목숨을 끊습니다. 그는 대학졸업 뒤 유명은행에 들어가 밤낮없이 일하여 날래게 윗자리로 올라갑니다. 금세 방배동 지점 책임자가 되었고 3년 뒤엔 명동 지점장이 되지요. '인재'(人才)였습니다.

그러나 그는 겉만 멀끔했을 뿐 속은 허물어지고 있었습니다. 부인이나 아이들과 오붓한 시간을 가지지 못하니 가정생활이 헝클어지는 건 자연스러웠죠. 그는 스트레스 때문에 잠도 푹 자지 못했고, 그예 자살이란 소용돌이로 빨려들어 갑니다. 자신이 죽거든 자기 식구들을 잘 돌봐달라고 회사에 부탁하고 아이들에게는 이렇게 유서를 남깁니다. "아빠처럼 바보같이 살지 말고 서로 도우며 이웃과도 잘 지내라."

이 인재의 죽음은 인재(人災)입니다. 사람들을 인재(人材)로, 경제란 맷돌에 갈리는 '재료'로 써먹기에 생겨난 비극이죠. 사람들을 바보같이 살게 만드는 한국 경제얼개가 만들어낸 '인재' 였습니다. 그로부터 적잖은 시간이 흐른 오늘날 사람들은 "바보같이 살지 말고 서로 도우며 이웃과도 잘 지내"고 있나요?

행복은 영영 맛보지 못하는 감정이 아닌가 싶을 정도로 한국 사람들은 불행합니다. 다들 행복하고자 더 일하고 덜 자고 있지만 자꾸 불행하고, 틈만 나면 불행하고, 마침내 불행합니다. 돈이 더 있으면 행복할 것이다, 이것만 가지면 행복할 거다, 이런 도깨비불만 날아다니면서 사람들의 싱싱함을 쥐어짜내기만 합니다. 두말할 거 없이 사람에게 밥은 중요하지만 사람은 숟가락질을 하고자 살아가는 동물이 아닙니다. 누구나 가슴 속 깊이에는 먹는 것보다 더 중요한 바람이 있습니다. 바로 스스로 하고자 함이죠. 사람과 사람이, 사람과 자연이 함께 살면서 의미의 집을 이루고자 하는 몸짓입니다. 굶주림에서 벗어나면 사람들의 바람은 달라집니다. 살아남기보다 어떻게 사는지가 더 중요해지죠. 여러 문화를 누리면서 자기 삶의 뜻을 세우고자 팥죽땀을 흘릴 때 비로소 팥죽맛 같은 행복을 느낄 수 있습니다.

스웨덴 교과서에는 몸소 하고자 함을 짓밟으며 물건으로 마음 속 헛헛함을 채우려 하는 사회는 병늘었다고 가르칩니다. 가지려는 욕구에 사로잡히지 않도록 사회가 돕고 무엇이 더 중요한지 아이들 때부터 가르치죠. 이런 사회에서 살면 자신이 하고자 하는 걸 보다 수월하게 이뤄낼 수 있을 테니 저마다의 삶이 싱그럽겠죠. 이것이 알짜 '수월성 교육' 일 테고요.

"저기 천 달러 고지가 보인다, 조금만 참으면 우리도 잘살 수 있다"고 소리치면 똘똘 뭉쳐서 입 다물고 따르던 시대는 지나갔습니다. 이제는 4만 달러란 봉우리를 오르고자 한다면 왜 4만 달러를 벌어야 하는지, 그 돈으로 무엇을 할 수 있는지, 이 4만 달러에 다른 나라 사람들의 피눈물이 서려 있지 않은지 요모조모 살피고 따져야 하는 시대입니다. 나라님들의 말씀이라고 굽실거리면서 껌뻑 죽어선 안 됩니다. "먹여주는 것이 민주주의다"는 말에 홀랑 자신의 줏대를 팔아버리면 안 돼요. 이제는 어떻게 사는 것이 잘 사는 삶인지 고민하고 자기 삶과 사회를 바꿔야 할 때니까요.

땅을 잘 다지고 설계도가 꼼꼼해야 집도 허술하지 않게 지을 수 있듯 자기 삶의 본때를 묻지 않고 그냥저냥 남들처럼 살아가는 사람이 자기 삶에 의미의 집을 지을 수는 없는 노릇이지요. 그래서 한국에서 사는 사람들은 불행합니다. 정말 자신이 바라는 일이 무엇인지도 모르고 바라지 않은 일을 하고 있으니까요. 먹고는 살지만 행복하지 않습니다. 괴롭게 출근한 뒤 일에 쫓기다가 휑하니 주말을 기다립니다. 딱히 뾰쪽한 수도 없고, 그런 수를 얻고자 절절하게 뛰어다니지도 않기에 흘러가는 세월만 우두커니 바라보지요.

지구마을이 미국화라는 황사로 덮이면서 동네방네 콜록거림이 터져나오고 여기저기서 숨막힘에 쓰러지는 사람들이 쏟아지고 있습니다. 하지만 놀랍게도 이 메케함을 걷어내면서 메슥거림을 없애지 않고 '어쩔 수 없다' 면서 죽어나가는 사람들을 멀거니 바라보고 있습니다. 쪼그만 미국이 되고자 그동안 죽을 힘을 쓴 한국은 미국처럼 하루에 수십 명이 죽어나가는 사회가 되었습니다. 그리고 우울병에 시달리는 미국인들처럼 한국인들도 꿀꿀한 얼굴을 한 채 '그냥 이대로' 시달리며 살아갑니다. 다음에 죽을 사람은 부디 '내' 가 아니길 바라며!

카이스트에서 잇달아 사람들이 죽어나가자 한국 사회는 눈을 똥 그렇게 떴지만 그렇다고 딱히 새로운 바뀜을 만들어내지 못했습니다. 왜냐하면 이렇게 마구 죽어나가는 걸 '현실의 규칙'으로 삼았으니까요. 카이스트 장례식장에 걸린 "먼저 가신 학우분들과 교수님의 명복을 빕니다"라는 현수막이 얼마나 섬뜩하게 다가오는지요. "먼저 가신"이라는 말을 쉽사리 넘길 수 없습니다. 삶을 살다가 그저 먼저 갔다는 뜻으로 읽히지 않고 당신들이 '조금 먼저 갔을 뿐' 우리도 곧 따라갈 거라는 뜻으로 읽히지 않는지요? 이렇게 살다간 머잖아 우리 모두는 죽을 거라고 카이스트는 일러줍니다.

사람은 경제동물이 아닙니다. 배만 부른다고 탐탁하지 않아요. 이웃이 넘어지면 가슴이 미어지고 선뜻 손 내밀어 일으켜 주는 게 자연스러운 사람 마음입니다. 때때로 자신이 힘들면 누군가에게 도움도 받으며 더불어 즐겁게 살아가는 게 아름다운 사회고요. 거리에서 서로서로 눈웃음을 주고받고 사람들과 싹싹하고 살갑게 어울리고 싶은 건 자연스러운 바람이지요. 잘못된 것은 바꾸고 싶고 잘한 일에 손뼉쳐주는 사회, 이런 곳이 잘사는 곳 아닌지요?

이러한 사회를 젊은이들이 지어야 합니다.

돈을 벌고자, 또는 뭘 이루고자 오늘의 행복을 미루는 사람들이 수두룩합니다. 행복하고자 그것들이 있어야 한다고 말하지만 그것들 때문에 행복하지 못한 인생이죠. 마치 자신들이 만들어놓은 4대강 사업이 한반도를 쑥대밭으로 만든다는 걸 알면서도 오히려 더 많은 삽질을 해야 녹색성장을 할 수 있다고 지껄이는 악바리들처럼.

작년부터 우울증에 걸렸어요. 1년 동안 치료를 받았고, 지금도 치료를 받는 중이에요. 고통스러웠죠. 작은 일에도 짜증만 나고 사

> 는 게 힘들었어요. 만날 회사 갔다가 집에 돌아오고, 회사 갔다가 집이니까 사는 게 재미없었고, 왜 이렇게 살아야 되나 한심하고 서럽더라고요. 친구들은 저를 보면서 갑자기 왜 그러냐고 놀라더라고요. 그래서 사람들을 잘 안 만났고 친구들도 안 만났어요. 많이 힘들었죠.
>
> 제일 큰 원인은 스트레스죠. 회사에서 긴장하고 힘들게 일했으니까요. 기계처럼 일만 하니까 인생에 재미가 없었죠. 회사생활은 반복되고, 제가 하는 일은 늘 똑같았어요. 여기 아니면 다른 데 갈 데가 없나, 확 때려치고 나갈 생각도 하면서 우울해지는 걸 참다가 병이 났어요.
>
> **『꺄르르♡인 블로그』, 「멀쩡한 직장인이 정신병원에 입원한 이유」**

잘못 돌아간다는 걸 받아들여야 합니다. 넘어진 걸 알아야 일어설 수 있습니다. 이대로 가다간 남아나는 사람이 없을 거예요. 토요일이면 왜 정신줄을 놓아버리고 자게 되는지 살펴야 합니다. '돈을 얼마나 많이 버는지' 에서 '얼마나 사랑하면서 사는지' 로 삶의 꼴이 바뀌어야 합니다. 영화 「박하사탕」의 영호(설경구)처럼 뒤늦게 "나 돌아갈래"를 외친다면 이보다 더 슬플 수 없을 테니까요.

:: 나만 배불리 먹으려는 짐승이 아니려면

먹어야만 살 수 있는 건 너무 불공평하다. 먹을 게 없는 사람은 죽어야 하니까. 누구는 먹을 게 많고, 누구는 먹을 게 하나도 없고, 누구는 진짜 엄마와 같이 살고, 누구는 진짜 엄마를 찾아 평생을 헤매야 하고, 누구는 따뜻한 방에서 달콤한 잠을 자고, 누구는 추운 데서 웅크린 채 자야 하고, 자는 사이 모든 것을 뺏겨버리고, 처음으로 그런 생각들을 했다. 내가 사는 세상은 너무나도 불공평해서 나를 지나치게 배고프고 힘들게 한다고. 다른 곳은 어떨까. 다른 세상이란 것이 있을까?

최진영, 『당신 옆을 스쳐간 그 소녀의 이름은』, 119-120쪽

사람들의 괴로움을 모르쇠한 채 모조리 시장에 내맡기기를 섬기는 경제학 신도들이 악머구리처럼 울어댑니다. 모든 규제를 없애고 세금을 깎고 정부는 끼어들지 말라고 외쳐대지요. 가장 적은 비용으로 가장 큰 효과를 얻겠다는 얘기는 얼핏 듣기 괜찮습니다. 그러나

'시장' 은 나라나 정치와 떼려야 떼어지지 않는 영역이고, 따로 돌아간 적이 역사상 단 한 번도 없습니다. 시장이 '보이지 않는 손' 으로 돌아간다는 믿음은 허방입니다.

경제란 말은 본디 경세제민(經世濟民)으로 나라를 다스리고 백성을 건진다는 뜻입니다. 그러나 경제는 자신의 뜻을 등져버렸습니다. 태어난 곳을 잊어버리고 게걸스럽게 외국에서 들여온 이론만을 받아들인 한국의 경제학은 죄다 시장에 맡기면 된다는 옹알이만 해대면서 자신들의 불룩한 뱃살을 능청스럽게 꺼내놓습니다. 대학의 경제경영학 교수들은 부자들의 방패막이와 다름없고, 그 밑에서 학생들이 배우는 경제는 '돈을 많이 벌고 싶다' 는 헛바람과 비슷합니다. 강의실에서 수없이 그려지는 도표와 여러 굽은 줄과 곧은 금들, 그 많은 숫자들과 이론들은 현실과 동떨어져 있지만 뻔뻔하게 거푸됩니다. 경영경제만 배우면 더 많은 돈을 벌 수 있으리란 신기루가 모락모락 피어나죠.

얼마든지 뜻을 모으고 손을 마주잡으면 지금보다 '훨씬' 잘 살 수 있는 여건이 갖춰졌건만 많은 이들은 오로지 '더 많은 물질' 만을 욕망합니다. '이게 뭐가 잘사는 것이냐' 며 이명박 대통령의 공약대로 '4만 달러는 이뤄야 하지 않겠냐' 라고 말하는 이들도 있을지 모릅니다. 그 숫자들이 '잘 사는' 나라의 필요충분조건이라면 반드시 장만해야겠지요. 하지만 그 지표들은 경제학자들이 생각하는 잘사는 나라의 필요조건이 될지언정 모든 사람들이 생각하는 행복한 사회의 충분조건은 되지 못하지요. 4만 달러가 생기면 그 돈으로 뭘 할 건가요? 이 물음을 저마다 자신에게도 던져야 합니다. 지금은 그 돈이 없어서 불행한 걸까요?

그러니 요즘 청춘들이 10억을 꿈꾸는 게 당연하다면 당연한 노릇이다. 좋다. 그렇다고 치자. 문제는 그 다음이다. 대체 그 돈으로 뭘 할 건데? 그러면 갑자기 표정들이 멍해진다. 자신 있게 "10억!"이라고 말할 때의 표정과는 아주 대조적이다. "먹고 살려면 그 정돈 있어야 돼요." "그럼 지금 굶고 있냐?" 그러면 아주 작은 목소리로 이렇게 답한다. "아파트랑 자가용을 사야죠 … ." "그건 지금도 이미 있잖아?" 묵묵부답! 간혹 이런 답도 나온다. "더 큰 집이랑 더 좋은 차 … 암튼 그냥 맘이 편할 거 같아요." "그럼 지금 그냥 맘 편하게 지내면 되잖아?" 그럼 또 다시 묵묵부답!

고미숙, 『돈의 달인, 호모 코뮤니타스』, 12쪽

다들 잘 살고 싶다고 중얼거리지만 무엇이 잘 사는 것인지 생각하고 궁리하는 일은 조금 낯섭니다. "좋은 대학을 가야 한다, 좋은 회사에 들어가야 한다, 좋은 사람을 만나 결혼해야 한다"는 부르짖음이 한국만큼 그악스러운 곳도 드뭅니다. 문제는 이 사회 '안'에 있으면 흔히 말하는 '좋은'의 의미를 살피지 않고 테두리가 이미 정해진 그 '좋다는' 쪽을 자신도 모르게 욕망한다는 점입니다. 생각할 겨를도 없이 휩쓸리지요. 무슨 대학, 그 다음엔 무슨 직장, 그 다음엔 결혼, 그 다음엔, 그리고 그 다음엔?

자유민주주의 사회라고 하지만 과연 이 사회의 주인으로서 자유롭게 살고 있는 사람이 얼마나 있는지요? 숱하게 상처를 받으면서도 앓는 소리조차 내지 못하는 사람들이 얼마나 많은지요? 벌거숭이 임금님의 거드름과 몇 사람만의 울부짖음만이 널리 퍼집니다. 고병권이 『화폐, 마법의 사중주』에서 말한 것처럼 돈이 만들어내는 귓속울음은 사람들을 노예로 만듭니다. "화폐 사회에 오래 살다보면 누구에게나 들리는 환청이 있다. '화폐의 노예가 돼라. 그러면 모든 것의 주인이 될 수 있다.'"

어릴 때부터 '뒤처지면 화폐를 손에 못 쥐고 거지가 된다' 는 으름장에 깨갱대며 쉴 새 없이 달리기를 하면서 살아왔지만, 그 끝은 보이지 않고 이대로 뜀박질하기엔 더 이상 견디기 힘듭니다. 어차피 '좋은 대학' 과 '좋은 회사' 에는 한 움큼의 사람들만 들어갈 수 있듯 이렇게 살아선 '좋은 인생' 을 살 수 없을 테니까요. 일렁임이 일상화된 한국에서 젊은이들은 어떻게든 보금자리를 찾으려고 합니다. '끔찍한 줄서기' 를 한살이 해온 젊은이들이 좀 멈춰서서 차근차근 살고자 하는 마음이죠. 허나 그 요구에 사회는 잠자코 있습니다. 사회판을 바꿔 젊은이들에게 일자리를 마련하기보다 찔끔찔끔 몇 사람에게만 고액연봉을 주며 '장밋빛 환상' 을 던져주죠. 젊은이들은 행여나 나에게 '대기업 왕자님' 이나 '외국계 공주님' 이 나타나는 건 아닐까 음전하게 기다립니다. 이러한 '희망단근질' 을 끝내야 하지 않을까요?

청년실업을 뚫고 일거리를 구해도 마음 놓아서는 안 되는 세상입니다. IMF 전까지만 해도 일터에 들어가면 웬만하면 쭉 꿈을 피우는데 요새는 언제 잘릴지 모르는 형편이죠. 모조리 저잣거리에 맡기라는 쓰나미가 한국 사회를 덮치면서 이 시대의 사람들은 불안을 '평생직장' 으로 삼아야 합니다. 비정규직화와 구조조정이 일상화된 사회에서 아무리 온몸을 바쳐 일해봤자 회사는 언제 등칠지 모른다는 불안감에 어느 누구도 푹 잘 수 없습니다.

그래서 새로운 흐름이 불거질 수밖에 없습니다. 파놓은 데로 '끌려온' 젊은이들 가운데 고개를 갸우뚱하는 이들이 늘어나고 있습니다. 모든 이가 높은 자리나 벼락출세에 목매지 않습니다. 세계 흐름도 그렇고, 더듬이를 세워서 돌아보면 정치사회경제를 새롭게 짜려는 사람들이 흘리는 땀으로 온통 흥건합니다. 파릇파릇한 싹이 고샅고샅 돋아납니다. 보드라운 이상을 가슴에 부둥켜안고 삶의 의미를 구하고자 오늘도 묵묵히 땀투성이로 사는 사람들이 적잖습니다. 사람은 결코 빵만 먹고 사는 존재가 아니라며 꺽짐을 내는 분들이죠. 지금 의미 있는 일을 하지 못하면 나이 들어서도 못 한다며 울타리를 넘어가는 사람들입니다. 이들은 가난과 절망에 발목이 삐어 움직이지 못하는 사람들에게 온 마음을 내밉니다. 검댕으로 범벅된 현실에서 무지개를 띄웁니다.

숟가락질을 하고자 바짝 움츠러든 사회를 바꿔야 하겠지요. 어차피 하루에 4끼, 5끼 먹을 게 아니라면 세상엔 얼마든지 새로운 길이 펼쳐집니다. 살아남아야 한다는 눈가리개를 풀고 바라보면 사람살이는 셀 수 없는 즐거움과 놀라움이 피고 지는 마당이죠. 때론 힘겨움과 애달픔이 찾아들지만, 그 손님들과도 어우러지면서 세상 사람들과 더불어 행복하게 사는 일이 모든 사람들의 의무이자 권리가 아닐까 싶네요.

사회는 '청년실업'이란 채찍을 휘두르고 '88만 원 세대'란 멍에를 들씌우며 고분거리라고 그르렁거리지만 젊은이들은 사부자기 길들여지지 않습니다. 곪아버린 사회를 째며 새로운 길을 열어가는 젊은이들이 제법 많습니다. 쿵쾅거리는 심장소리에 귀 막지 않고, 굶주릴 거란 두려움에 오금 저리지 않으며, 자신을 믿고 남을 사랑하며 세상을 위해 사뿐사뿐 걸음을 내딛습니다. 이들의 걸음들이 모여 경제의 밑절미를 바꿔내겠지요.

자기계발이란 맷돌

자, 여기서 퀴즈, 유학생, 기업체 직원, 이민자, 기술인이 영어를 잘하지 못해 '개인적으로' 손해를 보는 것과 국가적 낭비를 줄이기 위해 온 국민이 '영어 마루타' 실험을 받아야 하는 것은 무슨 관계가 있을까? 답은 '아무런 관계도 없다'이다. 이것은 논리적으로 중대한 문제이다. 모든 한국인이 영어가 필수인 전문직 종사자의 애로사항까지 고려해 손수 영어를 배워야 할 까닭은 전혀 없기 때문이다. 물론 나날이 국제화되는 세상에서 국제어인 영어가 중요하다는 사실은 옳은 명제일 수 있다. 그렇다고 해서 모든 한국인이 영어를 잘해야 한다는 주장이 저절로 옳은 명제로 판명나는 건 아니다. 마치 경제를 살리자는 주장이 타당하다고 해서 경부운하 건설이 저절로 옳은 사업이 되지 않는 것과 마찬가지다.

이택광, 『무례한 복음』, 139쪽

:: 자기계발을 하는데 왜 안절부절못할까

나 같은 사람은 만나볼 필요도 없다는 건지 일흔 번 정도는 서류전형에서 떨어졌고 다시 쉰 번쯤은 시험을 치고 떨어졌다. 그나마 여섯 번은 면접을 보고 떨어졌다. 머리가 희끗희끗한 면접관은 나에게 특별히 내세울 만한 장점이 있냐고 물었다. 중앙에 앉아 있던 그는 사장처럼 보였다. 나는 잔뜩 긴장해서 "특별히 내세울 만한 장점은 없지만 무슨 일이든 잘할 자신이 있습니다" 하고 말했다. 그는 입 꼬리가 올라가는 미소를 지으면서 "내가 자네 나이 때는 세계를 정복할 자신이 있었네. 하지만 지금 내 꼴을 보게. 자네처럼 철딱서니 없는 젊은이와 말장난이나 하고 있지 않은가" 하고 말했다. 그 면접관의 말이 맞다. 지금 생각해보면 참 철딱서니 없는 대답이었다. 자신감을 가지고 할 수 있는 일은 21세기에 아무것도 없다. 서부개척 시대가 아닌 것이다. 21세기에 필요한 것은 자신감이 아니라 자신의 능력이 검증된 명료한 자격증과 인증서이다.

김언수, 『캐비닛』, 165쪽

영화 「내 깡패 같은 애인」에서 박중훈이 연기한 깡패는 "우리나라 백수애들은 착해요. 거 테레비에서 보니까 프랑스 백수애들은 일자리 달라고 다 때려 부수고 개지랄을 떨던데 우리나라 백수애들은 다 지 탓인 줄 알아요. 어- 지가 못나서 그런 줄 알고. 어유 새끼들 착한 건지 멍청한 건지 … 다 정부가 잘못해서 그런 건데. 야! 넌 너 욕하고 그러지 마 취직 안 된다고. 니 탓이 아니니까. 당당하게 살아. 힘내!"라는 말에서 엿볼 수 있듯 일자리 문제는 한국 젊은이들만의 골칫거리가 아니라 지구동네를 뒤흔드는 불난 감자입니다. 국제노동기구의 '2010년 세계 청년 취업동향 보고서'는 2009년에 15-24살의 청년층 실업자는 8,100만 명으로 역대 가장 많았다고 합니다. 청년실업은 몇 나라의 말썽거리가 아니라 자본주의란 제국이 빚어내는 지구마을의 동티죠. 국제노동기구는 요즘 젊은이들이 "잃어버린 세대"가 될 거 같다며 얼굴을 구깁니다.

다만 한국 젊은이들은 단 하루도 맘 편히 쉴 수조차 없는 사회에서 다른 나라 젊은이들보다 훨씬 힘겨워합니다. 어깨도 좀 돌리고 노량으로 이곳저곳을 거닐어야 다시 새로운 마음으로 살아갈 힘이 날 텐데, 젊은이들은 자신들이 "꿈과 희망을 잃어버린 세대"라며 어떻게든 돈을 벌 수 있다면 자신의 영혼까지 팔아치우겠다며 끝없이 어디론가 달립니다. 대학생들은 학교를 다닐 때도 빡빡하지만 방학이라 할지라도 쉴 겨를이 없습니다. 계절 학기를 통해 학점들을 끌어올리거나 인턴으로서 새로운 경험을 하거나 기업에서 좋아라 하는 자격증을 따거나 새벽에 영어학원에 다니면서 스펙을 '사재기' 해야 하니까요. 느긋함이란 말은 박물관에서나 찾아볼 수 있는 골동품이 되었습니다. 그동안 공부 부지런히 했으니 잠깐이나마 몸을 풀면서 마음에 빈칸 하나쯤 남겨두자는 말했다간 세상물정 모른다며 따가운 눈총을 받기 십상입니다. 요즘 세상이 어떤 줄 알아요? 전쟁이에요. 총소리 없는 전쟁!

한 친구가 회계사 자격증을 땄어요. 그게 가장 큰 동기가 되었어요. 돌아다니는 걸 좋아해서 제가 앉아서 공부할 수 있을 거라는 생각을 안 했어요. 고시는 나의 길이 아니라고 생각했는데, 친구가 회계사 시험에 붙으니 친구들에게 뒤처지는 느낌이 드는 거예요. 안 되겠다, 뭔가 할까 찾아봤죠. 시간을 너무 많이 투자하여 위험이 큰 거보다는 확실한 거를 찾게 되었죠. 그게 AICPA였죠. 금융권에서 돈을 많이 주잖아요.

처음에는 그렇게 시작했어요. 친구가 많이 물어보더라고요. 하는 이유가 뭐냐, 회계사가 어떤 일 하는지 알고 하는 거냐, 잘 알아보라는데 당장 급한 저로서는 그런 얘기가 귀에 들어오지 않죠. 쟤는 붙었으니까 저런 소리를 하는가 보다, 우선 시작해야겠다, 이런 생각이었죠.

뭔가를 시작해야겠다고 마음을 먹었을 때 저에게 가장 중요했던 건, 나중에 제가 뭘 하고 싶으냐가 아니라 당장 뭘 하는 거였어요. 크게 봐서 제가 뭘 할 거고, 그러기 위해서 이게 필요하다는 게 아니라 이거 따면 어떤 기회가 생기고 얻게 되겠지, 이렇게 생각을 했죠. 나중에 뭘 하려는 과정으로서 자격증을 준비한 게 아니라 일단 뭘 해야 했고 해야 될 게 필요했어요. 급했다는 단어를 사용한 것도 그 때문이죠.

부끄러운 얘긴데, 군대 가기 전까지는 자의 반, 타의 반으로 인생을 산 거 같아요. 전 진짜 공부하기 싫었어요. 대학을 왜 왔는지도 모르겠어요. 동기부여가 안 되니까 공부할 이유도 모르고 친구랑 노는 게, 게임하는 게 좋았어요. 그렇게 인생을 살아왔기에 후회가 있죠. 그래도 방향이 크게 빗나가지 않아서 작게 후회가 되어 그나마 다행이지요.

『꺄르르♡인 블로그』, 「미국 공인 회계사도 인턴하는 시대」

이른바 유명대에 다니며 미국 회계사 전문자격증을 딴 젊은이는 이렇게 털어놓습니다. 그렇습니다. 숨을 가쁘게 몰아쉬지 않으면 더럭 안절부절못해지고 알아서 아슬아슬해하는 형편이죠. 남들이 인정해 주는 뭔가를 하지 않으면 암만 돈이 많고 이른바 '능력자'라 할지라도 가슴이 벌렁거리는 시대입니다. 돈을 자꾸만 불려야 하는 강박에 시달리는 자본가처럼 요즘 사람들은 자신의 값어치를 끝없이 높여야 한다는 강박에 시달립니다. 저마다 '1인 자본가'가 되어 자기계발하느라 자신을 다그치는 나날입니다.

자기계발을 하지 않으면 뭔가 뒤처지고 멍텅구리가 되는 거라고 사회는 마구 떠다밉니다. 이러니 너나 할 것 없이 죄다 자기계발을 뇌까리며 허리띠를 조를 수밖에 없죠. 이젠 깍쟁이보다도 주머니가 빈 사람을 눈엣가시로 여기고, 가난이나 차별 때문에 쓰러진 사람에게 "너가 못났기 때문"이라고 삿대질하는 현실이죠. 어느 때보다 물질이 넘치는 시대를 살지만 어떻게 된 게 사람들의 마음은 더 깡말라 가고 툭하면 갈개질을 합니다.

자본은 멈출 줄 모릅니다. 사람들의 노동을 끝없이 짜먹으며 자신의 몸통을 키우죠. 빼앗음과 쌓아놓음을 밑천삼아 쉴 새 없이 돌리는 것이 자본주의의 원리니까요. 주리를 트는 듯싶은 고통들이 생겨날 수밖에 없었고, 많은 사람들이 버텨내지 못하고 너부러졌죠. 자본과 정부는 뜯어먹을 수 있는 사람이 없으면 안 되기에 복지정책을 펴고 시장에서 내팽개쳐진 사람들을 일으켜 세우며 '사람의 얼굴'을 한 시장을 만들고자 나름 애끓습니다. 좀 차갑게 말하면 잡아먹기 위한 축산업과 비금비금하죠.

그런데 현실사회주의가 무너지자 자본주의는 더 뻰뻰해졌습니다. 주먹구구로나마 사람들을 받아주려는 그물이 사람들 의식에서 치워졌습니다. 이젠 다 자기 살길 알아서 찾고 시장에서 빚어지는 고통들을 어련히 참아내는 걸 마땅하게 여기죠. 이웃과 사귀기는커녕 누군지도 모릅니다. 왜 IMF 즈음에 번지점프와 해병대 캠프에 사람들이 들꾀었을까요? 사회가 무너진 다리이고 전쟁터이기에 뛰어내리고 바닥에서 구르는 연습을 사람들이 저마다 미리 했던 것입니다. 그렇게 으슬으슬함을 겪고 나서야 아찔한 사회에서 살아갈 힘이 날 터니까 말이죠.

한국에서 사납게 불고 있는 자기계발이란 모래바람은 혼자서라도 살아나야 한다는 절절함의 메아리가 모이고 모여 만들어진 돌개바람입니다. 한풀 꺾였다고는 하나 그 높바람을 타고 자기계발서가 날개 단 듯 팔렸습니다. 자기계발서는 자기 목숨을 지켜주는 K2이며 한국이란 밀림을 헤쳐가는 야전삽인 셈이죠. 그러나 자기계발을 해서 꿈을 찾고 행복해진 사람은 그야말로 한줌입니다. 대부분 사람들은 자기계발을 하면 할수록 우중충해집니다. 자기계발은 자신을 계발한다는 탈을 쓰고 남들과 벌이는 무한경쟁이니까요. 남을 이기고자 몸소 자기 등허리부터 채찍질을 후려갈기는 사람이 행복하다면 그게 더 야릇하겠지요. 지금 행복을 다음으로 자꾸만 미루면서 죽음으로 치닫는 사회가 되어버렸습니다. 이러다 보니 많은 사람들이 자유를 뒤로 미루면서 고통에서 간질거림을 느끼는 피학증세를 앓습니다. 오늘날 한국의 젊은이들은 중세 유럽에서 고행하는 사람들과 무척 닮았습니다. 요새 큰 인기를 모으는 오디션 프로그램들은 대부분 사람들은 패대기치지만 몇몇은 띄워주겠다는 자본주의 욕망을 버젓이 심어주고, 이에 따라 그 언젠가 찾아올 '행복'을 위해 지금의 괴로움을 힘겹게 참으며 옆 친구들과 싸워 이겨야 한다는 믿음을 '자연스럽게' 퍼뜨립니다.

자유주의와 시장경제가 인류역사가 다다를 수 있는 마루라는 믿음이 거짓부렁으로 까발려졌듯 자기계발을 하면 언젠가 행복해질 거라는 '신앙'이 깨져야 합니다. 홀로 바동바동 사는 것보다 더불어 어깨동무하며 사는 것이 더 아늑하고 신명난다는 걸 사람들이 깨닫고 있습니다. 나 혼자 '나의 행복'을 얻으려는 사회보다 수많은 사람들이 '우리의 행복'을 일구려는 사회가 더 살기 좋을 수밖에 없습니다. 그러므로 저마다 자기계발하는 영문과 겨냥점을 되짚어봐야 합니다. 왜 뭔가를 하지 않으면 마음이 술렁이고 끝없이 뭔가를 찾아나서게 되는지, 자기계발을 달뜨게 해봤자 둘러보면 다들 공장제품처럼 똑같이 살아가는지, 이게 과연 자유인지 '고민'할 때입니다. 자기계발이 아닌 자기계몽을 해야 하는 시대입니다.

취업문제에 매달리지 말아라, 경쟁에만 매몰되지 말아라라고 못하겠어요. 그게 살아가는 방식이고 자기 살 궁리를 찾아가면서 다른 거를 신경 써야 하는 거죠. 일단, 자기가 겪고 있는 부담이 자기가 못나서라기보다는 보편적인 거라는 인식을 하고 자기 자신을 한심하게 생각하거나 미워하지 않았으면 좋겠어요. 버텨내면서 자기 자신만이 할 수 있는 가치와 능력을 찾아내길 바라요. 장기적으로 보면 사회가 요구하는 비슷비슷한 사람으로 살아가는 거보다 낫지 않을까 싶네요.

『꺄르르♡인 블로그』, 「20대 논객 '영혼가격폭락, 팔지 말고 넣어둬'」

:: 사연과 봉사, 여행경험마저 팔라는 사회

> 이력서가 좋으면 가능성이 있고 이력서가 나쁘면 그렇지 않다. 그건 사람들이 이력서를 높이 평가하기 때문이 아니다. 이력서에 의존하지 않고 스스로 무언가를 판단하는 방법을 잊어버렸기 때문이다. 그래서 이력서가 부족한 재능은 기껏해야 변두리의 기인들을 데려다가 웃음거리로 만드는 텔레비전 오락 프로그램에서나 관심을 보일 뿐이다. 이력서가 부족한 재능은 그런 식의 웃음거리 외엔 다른 것이 될 수 없다. 특히 그게 진지하기까지 하다면 최고의 웃음거리가 될 수 있다.
>
> 김사과, 『풀이 눕는다』, 110쪽

스펙이 있어야 한다고 다들 웅얼거리지만 사실 차갑게 따지고 들면 '스펙' 보다 '소개' 가 더 힘이 센 한국입니다. 끈에 따라 삶의 꼴이 바뀌죠. 왜 이다지도 학줄, 연줄, 고향을 들먹이겠는지요. '소개' 란 것이 저지레를 치며 사람들 속을 뒤엎는 '낙하산' 인데도 공직자들에겐 손가락질을 하면서 자신에게는 '낙하산' 이 펼쳐지길 바라는 이들이 적잖습니다. 한국 사회의 권위주의와 특권의식엔 몸서리치면서 자기보다 '낮다' 고 여겨지는 사람 앞에서 떵떵거리고 '특권' 을 갖으려는 사람들을 흔히 봅니다. 참말 안타까운 지경이죠.

유명환 전 외교부 장관의 딸 외교부 특채를 보면서 울화통이 터지는 거야 어쩔 수 없지만, 그러한 얼간이 짓거리들 하나하나 쫓아다니며 성내기엔 수북이 쌓인 실꾸리들이 있습니다. 이미 한국 사회에 깔아놓은 얼음판 위에서 많은 젊은이들이 미끄러지죠. 수많은 사람들이 만신창이가 되면서 드잡이를 하고, 서로서로 피터지게 싸우는 속에 저 위에선 몇 사람만이 주름잡습니다. 자기계발을 하다보면 언제가 저 위로 올라간다고 믿는 사람들은 스스로 허벅지를 바늘로 찌르면서 하루하루를 버티지만 암만 눈 비비고 찾아도 도르래는 안 보입니다. 그러자 사연과 봉사, 여행경험을 팔라며 이 사회는 부채질을 합니다. 지배권력이 아주 얄궂어졌다고 할 수 있지요. 이래라저래라 권력의 손짓에 따라 젊은이들은 사연을 만들고 봉사를 해대며 여행을 떠밀려 갑니다. 자기소개서는 '자기소설서' 가 됩니다.

수많은 사람들 얘기기 유령처럼 떠도네요. '사연' 이란 고명이 얹히지 않으면 아무리 괜찮은 사람이라도 잘 팔리지 않는 형편이죠. 학벌, 겉모습, 재물, 부모 직업 등등은 밑바탕이고, 요새는 그런 바탕을 뼈대삼아 '어떠한 이야기' 를 만들어내느냐에 이 사회는 눈독을 들입니다. 자기 얘기와 경험을 나불거리며 '경쟁' 하는 토크쇼부터 '찡한 사연' 이 곁들여져야 스타로 발돋움할 수 있는 정치계까지 사회는 '사연' 에 굶주립니다. 좋게 여기면 자기 삶을 사람들과 나눈다고 할 수 있으나 자칫하면 자기 일생을 거들먹대기 십상이고, 어찌 보면 자기 삶을 '파는' 모습처럼 비칩니다.

그래서 그런지 '스토리가 스펙을 이긴다는 말' 마저 나와 젊은이들을 뒤숭숭하게 하네요. 얼핏 생각하면 스펙보다 스토리를 치켜세우는 쪽이 더 나을 수 있으나, 그 밑절미를 파보면 스펙이나 스토리나 이 사회가 모지락스럽게 죄어치는 손길에서 벗어나지 못하는 건 도진개진하죠. 스펙 못잖게 스토리 또한 자본권력의 입맛에 맞게 자신을 '상품화' 하는 과정이기 때문입니다. 몽땅 시장에 떠넘기는 물결에 따라 사람도 상품화된 지 오래고, 다른 상품들이 그러하듯 이제는 사람상품도 넌지시 '고급화' 하는 단계라 할 수 있겠지요. 처음엔 성능 좋고 겉보기 좋은 걸 고르지만 어느덧 그 상품만의 '유난한 이야기' 를 바라죠. '사연' 이 있어야 '명품' 으로 팔릴 수 있듯 사람들도 어떻게든 '사연' 으로 자신을 꾸며야 하는 시대에 이르렀습니다.

봉사도 처음 뜻이 삐끗했습니다. 봉사는 말 그대로 남을 위한 일을 하면서 오로지 나뿐인 짐승 같은 삶이 아닌 함께 어우러지는 사회를 느끼고 익히라는 뜻이죠. 무언가를 바라고 하는 것이 아닙니다. 자신이 아닌 사람을 위해 땀 흘리는 데 기쁨을 느끼는 몸짓이죠. 그런데 처음의 뜻은 온데간데없어지고 어느새 점수로 셈해서 따집니다. 1995년에 봉사활동제도가 시작된 뒤 아무런 느낌도 생각도 없는 '기계 같은 몸놀림' 이 많아졌는지는 몰라도 정작 봉사정신은 사람들에게 흐르지 않습니다. 봉사를 왜 해야 하는지, 할 마음도 전혀 없지만 대학에 가고자, 선생님이 시키니까 하릴없이 봉사활동을 하는 이들로 미어터집니다. 남과 견주고 자신을 뽐내는 데 봉사가 쓰이면서 니글거리는 몸놀림이 되어버렸죠.

외고생들의 해외봉사에 눈길이 쏠리며 손뼉이 빗발치자 많은 부모들이 덩달아 우르르 설레발쳐댔으며, 소록도 봉사가 '뜨자' 내남없이 소록도에 가겠다고 몰려 마침내 어떤 대학은 소록도 봉사한 '스펙'을 받아주지 않겠다고 할 정도로 웃을 수도 울 수도 없는 일들이 곰비임비 터져나옵니다. 봉사란 줄에 매달려 꼭두각시놀음을 한다고나 할까요?

여행도 도마 위에 올려야 해요. 이제 지구화랍시고 어디든 쉽게 갈 수 있고 여행상품이 봇물 터지듯 쏟아집니다. 더 이상 여행은 휘뚱그레지는 일이 아니죠. 웬만한 곳에 가지 않으면 세계 어디를 가도 한국말이 들리는 지구고을이니까요. 유럽은 뻔해졌고 골골샅샅, 발길 닿지 않는 곳이 없습니다. 교통수단도 발달하여 한나절 만에 지구 반대편에 갈 수 있습니다. 새벽녘에 나간다면 오늘 밤에 몽마르뜨 언덕을 노닐 수 있으며, 적어도 이튿날엔 스핑크스를 바라보며 인생이란 수수께끼를 풀어볼 수 있죠.

그러나 여행이 또 하나의 스펙처럼 되어버렸습니다. 훌훌 털어놓고 여행을 떠나면 세상 보는 눈노 웅숭깊어지고 낯선 사람들과 어울리면서 마음의 키가 자라기 마련이지만, 이제 그러한 여행을 버젓이 드러내면서 여행을 가지 않은 사람들과 자신을 구별짓고 자신의 경험을 티내는 데 쓰이고 있습니다.

이렇게 좀 싸늘하게 '사연'과 '봉사', '여행'을 헤집고 따졌지만 그렇다고 이런 경험들을 낮잡아선 안 되겠지요. '사연'을 허투루 팽개치거나 손사래만 치는 것도 바람직한 모습은 아니니까요. 누구에게나 살아오면서 저마다의 사연이 있을 수밖에 없고, 그러한 사연들을 터놓고 이야기하며 함께 나누는 사회가 살기 좋은 곳일 테니까요.

그렇다면 자기가 겪은 일과 나날은 목울대를 넘기지 못한 채 정치 사회 문화만 가리켜선 안 되겠지요. 자기 이야기를 상품화하지 않으면서 더불어 두런두런 수다를 떨어야 합니다. 자의식에 갇혀서 자기 살림을 주절대거나 시시콜콜한 허드레들을 늘어놓으면서 남들 앞에서 으스대기보다 자기가 겪은 일을 짐짓 어리눅게 꺼내면서도 솔직하게 소통해 나가야 하겠죠. 사연을 '팔지' 않고 사람들에게 사연을 팔라는 세상을 도리어 들춰내는 수다를 떨어야 합니다. 가지지 못한 이들이 자신의 삶을 얘기할 때, 자신의 생각과 자신의 수다를 가질 때 온누리가 바뀌니까요. 자신의 삶을 들여다볼 때, 먼지 털듯 자신의 허물을 바라볼 때 비로소 사람 노릇을 할 수 있을 테지요.

마찬가지로 봉사도 저마다 해야겠지요. 봉사는 나눔의 한가지지요. 학벌을 건드리지 않은 채 손대면 댈수록 덧나는 입시제도 안에서 해대야 하는 봉사는 눈먼 봉사일 따름이죠. 자기 삶을 나누고 시간을 나누고 재주를 나눌 수 있도록 멍석을 깔아주되 그것으로 순위를 매겨선 안 됩니다. 그럴 때 비로소 삶은 조금 더 반짝반짝 빛나고 사회는 사람 살 만한 곳으로 바뀔 테니까요.

> 우리나라는 아직 다른 나라에 비해서 베푸는 문화와 장치가 없는 거 같아요. 돈이 꽤 있어도 어떻게 기부해야 될지 연결통로가 부족한 거 같아요. 저희는 기부문화를 바꾸는 프로젝트도 구상하고 있어요. 그냥 돈 몇 푼을 내는 게 아니라 기부문화를 재미있게 할 수 있는 시스템과 조직들이 세계에는 많더라고요. 마음에 그치지 않고 사회참여를 자연스럽게 하고 나눔을 실천하는 문화를 만들어 나가고 싶어요.
>
> 『꺄르르♡인 블로그』, 「의료 사각지대로 달려가는 의대생들」

여행도 더 많이 다니면 좋겠습니다. 다만, 어디 갔다 왔다는 빼김이 아니라 마음의 문을 여는 시간이어야 하겠지요. 마음의 문이 열리지 않으면 여행은 기념사진 몇 장과 알량한 기념품만 사오는 관광밖에 안 됩니다. 자신의 마음을 똑똑 두드리고 마음의 문으로 세상을 받아들일 때만 참 여행이라고 할 수 있지요. 얽히고설킨 것들을 털어내고 어제의 자신에서 벗어나 고리타분한 방문을 열어젖혀야 하지요. 자기 골방에서 웅크렸던 어제를 떠나 새로운 저기로 나아가는 과정, 그것이 여행이니까요.

:: 다이어트, 초콜릿 복근, S자 몸매

최 대리 요즘 너무 무리하는 거 아니에요? 얼굴이 푸석푸석해요. 피부클리닉이라도 가보세요. 그가 말했다. 남자가 무슨 … 내 반응에 회의실에 있던 여직원들의 얼굴이 흐려졌다. 최 대리, 요즘은 남자들도 자신의 외모를 관리해야 해요. 내면의 아름다움? 그건 미스코리아 후보들이나 하는 말이죠. 아름다움에 외면, 내면이 어딨어요? 더구나 우리는 이미지를 만드는 사람들 아닙니까? 흐트러진 외모는 내면의 게으름을 증명한다는 거 명심하세요.

김경욱, 『2008 현대문학상 수상소설집』, 「99%」, 35쪽

날마다 벌어지는 전쟁이 있습니다. 역사상 가장 많은 사람들이 휘말리며 가장 많은 이들이 고통받는 이 전쟁은 다름 아니라 바로 다이어트입니다. 스키니를 입고자, 사이즈 44를 유지하고자 여성들이 살과 벌이는 싸움은 입이 다물어지지 않을 정도로 섬뜩하지요. 살과는 어떤 평화협정도 맺지 않겠다며 여성들은 매몰차게 살들을 몰아칩니

다. 날씬해야 건강하다지만 여성들은 삐쩍 마르고자 굶기를 밥 먹듯 하고 밥 달라는 뱃속의 꼬르륵거림을 참으며 살과 악다구니를 벌입니다.

다이어트는 식이요법이란 뜻이지만 한국에서는 '말라가기'가 되었지요. 몸짱바람이 거센 만큼 많은 사람들이 자기 몸을 참을 수 없어 합니다. 여자들은 전지현의 몸매를 갖고자 허리를 돌리고 김태희의 갸름한 턱을 갖고자 이빨마저 뽑습니다. 그렇다고 전지현이나 김태희가 되느냐, 대부분 사람들은 여전히 여느 키꼴로 살아갑니다. 고약스러운 열등감에 시달리면서.

이러니 자존감은 낮을 수밖에요. 대부분 남성들은 자신이 괜찮은 남자라고 생각하는 반면 많은 여성들이 자신을 별로라고 얕잡습니다. 보통 몸매에 되레 야윈 여성들조차 "난 퉁퉁해, 살 빼야 해"를 되뇝니다. 목마를 때 바닷물을 마시듯 여성들이 채워질 수 없는 욕망에 매달리는 게 아닌가 싶은데, 그럴 수밖에 없죠. 대중매체엔 깡마른 여성들만 나옵니다. 세계의 굶주림에 함께하고자 그런 긴 아닐 텐데, 배고파 보이는 여성들을 보면 괜스레 밥 한 끼라도 사 먹여야 할 듯 싶죠. 외국인들은 한국 여성들이 "너무 말랐다"며 딱해하는 지경입니다. 언제부턴가 죄다 굶은 듯싶은 사람들만 TV에 나오더니 그예 뼈만 있는 분들이 나타납니다. 이런 빼빼들을 보면서 사람들은 후다닥 러닝머신 위로 올라가 헉헉거리다가 다시 참지 못하고 마구 먹습니다. 마치 몸을 남과 다투는 연장처럼 쓰면서 늘 조바심에 시달리지요.

사회가 사람들 몸에 쐐기처럼 박아넣은 살빼기 강박으로 말미암아 여성들의 속앓이는 야금야금 징해집니다. 다이어트 자체가 여성들에게 크나큰 스트레스일 뿐더러 영양분을 제대로 얻지 못해 건강도 망가진 이들이 적지 않습니다. 먹기 → 조마조마 → 굶주리기 → 괴로움 → 쳐묵쳐묵을 되풀이하다 보면 그럴 수밖에요. 이 과정에서 자존감이 곤두박이하고 우울증에 빠질 수도 있죠. 넉넉한 시대에 굶주리는 여성들, 지방 빼는 약을 먹고 지방분해 주사를 맞아가면서까지 날씬해지라는 사회입니다.

> 친구들을 만나면 다이어트, 화장품, 결국 외모 얘기거든요. 다섯 명이 간만에 만났는데, 누가 눈에 띄게 살이 빠지면 다이어트 얘기하고, 누가 더 예뻐 보이면 요즘 화장 어떻게 해 물어보고, 결국은 외모 얘기에요. 걔 봤니, 누가 뭘 먹었는데 빠졌더라, 어느 병원이 좋다더라, 이런 얘기를 나누다 보면 나도 해볼까 하는 생각이 들죠. 다이어트도 미용에 대한 관심 속에서 자연스럽게 나오는 거 같아요.
>
> 『꺄르르♡인 블로그』, 「남자들은 모르는 여자들 다이어트」

남자도 마찬가지죠. 복근이 없으면 어떻게든 만들어내야 하는 판입니다. 남자들은 권상우가 되기 위해 아령을 들고 팔굽혀펴기를 합니다. 윗몸을 일으키고 땀을 흘려 배를 빨래판처럼 깎아냅니다. 배의 '王' 이란 근육은 남자와 남자 사이 계급을 가르는 상징자본이니까요.

예전엔 배 근육이 이렇게 치켜세워지지 않았습니다. 1970-1980년대만 해도 여자들은 '식스팩' 을 싫어했답니다. 배에 王이 보이면 쌍스러워 보인다는 거였죠. 알통은 육체노동을 하는 사람을 나타냈기 때문에 한국 같은 계급사회에선 우러름 받을 수 없었고, 약간 통통하고 얼굴 하얀 남자가 멋졌습니다. 더구나 그때는 좀 똑똑한 대학생이면 사회과학 책을 들고 다니면서 시위에 나서던 시절이었고, 그런 모습에 뿅 갔지요. 두꺼운 책을 옆에 끼고 민주화를 외치던 뜨거움에 가슴이 쿵쾅 뛰었습니다. 물론, 서구에서는 한국과 달리 날렵하면서도 조금 그슬린 근육질의 몸매가 인기였습니다. 늦깎이로 근대화를 따라한 한국은 성 취향 또한 서구를 따라가나 봅니다. 물질 토대가 어느 정도 갖춰지고 민주화가 자리 잡게 되자 너 나 할 거 없이 거울 앞에서 한없이 자신을 매만집니다. 그래서 남자에겐 토실토실한 몸보단 우락부락하지 않으면서도 다부진 허우대가 요구되고 있죠. 20세기에 견주면 21세기는 대놓고 성욕을 밝힙니다.

남자들이 이두박근과 복근을 만드는 까닭은 윗몸일으키기를 날쌔게 하고자 함이 아닙니다. 그 알통들에 끌린다고 '믿기' 때문이죠. 섹시함과 아름다움이 시대마다 다른 것은 문화에 따라 '멋'이 다르기 때문인데, 물질 토대가 넉넉한 오늘날엔 뱃살로써 부유함을 나타내지 않아도 되기에 '멋들이짐'이 비뀌었지요. 그런 밑절미에서 복근은 유한계급을 나타내는 신분증이 되었습니다. 하루하루 숨 가쁘게 사는 대부분 남자들은 王을 만들 겨를과 돈이 이드거니하지 않으니까요. 王은 그야말로 왕이란 표시입니다.

그런데 王을 만들겠다고 들뙤는 건 참 애틋한 일입니다. 만들기도 쉽지 않을 뿐더러 배 근육 = 매혹으로 꼭 이어지지는 않는다는 거죠. 많은 여자들이 호기심 어린 눈으로 복근을 만져보지만 남자가 여자의 가슴을 탐내는 만치 좋아하지 않습니다. 그저 놀라움이나 신기함이지 쾌락이 아니란 거죠. 한 누리꾼은 복근의 얄망궂음을 이렇게 털어놓았습니다.

> 저는 그런 근육을 보면 멋있다가도 저 근육으로 한대 패면 목숨이 위태롭겠다라는 생각도 동시에 합니다. 그러니 그런 근육을 보면 '멋있다' 기보다는 '무섭다' 는 생각이 더 듭니다. 아시아인들은 그래도 아직 사상에 순수한 데가 있지만 그렇지 않은 서양 남자들의 경우 그들의 근육은 전적으로 '무섭다' 는 생각밖에는 안 들게 만듭니다.

한마디로 복근에 떨떠름해합니다. 그렇다면 왜 남자들은 달뜨게 복근을 가꿔야 하는지 고개를 갸웃거릴 수밖에요. 나무를 패오거나 물건을 나를 게 아니라면 이젠 별로 근육 쓸 일이 없는데 왜 이리도 남자에게 근육을 만들라고 회오리치는지 살펴야 하지 않을까요? 물론 배 둘레에 살들이 그득한 것보다 더 낫겠지만 구태여 그 많은 정력과 시간을 들여 대패로 살을 밀어내듯 王을 만들어야 할까요?

그 답은 자본주의가 새로운 시장을 열어 제치려고 하기 때문입니다. 자본은 남녀노소를 가리지 않습니다. 단물이 나면 진드기처럼 달려들죠. 여태껏 미용산업은 여자들을 대상으로 커오다 살살 주춤하자 남자의 몸에 군침을 흘리며 덤빕니다. 남자 화장품부터 피부, 이발, 옷차림 등등 남자 외모산업이 부풀어 오르는데, 그 가운데 하나가 초콜릿 복근입니다. 배엔 王을 새기기도 어려울 뿐더러 엄청난 돈과 시간을 쏟아부어야 간신히 얻어낼 수 있습니다. 비쌀수록 수요가 늘어나는 '사치품' 과 비슷하죠. 많은 남자들이 이러한 사치재를 탐내면 탐낼수록 남자 외모산업은 뿌리가 깊어지고 줄기가 우거지겠죠. 그리하여 복근에 '초콜릿' 이란 미끼를 붙여 달달하게 남자들을 꿥니다. “옷도 잘 차려입고 화장품도 발랐으니 이젠 배에 식스팩 새겨넣어야지, 여자들이 남자의 복근을 초콜릿으로 여기는 거 알지?”

자신의 몸을 야무지게 가꾸고 건강하게 살아야겠지만 외모산업의 입김에 따라 팔랑거려선 안 되겠지요. 웅덩이에 모여 울어대는 개구리처럼 남들이 하니까 자신도 복근을 바라기보단 누가 ‘초콜릿’이라고 부르는지, 배 근육이 정말 여자들에게 ‘달콤한 근육’인지 짚어봐야 하지 않을까요?

임상수의 「하녀」는 외모계급이 치달은 사회를 잘 보여줍니다. 서우가 몸에 신경을 쓰는 것도 태교만을 위한 게 아닙니다. 자신의 몸매를 상층계급에 맞게 유지하기 위함이죠. 전도연이 자신의 몸이 이만하면 아직 쓸 만하지 않느냐고 윤여정에게 묻는 것도 자신이 ‘가정부’로서 하층민이지만 자신의 ‘쓸 만한 몸’은 외모계급 사회에서 상층민이 될 수 있는 ‘연장’이란 걸 떠세부리는 것이죠. 이정재가 자신의 알통을 보여줌으로써 몸에 투자할 ‘시간’과 ‘넉넉함’이 있는 유한계급이란 걸 밝히자 전도연은 이정재의 몸에 확 달려드는데, 이는 그녀가 단순히 남자의 몸을 좋아한다기보다 돈과 권력이 묻어나오는 이정재의 몸에 끌리는 것이죠.

영화 속 인물들의 몸은 외모계급을 똑똑히 그려냅니다. 하층계급 남자의 몸이 화면에 나오지 않아 이정재의 몸이 아주 돋보이지 않지만 여배우들을 하나같이 ‘벗김’으로써 외모계급 사회를 또박또박 까발리죠. 윤여정마저 옷을 벗어 세 배우가 탕에 들어간 장면이 잇달아 나오는데, 전도연, 서우의 몸과 견줘보란 것이죠. 서우가 두 번 출산을 한 엄마 노릇하는 걸 뒤집어 읽어내야 합니다. 두 번 출산을 한 엄마인데도 서우 ‘처럼’ 젊은 것이죠. 같은 맥락에서 박지영은 할머니

임에도 도저히 할머니 같지 않은 상류계급 여성들을 상징합니다. 전도연 친구로 나오는 황정민의 뱃살을 일부러 보여주는 까닭도 황정민이 하층계급이란 걸 일러주죠. 교환가치가 세상을 주무르는 이 시대, 황정민이 자기 몸에서 비린내가 나냐고 묻듯 사람들의 몸은 냄새가 다르고 때깔이 다릅니다. 몸엔 가격표가 붙여져 있고, 세상과 흥정을 하려면 자신의 몸이 교환가치를 지녀야 합니다. 따라서 서우가 길길이 날뛸 수밖에 없죠. 이정재와 전도연이 성관계를 해서 노여워하는 게 아닙니다. 영화 대사에도 나오지만 '뭐 볼 거 없는' 전도연의 몸이 자신과 똑같은 대우를 받는다는 데 참을 수 없는 것이죠. 이정재가 전도연의 몸과 자신을 같은 등급으로 여겼기에 불거진 부아입니다.

이렇게 외모계급이 굳어지자 사람들은 자신의 몸값을 올리고자 숫자와 을씨년스러운 싸움을 치릅니다. 신물이 나는 싸움을 하는 내내 서글프더라도 '몸짱'과 'S라인'이라는 허깨비가 사람들 눈에 들러붙어 있기에 그 '계급투쟁'을 끝낼 수 없지요. 영문도 모르고 남들이 하니까 덩달아 하는 이들도 남들이 그치지 않기에 멈출 수 없습니다. 젊은이들은 틈나는 대로 헬스장으로 달려가 헐레벌떡 뛰고 무거운 걸 들었다 놓았다 하며 숨을 가쁘게 내쉽니다. 행여나 "몸에 좀 신경 쓰셔야겠어요", "살은 자기관리를 못한다는 증거 아닌가요?"라는 소리는 곧바로 이 사회에서 내동댕이쳐짐을 뜻하니까요.

:: 겉모습의 정치성

합격자 명단은 단정하고 반듯하게 정렬되어서 한눈에 들어왔다. 나는 합격자 중 나와 같은 성을 가진 사람이 몇 명이나 되나 세어보았다. 간혹 아는 이름도 눈에 띄었다. 우울한가 하면 그렇지도 않고 화가 나는가 하면 그렇지도 않았다. 나는 온종일 누워서 온종일 라디오를 들었다. 머리가 아플 만큼 오랫동안 라디오를 듣다가 창밖을 보자 어느덧 하루가 지나가 있었다. 문득 어디선가 쉰내가 나는 것 같았다. 옷을 갈아입으려고 몸을 일으켰을 때 어깨에 붙어 있던 머리카락들이 스르륵 바닥으로 떨어졌다.

거울 앞에 다가간 나는 군네군네 비어 있는 정수리를 바라보았다. 지난해부터 눈에 띄게 빠지기 시작한 머리카락은 이제 손에 쥐어도 한 줌이 되지 않았다. 나는 무표정하게 그 희멀긴 공디를 바라보았다. 한때 내가 목표로 여겼던 삶의 지점들은 이제 알아볼 수도 없을 만큼 먼 곳으로 물러나 있었다. 대신 그곳에 닿을 때까지만 수용하기로 했던 굴욕들이 내 삶을 통째로 채워버린 것이다. 오 년, 자그마치 오 년이었다. 순간 끝장을 내고 싶다는 충동이 일었다.

정한아, 『달의 바다』, 14쪽

몸짱 열풍이 엄청 드셉니다. 살을 찌워 다음을 대비하려는 DNA의 본능에 21세기 한국인들은 앙칼지게 대듭니다. 사람의 가치는 됨됨이와 정신에 있다고 외쳐봤자 호랑이 담배 피우던 이야기처럼 들립니다. 몸이 그 사람을 드러내는 알짬이자 상징자본입니다. 왜 남녀노소 땀을 쭉 빼느라 시끌벅적하겠는지요.

몸 가꾸기가 상품화라고 꾸지람이 들려오지만 맥쩍기만 하죠. 제발 팔리기만 하면 좋겠다는 사람들에게 상품화 얘기는 겨울에 옷을 껴입는다는 나무람만큼 뜨악합니다. 이제 사람의 몸은 상품 '화' 가 아니라 상품입니다. 흔히들 '몸값' 이라고 하죠. 상품으로서 값이 더 나가느냐, 안 나가느냐에 눈이 빨갛습니다. 모든 걸 상품으로 만들어 팔고 사는 신자유주의에 맞춰 몸은 그 사람의 가치와 값어치까지 드러나는 마당입니다. 몸이 계급입니다. 단순하게 꾸밈말이 아닙니다. 실제로 계급에 따라 사람들의 몸은 다릅니다.

옛날 남자들은 더부룩한 배를 내밀며 자신이 넉넉하게 살고 있음을 알렸습니다. 인격이라는 둥 갖은 말을 보태었지만 중요한 건 살 = 부유함이었습니다. 부유함을 인격에 잇닿으려고 한 건 한국 사회가 그만큼 굶주렸으며 가난한 곳이었다는 걸 보여주죠. 다시 말하면 여태껏 '삼겹살들' 은 언제든지 삼겹살 먹을 수 있다는 표식이자 남보다 훨씬 잘 먹고 산다는 신호였습니다. 그러나 이제 뚱뚱함은 가난하다는 표시입니다. 단지 배부르게 먹고 사는 게 중요한 시대가 아니라 되도록 적게 먹어야 하는 시대가 열렸습니다. 조한혜정의 말마따나 식욕의 시대를 지나 성욕의 시대가 온 거죠. 몸에 살이 많으면 사람들에게 눈치 보이고 자신감이 떨어져 마음이 '몸살 나게' 됩니다. 날씬하고 잘 가꿔진 몸매가 부유함을 상징하면서 세계관은 바뀝니다.

살 있는 몸 = 부유함 ≒ 인격

↓

살 없는 몸 = 부유함 = 섹시

새로운 변화죠. 이제 인격을 찾지 않고 섹시함을 바랍니다. 왜 S자 몸매나 '쭉빵녀' 들에게, 초콜릿 복근과 '짐승남' 들에게 사람들이 몰리겠는지요. 그렇게 몸을 조각할 수 있는 '여유로움' 에 꼴립니다. 몸의 푸짐함이 아닌 물질의 넘침이 성욕을 돋우는 시대입니다. 이런 판에서 사람들은 자신의 몸에 붙은 살을 무슨 원수 보듯 진저리를 치고, 피트니스 클럽과 헬스 클럽들은 강남을 시작으로 구석구석 퍼집니다.

이런 변화가 마뜩잖을지 모르지만 꼭 나쁘다고만 할 수 없습니다. 몸에 대한 사랑과 지식이 제대로 자리매김만 한다면 건강을 꽃피울 밑거름이 될 테니까요. 게다가 체질문제가 있어 딱 잘라 나눌 순 없지만 아무래도 '배둘레햄' 이 쌓여가는 사람보단 나이 들어서도 허리띠가 늘지 않는 사람이 더 건강할 테죠. 몸을 가꾸고 운동을 해서 튼실한 몸을 갖춰야 정신도 튼튼합니다. 현대인들의 정신건강이 삐개지는 까닭은 몸이 아프기 때문입니다. 허우대는 헌칠할지 몰라도 걸핏하면 속앓이 하는 사람들로 푸닥집니다. 몸이 결린데 마음이 멀쩡할 수 없죠. 몸과 마음은 포개져 있습니다.

그런데 물어야 하는 것은 사람들이 몸짱 되려고 애쓸 뿐 몸짱을 왜 하려고 하는지 생각하지 않는다는 점이죠. 사람의 몸이 쉽사리 바뀌지 않기에 불룩 나온 배를 어떻게든 감추는 데만 신경을 곤두세웁니다. 자신의 몸이 어떻게 만들어졌는지, 지금 무엇을 먹고 어떻게 살고 있는지 짚어보지 않습니다. 많이 먹으면 안 된다고 걱정하면서 튼튼이 운동을 하려 하지만 자신의 삶을 둘러싼 조건들과 살아가는 꼴은 똑같습니다.

술을 마시면 취하고 마약을 먹으면 환각에 빠지듯 자신의 몸도 이유가 있습니다. 지금껏 자신이 먹은 것들과 살아온 모습의 결과라는 거죠. 생활의 모음입니다. 따라서 알짜배기 몸짱이 되려면 자기 몸을 이룬 먹거리가 어떠했으며 어떻게 살았는지 돌아봄과 되짚음이 있어야 하는데 요게 쏙 빠졌습니다. 그저 연예인들 사진만 보면서 이를 악 깨물며 아령을 들고 달음박질을 치죠. 지난날엔 배만 채우면 된다는 생각으로 먹었다면 오늘날엔 칼로리 낮은 음식을 골라먹는 걸로 바뀌었을 뿐, 예전이나 지금이나 마찬가지로 자기 몸의 주인은 자신이 아닙니다. 자신이 소외되었습니다. 이 먹거리가 어떻게 만들어졌는지, 사회에선 왜 몸짱을 사람들 귓전에 불어넣는지, 왜 살들이 미운지, 자신의 몸은 왜 이렇게 되었는지 생각해야 합니다.

> 다른 나라 문화는 모르겠는데 미국이나 유럽 쪽 애들은 성형하는 게 별로 없다고 해요. 어떻게 생겼든 자기가 하고 싶은 대로 하고 자기에게 충실하게 살죠. 아무런 눈치 보지 않아요. 저도 남들이 뭐라고 하건 그렇게 살려고 해요. 뭐가 유행한다고 해서 그거를 입는 게 아니라 제 스타일을 만들고 제가 하고 싶은 걸 만들고 싶어요. 남 신경을 아예 안 쓰는 게 좋은 거 같아요. 우리는 남을 너무 신경 써요.
>
> 『꺄르르♡인 블로그』, 「최강희 닮은 여자와 환희 닮은 남자의 속내」

몸짱이란 물살에 휩쓸려 허우적대다 보면 자칫하다간 꼴까닥할 수 있습니다. 이 파도가 어디에서 밀어닥치고 헤엄을 치려면 어떻게 해야 하는지 알아야 합니다. 남들 따라 벤치프레스를 하고 핫요가를 하는 남녀가 아니라 참 건강이 뭔지 헤아려야겠지요. 모조리 특정상표를 욕망하면서 죄다 복제인간처럼 살아가는 것만큼 오삭오삭한 일도 없으니까요. 자신이 무엇을 욕망하는지 헤아릴 새도 없이 바쁜 시대이기에 사람들은 세상이 욕망하라는 것을 욕망할 따름이죠. 개성과 허영을 구별짓지 못한 채 상품시장에서 흐느적거리기만 하죠. 그렇기 때문에 사람들의 겉모습은 공장에서 갓 나온 물건처럼 똑같고, 생각은 아예 깍두기입니다.

겉모습은 그것 자체가 정치성을 띱니다. 따라서 자신의 겉모습에 대한 관심을 더 잘 꾸미는 데 그치지 않고 왜 꾸며야 하는지, 꾸밈의 욕망이 어디에서 불어오는지 곰곰 따져야 하겠지요. 다른 사람들 눈에 자신을 너무 맞추려 하지 말고 스스로 바닥을 닦고 기둥을 세운 다음 자신을 민들이 기야겠죠.

> 성별과 이성애주의, 장애문제와 연령주의에 근거하지 않고 계급 억압이 작동할 수 있을까. 우리에게 익숙한 근대적/남성적/서구적 사고의 전형인 '정신분석학'적 사고를 상대화하고 '육체분석학(몸중심적 사고)'으로 세계를 재구성해 본다면 삶이 더 솔직하게, 아니 감당할 수 없을 만큼 정치적으로 보일 것이다. 성별에 따른 외모와 나이, 나이에 맞는 사회적 지위, 학벌, 옷차림, 섹슈얼리티, 몸의 정상성 여부, 개인의 매력, 개인이 가진 관계망, 능력주의, 심리적 힘 등은 '정치' 이전에 우리의 삶을 일상적으로 규율하

는 매뉴얼의 핵심 요소들이다.

정희진, 『페미니즘의 도전』, 184쪽

겉으론 그들먹하게 어여머리를 붙였지만 스산한 서울처럼 겉은 말쑥하나 속 빈 사람들이 늘어납니다. 이두박근, 콜라병 몸매를 만드는 것도 좋지만 그에 앞서 자기 마음 안에 건강한 근육과 아름다운 선을 만들어야 하지 않을까요? 정신이 오달지지 않는데 거죽만 챙긴다면 마음에 사달이 날 테니 말이죠. 날로 늘어나는 흉악범죄와 부쩍 많아지는 우울증 환자들을 보며 과연 겉모습과 건강이란 무엇인지 고민하게 됩니다.

재미있지만 뒷맛이 씁쓸한 이야기 하나! 피지 섬에는 1980년대 끄트머리까지 TV가 없었습니다. 좀 뚱뚱하다 싶을 정도의 몸매가 아름답다고 생각했지요. 조선시대랑 아마 비슷할 듯합니다. 그러다 TV가 널리 퍼진 지 5년 만에 피지 섬에 있는 여성 가운데 무려 80%가 자기 몸이 펑퍼짐하고 살집이 많다며 괴로워했습니다. TV를 도배한 말라깽이들을 보고 '아름다움' 이 바뀐 것이죠.

:: 옷을 입는 순간 욕망하는 주체가 된다

그는 옆에 누워있는 쭈글쭈글한 노파가 자신이 그토록 사랑했으며 목숨을 내걸고 갈망했던 바로 그 게이샤란 사실에 망연자실했다. 아직도 희미하게 남아 있는 간밤의 쾌락이 순식간에 역겨움으로 바뀌며 허탈감과 배신감, 그리고 미칠 듯한 분노에 몸을 떨었다. 그리고 그는 자신이 보잘것없는 허상을 쫓는 동안 나오꼬만 늙은 것이 아니라 그 자신의 청춘도 이미 모두 흘러가 버렸다는 것을 깨달았다.

천명관, 『고래』, 96쪽

어떠한 입성이 유행함은 그 옷이 추위를 더 막아주거나 몸을 더 잘 지켜주기 때문이 아닙니다. 옷은 자신을 드러내며 다른 사람들과 구분짓는 노릇을 하니까요. 유행의 원리, 그 한복판엔 자신을 티내고 싶은 허영심이 들어가 있고, 그 허영심을 건드릴 때 유행은 번집니다. 취향이야말로 권력관계가 담뿍 밴 몸가짐이죠.

미의식과 옷차림에서 신분과 욕망이 드러납니다. 상류계층들은 '취향'이랍시고 유난스러운 옷을 걸칩니다. 그리고 밑 계층들은 뭉칫돈이 들기에 차마 그 옷을 지르지는 못하고 '짝퉁'이라도 입으면서 그 취향을 따라잡죠. 상류층은 자신들만의 패션을 하면서 서민들 위에 서려고 하는데 여간내기들이 곧장 그러한 옷차림을 따라하니 금세 잘 나가는 유행으로 거리에 넘실댑니다. 그러나 중간계급이 새로 나타난 패션을 받아들이자마자 그 옷차림의 가치는 내리막길로 들어서죠. 상류계급은 중간계급과 똑같아지고 싶은 마음이 전혀 없으니까요.

상류계급은 새로운 옷차림을 찾아나서고, 새로운 유행이 또 번지고, 그 사람들에게 퍼지는 속도만큼 그 옷차림은 금세 헌신짝이 됩니다. 유행에는 소비사회를 떠받는 원리도 숨어 있죠. 헌 것을 버리고 새 것을 자꾸 사야 자본주의가 돌아가기 때문에 대중매체와 산업자본은 유행을 바람몰이합니다. 멀쩡한 옷이지만 못난이처럼 보인다고 온갖 곳에서 떠들어대죠. 장롱에 옷가지가 쌓여 있건만 신상을 장바구니에 담을 수밖에 없게끔 사회가 돌아갑니다.

여기에 에로티시즘이 더해집니다. 유행에 뒤떨어진 옷을 입은 사람은 유행하는 옷을 입은 사람보다 덜 섹시하지요. 한물간 옷차림에 콩닥거림이 가라앉습니다. 아무리 알차고 됨됨이를 갖춘 사람이라 하더라도 입성이 구닥다리면 설렘이 싹 가십니다. 성매력을 느끼게끔 꼬드기는 것이 옷차림의 구실입니다. 무엇을 어떻게 입느냐에 따라 얼마나 섹시한지 판가름 나기에 날림으로 옷을 입을 수 없습니다. 몸 위에 걸쳐진 옷이 성매력이니까요. 옷을 입는 순간 욕망하는 주체가 됩니다.

그렇다면 요새 가장 에로틱한 옷은 무엇일까요? 바로 스키니진입니다. 그 쪼그만 바지에 허벅지를 쑤셔넣느라고 다들 용뺍니다. 스키니를 입고자 숟가락질을 멈춘 여자들로 거리가 미어터집니다. 몇 달 동안 살을 뺀 뒤 가까스로 바지에 자신의 몸을 끼워맞추고 활짝 웃는 여자들이 얼마나 많은지요. 스키니진이 몸에 헤살을 자못 끼친다고 해도, 입어서 편하지 않아도 입어야만 합니다. 유행이니까요. 죄다 입는 옷을 똑같이 입는 이유는 본디 유행은 이성의 바탕 위에 세워지지 않기 때문이지요. 마치 코르셋과 비슷합니다. 많은 여자들이 코르셋을 입다가 죽기까지 했지만 에로티시즘을 놓지 못합니다. 에로스는 정말 타나토스(죽음충동)와 결레를 이루네요.

유행엔 합리성이 없습니다. 뭐가 유행이라고 하면 한꺼번에 쏠리고 끝간 데 모르고 치닫다가 다른 유행이 튀어나옵니다. 힙합바지가 유행할 때, 통이 크면 클수록 멋있어 보였기에 압정과 옷핀까지 쓰면서 40인치 바지로 거리를 쓸고 다니더니, 위는 그대로지만 밑에를 줄인 세미 힙합비지기 나왔다가 그 거세던 헐렁한 옷차림이 감쪽같이 사그라졌습니다.

마찬가지로 찰싹 달라붙는 바지를 꼭 입어야 하는 영문이 없지만 스키니진이 에로티시즘의 상징을 얻었기 때문에 너도 나도 입으려 듭니다. 스키니가 에로티시즘의 상징을 얻은 까닭은 연예인들이 입었기 때문이죠. 옷 회사들로부터 돈을 받은 연예인들이 스키니를 입자 대중들은 '엣지' 있다고 너도나도 달려들고 들불 번지듯 퍼져 하나의 '유니폼'이 되어버렸습니다. 꼭 입어야 하는 옷차림은 아니지만 남들이 다 좋다고 하니 그걸 입고 싶습니다. 자신이 옷을 입는지, 옷에 자신이 골라지는지 헷갈리는 대목이죠.

이러한 휩쓸림과 생각 없음은 어려서부터 길러집니다. 아직도 학교에 다니는 많은 청소년들은 교복을 입고 똑같은 머리길이를 한 채 교실에 앉아 있습니다. 저마다 다른 사람들이건만 하나같이 똑같은 꼴을 아무렇지 않게 받아들입니다. 얄궂거나 섬뜩할 수 있지만 워낙 일상화된 일이라 사람들은 시큰둥하죠. 많은 학교에서 교복을 입히고 머리를 깎지 않으면 학교에 다니지 못하게 을러대고 있고, 학생들도 으레 그렇지 않으면 안 되는 줄 믿고 있지요.

교복과 두발단속은 여러 장점이 없지 않겠으나 컴컴함이 도사립니다. 바로 붕어빵 정신이죠. 틀은 알맹이를 만들어냅니다. 그 안에서 팥 알갱이나 구워진 정도는 조금 다를 순 있어도 붕어빵 기계에서 나오는 붕어빵의 꼴은 똑같을 수밖에 없죠. 창의성과 자유로운 상상력을 키워야 한다면서 정작 여전히 교복을 입히고 머리를 마구잡이로 자르면서 아이들을 말 잘 듣는 어리보기들로 만듭니다.

사람들은 자기 경험을 뛰어넘기 힘듭니다. 군사 독재정권 밑에서 숨 죽여 살던 사람들은 그것이 민주주의라고 생각하죠. 그렇게 시간이 흐르면 정치권력이 자신의 삶을 꽈배기로 만들더라도 자신은 꼬였단 걸 느끼지 못합니다. 사는 대로 생각하게 되니까요. 마찬가지로 교사로 대표되는 권력자가 자신의 머리카락을 함부로 잘라도 아무 말 못하고 입으란 옷을 입는 사람들은 시나브로 자기의 몸과 생각이 갈기갈기 찢기고 짜깁기당해도 문제라고 여기지 않습니다.

그렇다면 왜 이다지도 사람들의 몸과 옷을 옭아매려 할까요? 자신만의 생각이 꿈틀대지 못하도록 막으려는 것이죠. 옷과 머리모양이 자유롭다 해서 생각도 자유로운 건 아니겠지만 생각이 꽉 막힌 사람은 결코 옷과 머리모양을 자유로이 할 수 없습니다. 남들과 똑같이 하려 하죠. 겉모습을 옥죄면 생각은 찡겨집니다.

중고등학교에서 학생들에게 교복을 입히고 머리를 잘라버리는 까닭도 공부를 더 시키기 위함이 아닙니다. 말 잘 듣는 종을 길러내기 위함입니다. 실제로 성적과 머리길이는 별로 상관관계가 없지만 머리만 자르면 공부를 하게 되는 어릿광대로 학생들을 여기면서 다소곳한 머슴들을 길러내기 위해서 가위질을 서슴없이 합니다. 학교엔 왜 통제와 교칙이 넘쳐나고 교사들은 학생들의 머리부터 발끝까지 왜 동여매려 하는지 그 이유를 묻고 따질 때입니다.

사람들은 '노예교육'을 받아왔기 때문에 스스로도 누군가에게 다스림을 받아야 하고 남들처럼 해야 한다고 믿습니다. 스스로 자신의 삶을 꾸려나가지 못하고 어떤 힘 센 무엇이 자신을 몰아치고 조져도 고마움을 느끼죠. 권력에 기대고 하란 대로 하는 데 익숙합니다. 자유로움을 두려워하고 몸소 짓이기면서 눈치 보기를 생활화한 사람들이 쌔고쌨습니다. 이러한 종들이 득실댈수록 민주사회는 멀어집니다.

중고생들도 '명품'이랍시고 사치품을 입으려고 달려드는 요즘, 아예 교복을 무더기로 다 입혀버리면 상업주의를 막는 면이 있습니다. 그러나 이런 생각은 전제주의가 물씬 풍기며, 청소년들은 미욱하니 기성세대가 주물러줘야 한다는 권위주의가 검질기게 배어 있죠. 똑같은 논리로 짝퉁이라도 사치품을 걸치고 들고 다니려는 사람들에게 한 가지 옷만 입히고 똑같은 가방만 들고 다니게 하자는 것과 얼마나 다른지요? 청소년들은 기성세대보다 되통스럽지 않습니다. 오늘날 청소년들이 당하는 두발단속과 교복 모조리 입히기는 박정희가 벌인 장발단속과 미니스커트 길이재기와 같은 일입니다. 게다가 교복을 입히고 머리를 단속한다고 하더라도 그 안에서 어떻게든 구분짓기가 일어납니다. 청소년들은 바지통을 줄이고 치마단을 접고 '명품교복' 을 입습니다. 교문 단속을 피해 새벽에 학교에 갈지언정 어떻게든 구레나룻을 기르고 뾰족한 구두를 신고, 학교 밖으로 나서는 순간 화장을 하고 젤을 바르죠. 단속한다고 풀어지는 일이 아닙니다.

물론, 두발자유화가 되고 복장자율화가 되면 어지러움이 생기겠지요. 지금도 학생들이 말을 안 듣는데 그럼 어떻게 하냐는 교사들도 있겠고, 학생들의 자유로움이 눈꼴 시리다는 꼰대들의 입방아도 쿵덕거리겠죠. 또한 학생들도 불현듯이 찾아온 자유에 한참 헤매겠고, 자유가 싫다며 다시 얽어매달라는 치들도 생기겠죠. 전두환 정권이 벌인 교복자율화 시기 때도 학생들은 그다지 좋아하지 않았습니다. 제복을 안 입으면 '공순이공돌이' 들과 구별되지 않았으니까요. 그만큼 차별하기와 허영의식이 사람들 뼛속까지 깊게 스며 있습니다.

그러나 이건 사회얼개에서 빚어진 욕망이기에 교복을 입히고 머리를 깎인다고 풀어지지 않습니다. 되레 그 금기 때문에 생겨난 욕망이 청소년들을 몸 달아오르게 만들기 일쑤죠. 따라서 멀리 내다보면서 두발단속과 교복을 없애야 해요. 어수선함이 생기겠지만 지금도 교실분위기가 잔잔하지 않기는 매한가지죠. 그렇다면 새로운 변화 속에서 자유를 맛보고 스스로 고민하며 자신들이 스스로 지키는 규칙들을 만들도록 교육을 해야겠죠. 줏대를 가지고 '좋은 사람' 으로 살아가게끔 거드는 일이 교육의 의무이고, 이러한 흐름이 민주사회로 나아가는 발판입니다.

지난 1987년 7-9월 노동자 대투쟁 때 수만 명의 노동자들은 가장 먼저 무엇을 외쳤을까요? 돈을 더 달라는 것도, 때리지 말라는 것도,

근로기준법대로 하라는 것도, 노조를 왜 막느냐는 우짖음도 아니었습니다. 거리로 뛰쳐나온 수많은 노동자들의 첫 외침은 몸을 조르는 사슬에서 벗어나겠다는 거였습니다. 노동자들 스스로 머리카락를 자르든 기르든 알아서 하겠으며 옷도 자신들이 생각해서 알맞게 입겠다는 다짐이었습니다. 그만큼 사람들의 생활이 권력의 통제에 덜미 잡혀 있었죠.

저마다 자신만의 감각과 미학을 찾아야 하는 까닭이 여기에 있습니다. 자신만의 멋은 자유의 다른 이름이기 때문입니다. 개성시대라고 하지만 개성 있는 사람이 그리 많지 않습니다. 알마니를 더 좋아하거나 버버리를 더 좋아하는 사람의 차이는 있어도 자신이 왜 사치품을 사야 하는지 고민하는 사람들이 드뭅니다. 거리에서 남들과 똑같은 가방을 맨 사람들과 수없이 마주쳐도 왜 으쓱하며 가방을 들고 다니는 걸까요? 그 가방의 가격이 마치 자신의 가치가 된 것마냥 콧대를 세우며 거리를 걸을 뿐 사람들은 생각하지 않습니다. 세상권력의 자극에 따라 빈응할 따름이지요.

:: 알짜배기 책읽기

내 몸 어딘가에서 불똥처럼 튀어오르는 호기심에 나는 쓰러질 지경이었다. 『공산당선언』, 『존재와 무』, 『계몽의 변증법』 등 낯익은 책들을 눈으로 훑었다. 방대한 책들 앞에 서 있는 동안 오르가슴을 느꼈다. 지하철에서 책에 빠져 있던 남자 고등학생에게 느꼈던 감정과 똑같다. 인간의 상상력이 밀집된, 인간의 몸으로 치자면 클리토리스에 서 있었던 것이다. 성욕, 식욕뿐 아니라 지식욕도 사람을 미치게 만들 때가 있다. '세상에서 가장 에로틱한 화장실'은 나를 미치게 할 공간이라는 것을 알았다. 독서의 발정기가 시작되려 했다. 나는 지금껏 쌓아올린 절망감을 해소시키고 싶었다. 뭔가 폭발적인 화학반응이 이뤄지면 나는 물론 세상이 변화할 것만 같은 기분마저 들었다.

권리, 『싸이코가 뜬다』, 187쪽

사람 안에는 수많은 역사가 흐르고 있습니다. 생물이 자라는 과정을 살피면 놀랍게도 진화의 흐름을 다시 거칩니다. 아기는 어머니의 자궁 안에서 단세포, 미생물, 어류, 양서류, 파충류, 젖먹이 동물을 거쳐 사람의 모습으로 바뀝니다. 수정란에서 사람으로 자라기까지 수십억 년 동안 생명체가 나아간 차례를 짧은 시간에 되풀이하죠. 그래서 대뇌에는 진화의 자취가 고스란히 남아 있을 정도입니다.

몸과 마찬가지로 사람의 정신도 인류가 차곡차곡 쌓아온 지성사를 밟아가면서 올라갑니다. 그러나 열 달만 지나면 수십억 년을 꿰고 호모사피엔스사피엔스의 몸을 갖추는 것과 달리 지성은 공을 한참 들여야 사람답게 이룩할 수 있습니다. 인류의 선배들이 물려준 문화 유전자는 거저 얻어지지 않습니다. 수많은 사람들이 문명사를 이끌어 왔고 그들의 사상이 지구마을에 어려 있는데, 사람은 이러한 문명사를 배우고 몸소 곱씹어야만 올바른 정신을 세울 수 있습니다.

살면서 적어도 악을 저지르지 않으려는 사람이라면, 모쪼록 뜻 깊게 살고자 하는 사람이라면 책을 읽어야 하죠. 책은 인류의 모든 선생들이 만들어놓은 섬돌입니다. 여기를 밟고 올라가야만 지성을 이룰 수 있죠. 책을 쓴 이들과 바투 얼굴 맞댈 순 없지만 책으로 수다를 떨면서 자신의 생각을 갖출 수는 있습니다. 책은 시공간을 뛰어넘는 여행이자 가장 늠직한 뒷바라지들이죠. 화끈하게 삶을 산 사람들이 책을 통해 고민상담을 해줍니다. 연인이 닮아가고 가족이 비슷해지듯 좋은 책들을 아름다운 사람과 사랑 나누듯 잘 읽으면 거기에 담긴 사유의 알짬들과 낯선 향기들이 몸 안에 깃들어 무의식이 새로워집니다. 책을 읽는 사람과 책에서 손 뗀 사람은 다를 수밖에 없죠. 책을 읽으면 어깻죽지에서 날개가 돋아납니다. 하늘에서 굵은 동아줄이 내려오듯 뿌연 시대를 건널 때 책은 디딤돌이 되어줍니다.

그러나 시대가 달라지면서 책읽기가 뒤로 밀리네요. 아예 독서란 말이 케케묵은 느낌이죠. 책이 고꾸라진 자리엔 오락놀이와 영상문화가 똬리를 틀었습니다. 사람들은 고되게 일을 한 뒤 틈나는 대로 인터넷을 하고 상업가요를 들으며 드라마를 봅니다. 책이 끼어들 겨를은 잘 보이지 않네요. 이런 가운데 자기계발서들이 판칩니다. 안타까운 것은 자기계발서들은 암만 읽어도 그때뿐이고, 자신의 삶은 바뀌지 않는다는 사실이죠. 뭔가 좋은 얘기를 하고 반질반질한 이야기들을 늘어놓지만 정작 그 이야기들을 삶에 부릴 힘을 주진 못합니다. 자기계발서는 마치 솜사탕처럼 맛은 있는데 끝나고 나면 이건 먹은 것도 아니고 안 먹은 것도 아닌 헛헛함이 듭니다. 끝없이 또 다른 자기계발서를 보지만 자신의 삶이 바뀌지 않는 까닭도 이 때문이죠. 자기계발서만으론 자신과 세상을 헤아릴 수 없습니다.

> 자기계발서는 말 그대로 의식되는 부분만 다루잖아요. 너 이거 안 하면 이렇게 돼, 논리로만 따지고 생각을 굳게 하죠. 그런 거 말고, 다른 세계 알기를 원한다면, 볼거리는 얼마든지 많거든요. 소설, 영화, 미술 기타 등등 많아요. 산책만 해도 볼 게 많죠. 그런데 어떤 사람이든 자기 무의식을 건드리는 걸 보고자 애쓰고, 하나씩 그런 걸 갖고 있는 거 같아요.
>
> 『꺄르르♡인 블로그』, 「미래를 믿지 않는 20대 소설가」

젊은이들이 사람과 세상의 거죽만이 아닌 속을 다루는 책을 읽어야 합니다. 더 똑똑해져야 합니다. 그러므로 '좋은 책' 읽기가 대수롭고 대수롭죠. 현실에서 하기 쉽지 않은 돌아봄과 내짚음을 할 수 있게 해주니까요. 영상문화가 커졌지만 그것만으론 갈음할 수 없을 만치 좋은 책읽기는 무엇과도 견줄 수 없는 아예 딴판인 경험입니다. 좋은 책읽기는 남을 생각하고 나를 되돌아보며 사회를 더듬는 노동이니까요. 이런 살뜰한 시간은 어디서도 거뜬하게 이뤄지지 않습니다. 오직 좋은 책을 통해서만 간신히 이뤄지죠.

그렇다면 좋은 책이란 어떤 책일까요? 좋은 책은 자신을 움직여야 합니다. 자신이 보기 싫거나 봐도 무슨 의미인지 몰랐거나 잘 알지 못한 자신의 그늘을 끄집어내어 햇볕에 말려주지 않으면 좋은 책이 아닙니다. 나를 쩔쩔매게 하는 고통들에 맞서 싸울 수 있는 절절한 무기가 좋은 책입니다. 한 사람도 끄덕하지 않는데 세상을 움직일 수는 없는 노릇입니다. 여태 사람들 입에 오르내리며 읽히는 '좋은 책들'은 세상을 움직이기에 앞서 사람들 가슴 속 으슥한 구석을 건드리며 생각의 불꽃을 피워냈던 책들이죠. 법정은 이렇게 말합니다.

> 그럼 어떤 책이 좋은 책(良書)인가? 베스트셀러에 속아서는 안 된다. 그것은 한때 상업주의의 바람일 수도 있다. 좋은 책은 세월이 결정한다. 읽을 때마다 새롭게 배울 수 있는 책, 잠든 내 영혼을 불러일으켜 삶의 의미와 기쁨을 안겨주는 그런 책은 그 수명이 길다. 수많은 세월을 거쳐 지금도 책으로서 살아 숨쉬는 동서양의 고전들이 이를 증명해 주고 있다.
>
> 법정, 『아름다운 마무리』, 120쪽

책을 읽어야만 생각할 틈이 생깁니다. 막돼먹은 세상이라도 짐승처럼 사는 사람을 역성들지 않습니다. 생각하기를 멈춘 사람은 겉모습만 사람을 닮았을 뿐 속은 짐승과 닮아갑니다. 사람이 짐승으로 굴러떨어지지 않는 길은 책을 읽으며 자기 생각을 열어가는 것뿐입니다.

감각기관으로 들어온 볼거리들은 자신이 가만히 있어도 됩니다. 시쳇말로 정신줄 놓고 멍하니 바라봐도 시간은 잘만 흐르고 웃고 즐거울 수 있지요. 이와 달리 좋은 책읽기는 가뿐하게 할 수 있는 작업이 아닙니다. 자기 경험과 글자들을 마주치면서 자기 생각의 언저리를 매만지지 않고선 책읽기를 제대로 이뤄낼 수 없습니다. 자신을 끝없이 열면서 책에서 건네주는 낯선 이야기를 받아들이려 할 때만 책을 오롯하게 읽어낼 수 있습니다. 그렇게 때문에 좋은 책을 더 안 보게 되는지도 모르겠습니다. 힘들고 벅차거든요. 그다지 깊게 생각하고 싶어 하지 않는 이들은 여태 자신이 듣고 믿어온 것들을 고대로 믿으며 살길 바라죠. 책 본다고 밥이 나오는 게 아니고 몸이 달뜨는 것도 아닌데 왜 보는지 모르겠다며 고갯짓을 합니다. 책 읽고 생각하는 건 피곤한 일이라며 자신의 어리석음과 생각하기 싫음을 꺼내놓는 사람들로 사회가 바글바글합니다.

그러나 책읽기는 언제나 그랬듯 권력과 부를 낳는 성관계이자 이러한 권력과 부를 뒤집어엎으며 새롭게 사회를 열어나가는 쟁기질입니다. 자신이 암만 책을 마다하더라도 지식 다루는 일과 책 읽는 사람들이 큰 힘을 거머쥡니다. 푸코가 파헤쳐 알려진 사실처럼 지식권력은 정치 자본 권력과 짬짜미를 하면서 세상을 지배해 가죠. 그러므로 책을 안 읽는다는 건 사회 밑바닥에서 남들이 시키는 대로 하겠다는 얘기밖에 되지 않습니다. 스스로 책을 읽고 낯선 생각을 받아들이면서 자신을 비끄러맨 기억과 짱박힌 자의식들을 솎아내고 넘어가지 않으면 결코 자유로울 수 없고 행복할 수 없지요. 누군가의 연장처럼 다뤄지다가 버려지게 됩니다. 그래서 '지금' 그 책들을 읽어야 합니다.

> 자기 자식은 좋은 책 읽기를 바랄 거란 말이죠. 아이들이 읽길 바라는 책들을 지금 당장 급하게 읽었으면 좋겠어요. 지금 사람들은 읽고 당장 '효과를 줄 거 같은' 책들만 읽는 거 같아요. 예를 들어 자식이 20대에 성공하는 법 이런 거보다는 고전이나 명작 읽기를 바라는 마음은 누구나 있을 거란 말이죠. 좋은 책 읽기를 바라는 마음은 있는데 당장 손이 안 가는 거죠. 이런 걸 읽고 있을 시간이 없다고 생각하는데, 제가 볼 때는 폭을 넓혀서 지금 읽어야 할 거 같아요.
>
> 『까르르♡인 블로그』, 「고작 별 다섯 개로는 규정할 수 없는 것들」

과학기술이 나아지고 인터넷이 발달하여 여러 될성부름의 움이 트지만 그만큼 통제와 조작도 늘어납니다. 때문에 적잖은 이들이 위에서 가리키는 걸 외우고 언론에서 떠드는 걸 같이 혓바닥 차면서 삽니다. 그렇게 살아서 자유롭다면 쭉 그렇게 살면 되겠지만 지금 자신의 삶이 자유롭지 못함을 느낀다면 물어야 합니다. 여태 배운 것들은 누구를 위한 알맹이였는가? 내 안에 심어진 욕망과 생각들은 과연 나의 것인가? 이런 물음을 던질 때라야 그동안 자기 삶에 고였던 앙금들을 걷어낼 수 있습니다. 내 안을 따지고 들출 때 세상으로 힘껏 발을 내딛을 수 있습니다.

사람은 어떠해야 하며 언제 행복할 수 있는지, 세상은 어떻게 변해 가고 있으며 사랑하는 사람이 있는데 어찌 해야 하는지 많은 이들이 술렁이는데, 똑같은 고민을 자기 앞에 살았던 사람들이 억수로 했습니다. 역사엔 도돌이표가 있는 것처럼 연거푸 돌아옵니다. 자기 혼자만의 꼬투리나 접속하지 못할 문제는 없어요. 둘레를 돌아보고 지난날에 눈을 돌려보면 지혜들이 책이란 열매로 맺혀 주렁주렁 열려 있습니다. 그렇기에 책이란 싱싱한 열매를 먹는 만큼 짱짱해지고 삶이 건강해집니다. 책을 읽는 만큼 행복해지는 앎을 알 수 있고 되풀이되는 잘못을 끝낼 힘이 솟아나지요. 책을 읽고 사람들과 어울리며 세상을 공부하고 자신과 어기차게 드잡이할 때, 딱 그만큼 자유로워집니다. 자유와 행복은 자신의 애탐과 애씀만치 열립니다. 이 일은 누가 해주지도 않고 떠넘길 수도 없습니다. 자신이 팔 걷어붙이고 손에 흙을 묻힐 때야 겨우 거둘 수 있는 씨감자니까요. 자신의 그릇을 돌아보게 해주는 거울이자 발걸음을 옮기도록 해주는 새 신발, 그것이 좋은 책과의 만남입니다. 좋은 책은 엉거주춤하며 지칫지칫 뭉그적거렸던 자신의 문턱을 넘어서게 해줍니다.

벌기도 힘든 돈으로 책을 사기가 머뭇거려지거나 사고 나서도 이러구러 맛있는 거 사먹고 술 마시는 게 더 좋았겠다며 구시렁거릴 수 있습니다. 그렇지만 좋은 책을 한 장 한 장 넘기는 순간 사람은 '새로운 주체' 로 넘어갑니다. 여태껏 그렇게 애썼으나 좀처럼 옴짝달싹하지 못하던 자신의 선 자리를 산들바람에 탄 듯 벗어나는 것이죠. 마치 하늘을 나는 거 같은 경험입니다. 이렇게 '좋은 책' 을 읽는 사람은 책을 읽기 전과 똑같지 않습니다. 마치 잘 뜸들인 밥을 꼭꼭 씹어 먹으면 몸이 실팍해지듯 좋은 책을 붙잡고 그 안에 담긴 알곡들을 눈과 입과 몸으로 꼭꼭 씹다보면 책에 서린 기운들이 자신을 다른 사람으로 바꿔주니까요. 책을 읽으며 고민하는 사람은 자신이 선 자리를 옮기면서 어제와 다른 오늘을 일굽니다.

∷ 성공이란

물론 나도 알고 있다. 우리가 꿈꾸는 세상이 그렇게 쉽사리 오지 않으리라는 것을. 하지만 그렇다고 두 손 놓고 있는 것은 스스로가 초라해서 견딜 수 없다. 도시 전체가 암흑으로 뒤덮여 있는데 나 혼자 촛불 하나를 듣고 있다고 해서 그 어둠이 걷힐 리 만무하다. 하지만 어둡다, 어둡다 하고만 있을 수는 없다. 우선 내가 가지고 있는 초에 불을 붙이고 그 불을 옆 사람에게, 또 그 옆 사람에게, 초가 타고 있는 한 옮겨주고 싶다. 그래서 내 주변부터 밝고 따뜻하게 하고 싶다. 모든 일을 해결할 순 없지만 할 수 있는 일은 하고 싶다. 정말 그렇게 하고 싶다.

눈빛 푸른 젊은이여, 만약에 당신이 내 옆에 서 있다면 내 촛불을 기꺼이 받아주시겠는가.

한비야, 『지도 밖으로 행군하라』, 159쪽

많은 젊은이들이 성공하고 싶어하는데, 그저 쩡쩡거림이나 우쭐함을 성공이라고 고얀 생각을 하는 이들도 적지 않은 듯싶습니다. 물론, 죄다 이런 욕망을 하고 있기에 젊은이들이 다른 성공을 꿈꾼다면 도리어 그게 얄망궂은 형편이죠. 한국 사회에서는 이른바 '성공'의 울타리가 정해져 있습니다. 잘 나가는 회사의 높은 자리까지 올라가거나 지갑이 빵빵하거나 이름을 널리 떨치거나 아니면 권력을 얻거나 따위. 퍽 단순하게 가름해 보았으나 '고작' 그 정도를 성공이랍시고 사람들을 한줄로 세우고, 사람들은 위에서 명령을 내린 대로 따져보지 않고 어디론가 가지요. 그러다 누군가 한마디 하면 다들 얼굴이 샛노래집니다. '이 산이 아닌가벼 … .'

성공은 지갑의 두께나 명함의 직책이 아닙니다. 자신이 가치 있다고 여기는 일을 꾸준히 하여 이른바 '자아실현'을 해야 성공입니다. 자아란 어디엔가 따로 동떨어져 있는 '나'가 아니라 이미 이 사회 안에서 얽히고설킨 '나'입니다. 나를 올바로 이룬다는 건 사회 안에서 나의 의미를 푸르싱싱하게 얻는다는 것이고, 성공이란 그 의미가 나뿐 아니라 그 사회에 기쁨과 의미를 준다는 뜻입니다.

> 대학생 시절, 학교 동기들은 인턴경력을 쌓아가고 남들 취업 준비할 때 다르게 살았어요. 저는 문제의식이 있었어요. 나라를 바꾸려면 고장을 바꾸고, 고장을 바꾸려면 거기에 속한 단체를 바꾸고, 단체를 바꾸려면 자신이 먼저 바뀌어야 한다고 맹자가 말했거든요. 저 또한 제가 할 수 있는 게 뭔가 고민을 했죠. 과연 20대에 가져야 할 내공이 뭔가? 그게 인턴인가? 영어실력인가? 이게 아니란 거죠.

『꺄르르♡인 블로그』, 「연봉의 80%를 기부하는 '이상한 청년'」

성공한 사람은 높은 자리에서 고개 숙일 줄 모르는 시건방진 머저리가 아니라 옆 사람들과 끝까지 함께 더불어 웃는 모습을 합니다. 단순히 돈을 벌고자 밥을 짓는 게 아니라 누군가의 속을 든든히 채워줄 생각에 즐거움으로 정성껏 요리를 하는 밥집 아저씨나, 땀 흘려 돈을 벌어서 나만을 위해 쓰지 않고 나눔에 참여하는 회사원도 성공입니다. 누구나 얼마든지 성공할 수 있습니다. 기꺼운 마음으로 친절하기, 이처럼 보람찬 사건들이 삶에 촘촘히 이어진다면 성공한 삶을 사는 거 아닐까요?

성공은 그걸 이루기까지 과정도 중요하지만 '성공' 한 뒤가 더 중요합니다. 성공하고 나면 스스로 뿌듯하고 옆 사람들도 덩달아 즐거워야 합니다. 그렇지 않다면 이럭저럭 돈을 긁어모았다거나 두레박을 타고 위로 올라간 셈밖에 안 됩니다. 그래서 성공하면 몸이 편하지 않습니다. 성공하기까지도 힘들지만 성공하고 나서도 줄기차게 자신을 돌아보고 옆 사람들과 세상에 손을 내밀어야 하기 때문에 번거로울 수 있습니다. 그러나 이러한 매조지가 없다면 성공은 한낱 물질에 삶이 눈 멀었다는 자기고백밖에 안 됩니다.

이러한 생각이 한국에 깔리지 않았습니다. 나눔이란 말이 아직 서먹서먹하죠. 자기만을 위해 살라는 사회다 보니 다들 힘들게 일하면서 하나둘 변해갑니다. 고생하지 않는 사람이 어디 있겠냐만, 그 고생을 잊지 않고 '가난한 마음' 으로 쭉 살아가는 사람은 드뭅니다. 사람이 물질에 눈멀면 누군가의 외로움과 괴로움 따위는 거들떠보지 않게 되지요. 사람이 지난날의 자기 고통에서 남의 고통을 찾아내지 못하면 아무리 으리으리한 부를 일구고 이름을 드높여도 얼마 못 가 마음의 안뜰엔 꿍꿍이와 게걸만으로 우거지기 마련입니다. 나누지 않는 사람은 구려지는 법이니까요. 인류역사를 뒤적이면 자신의 성공을 사회로 되돌리지 않은 사람은 하나같이 더 나은 사회로 나아가는 데 걸림돌이 되어버립니다.

그런데 늘 한결같은 사람들이 있습니다. 어디에 있든 누구를 만나든 곰살궂고 상냥한 사람, 세상의 부조리와 그을음엔 누구보다 성내고 싸우지만 힘없고 가녀린 사람을 볼 땐 자신도 모르게 글썽이는 사람, 세상의 응달을 줄이고자 생애 내내 자기 스스로 빛을 내며 사람들과 흥겹게 더불어 춤추는 사람, 이런 사람들이 진짜 성공한 게 아닐까요?

칼 폴라니도 그러한 사람 가운데 하나였습니다. 『거대한 전환』으로 이름 높은 경제사가 칼 폴라니는 그 이전부터 이미 '성공' 한 사람이었죠. 그의 모습은 성공이란 뭘까 고민하게 해줍니다. '미국 경영학의 아버지' 라 불리는 피터 드러커는 젊었을 때 칼 폴라니를 만나서 홀딱 반하지요. 성탄절날 청년 드러커는 자신이 좋아하는 경제전문지 《오스트리아 에코노미스트》의 편집회의에 초대받는데, 거기서 부편집장 칼 폴라니를 만납니다. 드러커는 폴라니에게 좀더 이야기를 나누고 싶다고 하자 폴라니는 함께 서녁식사를 하자며 드러커를 데리고 집으로 갑니다.

드러커의 마음은 부풉니다. 마침 잡지사에서 폴라니의 월급을 봤는데 동그라미의 줄이 길었으니까요. 똑똑한 데다 '부자' 인 폴라니의 집에서 맛있는 먹거리에 도란도란 이야기 나눌 생각에 드러커의 마음은 설레고 들떴겠죠. 그런데 이게 웬걸, 전차를 갈아타고 또 한참을 걷습니다. 오래되고 거무끄름한 5층짜리 건물 꼭대기에 다다라서 저녁 먹을 채비를 하는데, 드러커는 태어나서 가장 궂은 저녁을 합니다. 서구에서 그 대수롭다는 성탄절 식사로 발라먹을 것도 없이 껍질을 거충거충 벗긴 설익은 감자로 때워야 했으니까요.

폴라니 식구들은 생활비를 마련하는 방법을 두고 입씨름을 벌입니다. 그런데 그들의 가슴을 졸이게 한 생활비는 드러커가 암만 아끼고 아낀다고 해도 혼자서 살기 벅찬 돈이었고, 폴라니가 회사에서 받은 월급에 견주면 그야말로 새발의 피였습니다. 궁금함을 도저히 참을 수 없었던 드러커는 이야기에 끼어들어 폴라니의 월급만으로 더할 나위 없이 잘살 수 있을 텐데 왜 이런 고민을 하느냐고 묻습니다. 드러커의 물음은 찬물을 끼얹은 것처럼 폴라니 집을 썰렁하게 했습니다. 오래 입을 다물던 폴라니 식구들은 한목소리로 드러커에게 되묻습니다. "아니, 월급을 생활비로 쓴다고요? 어떻게 그런 생각을 하셨나요?" 뜻밖의 대꾸에 얼굴이 발그레해진 드러커는 쭈뼛거리며 뭇사람들은 월급을 받으면 자기를 위해 쓴다고 우물쭈물 답변하죠. 그러자 헝가리 상류층에서 자랐으며 열일곱 살 때 반전운동을 벌여 붙잡힌 적도 있고 공산당 지하조직의 지도자이기도 했던 폴라니의 아내 이로나가 입을 뗍니다.

"저희는 뭇사람들과 달라요. 사람으로서 삶을 살아갈 때 지켜야 할 도리가 있습니다. 지금 빈은 헝가리에서 몰려든 사람들로 미어터지잖아요? 공산주의와 극우보수의 백색 테러에서 벗어나고픈 사람들이죠. 이들 가운데는 밥벌이를 할 형편도 안 되는 이들로 와글와글합니다. 그러나 칼은 꼬박꼬박 돈을 벌고 있어요. 그렇다면 칼이 받은 월급을 가난한 사람들에게 줘서 그들의 굶주림을 막고 저희가 써야 할 돈은 저희가 벌어오는 게 맞지 않을까요?"

청년 드러커는 칼 폴라니 식구를 만나면서 화들짝 놀랍니다. 그밖에도 참말로 '성공' 한 수많은 사람들을 만난 덕분에 드러커는 세상 떠날 때까지 사람을 도구로 삼지 않는 도덕경영을 내세울 수 있었죠. 자기계발, 경제 경영 서적이 한창 불티날 때 그의 책을 들여오거나 그의 이름을 들먹이며 젠체하던 이들로 법석였고 어느새 '성공의 지름길' 같이 피터 드러커가 쓰였죠. 그러나 드러커는 싸구려 자본주의에 붙박여 '나만 잘 먹고 잘살면 된다' 는 한국의 나팔수들이 내세우기엔 썩 어울리지 않는 사람입니다. 드러커는 더 나은 사회를 꿈꾸는 사람들과 어울리면서 자랐고, 그러한 경험을 바탕으로 경영철학을 마련한 사람이니까요. 한마디로 커다란 뜻을 품은 사람들 옆에서 마음의 키를 키운 사람입니다.

나만을 위해 살아가는 걸 도리라고 여기는 요즘, 드러커가 받은 충격이 오늘날 한국 사회에 아주 절절하게 있어야 하지 않나 싶습니다. 조금만 눈을 돌려도 바꾸고 함께 해나가야 할 게 산더미 같습니다. 젊은이들이 그 더미를 으깨고 헤쳐나갈 때 '알짜 성공' 을 하는 거겠지요.

대중문화, 삶을 에워싼 무의식

하지만 우리의 삶과 일상을 사로잡고 있는 개인적이고 사회적인 '무의식'의 영역이 있습니다. 실제로 대부분 우리의 의식적 선택은 이 무의식이 결정합니다. 우리가 그 속에 젖어 살고 있고 또 그 속에서 행복을 느끼고 좌절을 경험하는 이 무의식의 영역, 그것이 바로 '문화'입니다.

긴 역사를 통해 형성되고 또 우리가 느끼지 못하는 사이에 변하는 이 문화는 제도와 의식을 포위하고 있는 환경이요, 우리가 숨 쉬는 주변의 공기와 같은 것입니다.

한국철학사상연구회, 『철학, 문화를 읽다』, 7쪽

:: 복불복

부모는 가해자의 위치를 지키기 위해서 필사적으로 자신의 아이들에게 죄를 물려줘야 한다. 그들은 세계가 가해자와 피해자, 단지 두 종류의 사람들로 이루어져 있다고 말한다. 다른 것은 없다. 빼앗긴 가해자의 삶은 피해자의 사람일 뿐이다. 다른 길은 없다. 그러나 경쟁은 공정했으므로 결과는 투명하다고 주장한다. 그러니 패배를 겸손히 인정하고 나의 죄악을 위해 너의 실패한 삶을 내어주기를. 이렇게 경쟁의 공정성은 강탈의 공정함을 주장하기 위한 변명에 지나지 않게 된다.

김사과, 『미나』, 53쪽

대중매체는 시부저기 얕볼 수 없습니다. 사람들의 의식과 무의식에 셀 수 없는 입김을 불어넣죠. 오죽하면 연예인들끼리 노는 걸 사람들은 귀한 시간을 들여가며 보고 있는데 별로 야릇하게 여기지 않습니다. 왜 연예인들끼리 복작대고 말장난하는 걸 멀거니 바라보나요?

대중문화는 그 사회의 무의식을 비춰주는 거울입니다. 속이 썩었으면 언구럭부리며 덮으려 해도 냄새가 나듯 겉으론 잘 사는 사회라고 옹알거려 봤자 한국 사회의 문드러짐은 대중문화에서 드러나죠. 하도 어처구니가 없고 사람들에게 헤살을 끼치는 방송이 많아 속속들이 다 따질 수 없지만 그럼에도 짚을 건 되짚어야 하겠죠. 그 가운데 꽤나 문제가 징그럽지만 아무렇지 않게 웃으며 받아들이는 '놀이'가 있습니다. 바로 복불복이죠.

한국방송 '1박 2일' 꼭지가 큰 인기를 얻으면서 복불복은 이제 유치원생들까지도 다 아는 말이 되었죠. 복불복을 사전에서 찾아보면 "복분(福分)의 좋고 좋지 않음이라는 뜻으로 사람의 운수를 이르는 말"이라고 적혀 있습니다. 한마디로 행운 아니면 불운이죠. 1박 2일에서는 이를테면 같은 색깔의 음료수 가운데 간장을 뽑으면 쌀쌀한 데서, 콜라를 뽑으면 푸근하게 잠을 자는 방법으로 쓰입니다.

복불복 그 놀이 자체는 골칫거리가 아니죠. 놀이를 하다보면 복과 불복이 있고 사회 또한 고르지 않습니다. 그럼에도 무덤까지 쫓아가서 파헤쳐야 하는 복불복의 허물은 누군가의 괴로움을 뻔뻔하게 즐기는 사람들의 무덤덤함입니다. 1박 2일에서 복불복을 하는 이유와 대중들이 복불복을 받아들이고 있는 사회 무의식은 맞닿아 있습니다.

어떤 기자는 "복불복이 시청자를 사로잡는 것은 '복'이냐 '불복'이냐를 선택하는 긴장감, '불복'을 피하기 위한 몸부림, 그리고 결과에 따라 천당과 지옥을 오가는 출연진의 표정까지 어느 하나 버릴 것이 없다. 특히 모든 것이 만들어낸 것이 아닌 살아 있는 웃음이라는 점"이라며 복불복을 추어올리더군요. 이에 맞춰 한 시청자는 "가학성 논란도 있지만 복불복 게임에서 나오는 출연자들의 원초적인 모습이야말로 복불복의 묘미"라며 맞장구를 치죠. 다른 누리꾼은 "최근에 전체적으로 독기가 많이 빠진 것 같다"며 더 빡세게 하라고 주문합니다.

새디스트 욕망이 얼마나 자연스럽게 대중문화에 자리 잡았는지요. 누군가의 고통을 무람없이 웃고 즐기는 일은 아닌 밤중에 홍두깨처럼 1박 2일에서 튀어나온 게 아니라 한국 사회에서 말없이 합의된 규칙입니다. 누군가 괴로워하고 멀미할수록 사람들은 더 찝쩍이며 좋아라 합니다. 남의 괴로움이 나의 즐거움이 되었죠. 누군가 힘들어하는 걸 보고 즐기는 일은 썩어빠진 사회에서나 생겨나는 일입니다. 복불복을 즐기면서 킬킬대는 것은 조금 차이가 있을 뿐, 사자와 싸우다 피 흘리는 사람을 보며 시시덕거렸던 로마시대 귀족들과 똑같은 욕망을 깔고 있습니다.

복불복이 큰 인기를 끄는 까닭은 남의 고통을 쾌락으로 삼는 사회이기 때문입니다. 남이야 고통을 받든 말든 자신은 신경 쓰지 않겠다는 걸 넘어 남의 괴로움이 자신의 간지럼이란 병리증세가 생활화되었습니다. 대중문화를 통해 그 사회의 무의식이 올라오죠. 1박 2일의 복불복은 한국 사회가 얼마나 끔찍한 곳이 되었는지 말해버립니다. "나만 아니면 돼!" "나만 안 걸리면 되지!"

나만 아니면 된다는 말을 뒤집으면, 나면 어떻게 하냐는 두려움이 꾸물댑니다. 나만 아니면 된다는 부르짖음도 '나'가 피해를 입을까 조마조마함에서 생겨납니다. 이렇게 끝없이 안절부절못하는 사회에서 말짱하게 사는 사람은 아무도 없습니다. 모두가 피해자죠. 끔찍한 일을 당한 사람들이 이 사회에 넘치는데 다들 그가 '불복'하다고 여기면서 자신의 살아남음을 고마워할 뿐입니다. 그런 일이 왜 일어나고 자신은 어떻게 해야 하는지 묻지도 따지지도 않습니다. 남의 불행은 TV로 즐기지만 자기는 그 대상이 아니길 바라면서 쭈뼛거리며 살아가는 뭇따래기들이 되어버렸죠. 가볍게 웃어넘기기엔 소스라칠 무서움이 복불복 뒤에 도사려 있습니다. 이런 욕망이 사람들 몸속에 녹아들어 갔습니다. 어떤 부조리가 있든 어떤 범죄가 일어나든 피해자가 "나만 아니면 돼"죠. 어떤 꿍꿍이를 부리더라도 "나만 안 걸리면 되"는 겁니다. TV가 사람들의 때리고 맞는 데서 빚어지는 즐거움을 '안전하게' 주기 때문에 시청률이 높을 수밖에요. 행짜가 더 고통스러울수록 시청률은 올라갑니다.

복불복보다 더 소름끼치는 건 복불복에 대한 비판이 사람들 귀에 들어가지 않았다는 점입니다. 시청률만 겨누고 어떤 연예인이 방송에 나와 노닥거렸는지 떠드느라 대중매체는 바쁩니다. 예능이나 연예오락물에 대한 생각이나 들추기는 아예 찾아보기 쩍집니다. 인기만 끌면 장땡인 거죠. 모 아니면 도라는 도박꾼을 영웅으로 섬기고 투기와 투자의 어름이 없는 한국에서 복불복은 얼마든지 괜찮은 놀이일 수밖에요. 사람들이 믿고 기대는 가치관 자체가 찌그러졌으니까요.

그나마 1박 2일의 복불복은 떳떳합니다. 출연하는 모든 이들이 복불복을 하니까요. 사회도덕으로 봤을 때 옳진 않더라도 거기에 나오는 사람들은 적어도 자신이 불복에 걸릴 위험을 지면서 남의 고통을 즐기겠다고 나서죠. 마치 전쟁터에서 상대를 죽이는 데 자기 목숨을 거는 군인처럼 자신이 쾌락을 얻는 과정에서 자신에게 고통스러운 일이 생기는 걸 받아들이겠다는 마음가짐이 있습니다. 특정한 누군가가 힘으로 복을 차지하고 나머지만 불복을 당하지 않기에 언뜻 뭐라 할 수 없지요. 남의 고통을 보고 웃더라도 돌고 돌아 자신도 골탕 먹게 되니까요. 모두가 운에 맡겼고 언젠가 불복에 걸리기 때문에 이 안의 고통은 '공평' 합니다. 복불복에 평등하게 합의했다는 밑절미가 있기에 다들 복불복에 찜찜해하면서도 눈을 떼지 않죠. 게다가 모두가 바라는 거라면 어떤 거라도 그게 옳다는 실그러진 의식도 더해지면서 복불복은 별로 나쁘지 않은 놀이가 됩니다.

그렇지만 복불복은 당하는 사람들뿐 아니라 보는 사람들에게도 커다란 행짜를 부립니다. 사람들은 현실에서도 복불복이 있다고 믿고 싶겠지만 한국 사회에서 바라는 '복' 들은 이미 어떤 이들만 손아귀에 잔뜩 쥐었습니다. 따라서 1박 2일의 복불복은 현실에서 뚜렷하게 나뉜 복을 가진 계급과 복을 받을 수 없는 계급을 가리는 신기루 노릇을 합니다. 자신이 불행은 세상의 곪음과 맞물려 있는데 마치 예능 프로의 놀이처럼 '운 나쁘게' 불복이었다는 생각이 아른거리며 사회문제의 뿌리를 못 보는 것이죠. 아무리 애면글면해도 복에 다가길 수 없는 사람들에게 복불복은 사회 짜임새를 꿰뚫어보지 못하게 만듭니다. 자기 삶의 모든 괴로움을 알아서 짊어져야 하며, 어떠한 일도 니의 잘못이라고 빈정대는 한국 사회의 속살을 감춥니다. 복권처럼 뒷맛이 개운치 못한 삼깐의 들뜸을 줄 따름이죠. 불복이면 어쩔 수 없이 고개 숙인 채 홀로 끙끙거려야 하지만 자신'만'은 복이길 바라고, 끝내 자신도 불복에 걸릴 텐데 아무도 남의 불복에 가슴 미어지지 않습니다. 도리어 킥킥대죠.

:: 막장 연속극과 성차별

"아버지, 형은 어차피 공부도 못하고 눈이 나쁘니 티브이는 그냥 보는 걸로 하지요."

형은 엉겁결에 고개를 끄덕였다. 아버지는 말했다.

"상관없다. 테레비를 없애야겠다."

그것은 우리의 미래를 위해서라기보다 가장으로서 뭔가 결정해야 되는 순간, 뭘 해야 할지는 모르겠지만 여하튼 뭔가 하기는 해야 할 때 내리는 엉뚱한 결론 같은 거였다. 결국 아버지는 집에서 텔레비전을 치워버렸다. 우리는 갑자기 할 일이 없어졌다.

김애란, 『달려라, 아비』, 「스카이 콩콩」, 68쪽

아직도 여러 성차별들이 남아 있지만 거리로 나가 차별이 없어야 한다고 외쳐도 별로 퍼지지 않습니다. 이데올로기(ideology) 시대에서 "비데올로기"(videology) 시대로 온 고을이 바뀌었으니까요. 사람들의 눈길은 온통 대중문화에 쏠리고 대중문화는 대중들의 욕망을 건져올립니다. 「추노」를 보더라도 그 내용이 대단한 '혁명성'을 띱니다. 이렇듯 대중문화엔 기존질서를 헐겁게 하거나 부서뜨리는 일들이 많이 나옵니다. 이른바 '탈근대성'까지 띤다고 할 수 있죠. 이를테면 여태 이혼이 꼭 나쁜 게 아니라고 말했다면 이젠 결혼을 왜 하냐고 입을 엽니다.

그러나 대중문회는 현실과 동떨어져서 따로 돌아가는 판이 아닙니다. 대중문화는 현실과 떼려야 뗄 수 없습니다. 그렇기에 진보성과 보수성이 두루 담기죠. 연속극들이 처음엔 산뜻하게 나아가지만 막바지엔 어물어물 마감하는 까닭이 여기에 있습니다. 변화를 욕망하는 사람도 있지만 변화에 넌더리내는 사람들도 세상엔 많으니까요. 그럼으로써 연속극은 자신들의 본뜻과 다르게 기존체제의 정당성을 퍼뜨리면서 굳건하게 만드는 비데올로그 노릇을 합니다. 연속극이 사람들을 생각하게 못하게끔 생각의 덩굴을 자르는 셈이죠. 다 아는 현실의 불합리를 담아내지만 딱 거기서 그칩니다. 대중문화는 보수성을 뼈대로 삼으면서도 대중들의 입맛을 긴드려야 하기 때문에 양념으로 진보성을 뿌리는 셈이죠.

연속극은 연애 이야기를 가장 많이 다루는데, 그저 알콩달콩 밀고 당기기만 하지 성불평등이나 부조리는 잘 나오지 않습니다. 어씨 된 일인지 재벌들의 사랑놀음만 그득합니다. 연속극의 여자들은 가지런한 관계를 바라지 않고 연속극의 사람들은 사람 사이의 펀펀함을 바라지 않습니다. 대중들이 바라지 않으니까요. 남자와 여자, '정해진 틀'에서 사랑하길 바랄 따름이죠. 그래서 남녀 주인공들은 관계가 결딴나지 않을 정도로 티격태격하는데, 여기에 '쾌락'을 느낍니다. 갈등이나 다툼은 더 나은 관계로 나아가는 과정이 아니라 그저 더 친해지고 알아가는 '재미' 입니다. 따라서 멜로드라마의 알맹이들은 거기서거기입니다. 사회 권력관계가 그러하듯 돈 많은 남자가 '주체' 로서 흐름을 이끌고 여자는 주로 보이는 '대상' 으로서 그려지지요.

경제성장에 온 정신을 쏟던 시절, 영화에서 그려지는 행복한 여자의 삶이란 좋은 남자 만나 손에 물 한 방울 안 묻히고 콧대 세우며 사는 것이었습니다. 그때와 오늘날 여자들이 생각하는 행복한 여자의 삶은 얼마나 달라지고 나아졌을까요? 물론, 지난날엔 거리낌을 느끼게 하는 장면들이 서슴없이 나와 눈살을 찌푸리게 했는데 이젠 그런 것들은 누그러졌습니다. 시대가 조금 흐른 만큼 시대를 담아내는 연속극 또한 나아졌지요. 이젠 여자를 하찮게 업신여기거나 성차별하는 내용이 까놓고 나오진 않습니다.

그러나 겉으로 보이는 것들이 덜어졌다고 문제를 못 느끼거나 문제의식을 가지려고 하지 않는 건 좀 뜨악합니다. 예전엔 살림을 하면서 '내조' 를 했던 여자가 이제 사회의 변화에 따라 일도 놓치지 않으면서 집안일까지 해야 하는 걸로 슬며시 변했을 뿐, 정해진 여자의 꼴을 되풀이하니까요. 드라마에서 숱하게 일어나는 남녀 사이 갈등은 남녀의 권력관계를 잠깐 흔들리게도 하지만 여전히 여자는 여자답게 참으며 조바심을 자아냅니다. 여자의 진심에 먹먹한 남자 주인공은 여자를 '좀' 이해하는 남자로 변하고, 여자도 눈물을 닦으며 나름 찡하게 갈등을 땜질하며 갈무리하기 일쑤입니다. 여자가 여자답지 못하면 행복하지 못하다는 냄새가 물씬 풍기죠.

대중문화에서 비치는 여성들은 별로 달라진 게 없습니다. 남자를 잘 만나야 여자가 콧대 세운다는 가부장의식이 이야기의 졸가리입니다. 여자는 '좋은 남자' 와 결혼해야 행복한 거라고 드라마는 최면을 걸지요. 그 좋은 남자들이란 모조리 재벌 2세나 부유한 전문직 남자입니다. 가난하거나 헉헉대며 살아가는 오늘날 대부분의 남자는 나오지 않습니다. 드라마 속 여자들은 새퉁바가지 같은 사회와 부대끼기보단 자신의 손에 물 안 묻힐 거 같은 '좋은 남자'를 얻고자 바가지를 긁으며 다른 여자와 서로 부라리거나 눈 흘기는 시어머니와 옥신각신 다툴 뿐이죠. 신데렐라 콤플렉스는 숙지근해지지 않고 도리어 더 야릇하게 대중들의 품속을 파고듭니다. 숱한 연속극에 부자들만 득시글거립니다. 유한계급 자식들을 부러워하며 그 안으로 들어가길 욕망하는 사람들의 군침이 끈적끈적하게 묻어나옵니다. 그런데도 예전보다는 나아졌다며 좋아라 하고 하염없이 봅니다. 비데올로기를 파잡고 더 나은 사회를 바라면서 자기 손에 흙을 묻히며 변화를 일구기보단 리모콘만 매만지며 감자칩에만 손을 뻗습니다. 성차별을 없애야 한다고 암만 꼬집어도 드라마에 빠진 여자에겐 들리지 않습니다. 오빠들이 브라운관에서 윙크하니까요.

때문에 어떤 드라마나 영화에서도 여주인공들의 속살은 감초처럼 빠지지 않습니다. 남자의 잘남과 여자의 성은 언제나 흥정관계였으니까요. 여자는 꼭 '벗어서' 남자를 꼬십니다. 남자와 여자의 권력관계는 얼마나 제자리걸음인지 보여주는 장면이죠. 노출상넌이야말로 현재 '여'성이 한국 사회에서 어떠한지 고스란히 드러냅니다. 여자 주인공들의 발가벗은 장면들을 두고 이러쿵저러쿵 왁자할 뿐, 여주인공이 벗게끔 만드는 판 자체에 대해선 아무도 입을 열지 않습니다. 사람들은 드라마에 눈을 못 떼고, 높은 시청률은 여주인공의 헐벗음을 부채질합니다.

이러니 막장 연속극이 나올 수밖에요. 막장이란 탄광 갱도의 막다른 곳을 뜻하는 말이었는데 요즘엔 볼 장 다 본 구렁텅이를 뜻하죠. 공중파들은 누가 더 막장인지 쏟아내고 줄달음쳤고, 사회는 이를 두고 수런거렸습니다. 얼토당토않은 연속극은 줄곧 있어왔지만 요새처럼 입이 다물어지지 않는 이야기들이 판치진 않았어요. 지난날엔 자극성 요소가 있더라도 어떻게든 그럴 듯하게 줄거리를 지키려 했었다면 이젠 일부러라도 막장을 내보냅니다. 대중문화는 한국 사회의 무의식이 불거지는 마당입니다. 막장 드라마는 오늘날 한국이 어떻게 되먹었는지 일러줍니다. 그렇다면 막장 연속극이 나쁘다는 뻔한 지청구를 넘어서 이러한 따가운 퉁바리에도 막장 드라마들이 엄청난 인기를 누렸다는 점을 되짚어야 하지 않을까요?

그래 막장이다 어쩔 건데? 이렇게 나오는 연속극들을 보면 딱히 핀잔주기도 거추없습니다. '막장시대' 니까요. 한국 사회에 넘쳐나는 막장정신을 담아냈을 뿐 연속극 만드는 사람들의 정신이 어질러지지는 않았습니다. 아니, 오히려 그들은 영리하고 똑똑해요. 이미 현실은 이지러질 대로 으그러졌는데 거기서 윤리와 사회, 자유와 정의를 얘기하는 게 더 어수룩한 짓일 테니까요. 그들은 시청률을 머릿속에 두고 연속극을 만들 수밖에 없습니다. 생뚱맞은 걸 내놓았다가는 자리가 후들거리기 때문이죠. 꼼꼼한 잡도리 끝에 나온 것이 막장 연속극입니다. 대중들이 욕망하니까요. 몇 사람들이 혀를 끌끌 찼는지는 모르지만 많은 사람들을 TV 앞에 붙들어 둡니다. 시청률이 돈과 맞닿아 있는 방송계에서 그들은 빙그레 웃으며 다음 막장을 차립니다. 조금 욕먹을지는 몰라도 그들의 호주머니에 들어오는 건 그보다 더 많으니까요. 그래도 어떻게 그럴 수 있냐고 핏대를 세웠다간 아직도 꿈나라에 사냐면서 외려 삿대질을 당합니다.

막장 연속극을 아무리 손가락질해도 시청자들이 바라기 때문에 또 나올 수밖에요. 막장 연속극의 단골 차림표 불치병, 기억상실증, 불륜, 근친상간, 꿍꿍이, 바람, 복수, 등치기 등을 섞는 것도 슬슬 지겹기 때문에 더 강한 것이 나오겠죠. 자살, 강간, 살인, 뭇매, 고문, 비리, 성상납, 밀매, 조폭 등등이 날로 빗발칠 수밖에요. 마음속 깊은 곳에 그러한 욕망들을 사람들 사이에서 소용돌이치니까요.

선정성과 폭력성은 어제오늘의 일이 아니지만 지금 이렇게 막장으로 흐른 까닭은 사회가 갈 데까지 갔기 때문입니다. 막장시대에 사는 대중들이 막장 얘기에 끌리는 건 자연스러운 일이죠. 시청률에 안달할 수밖에 없는 얼개도 바뀌어야겠지만 끝내 달라져야 하는 것은 사람들의 눈높이입니다. 공공성을 위한 방송을 하겠다는 뜻으로 여울여울 불타는 방송인들이 많다고 해도 사람들이 안 보면 말짱 꽝이죠. 도대체 TV에 무엇을 바라는 건지 차갑게 되짚으면서 지금 이 사회가 막장이란 걸 알아채고 벗어나려는 사람들이 늘어나야 하지 않을까요? 막장에선 되돌아 나오는 것이 순리니까요. 여태까지 조금 더 세게!라고 부르짖는 사람들이 많았다면 이제 그만!이라고 외쳐야 하지 않을까요?

:: TV와 매트릭스

텔레비전의 일세대라고 할 수 있는 우리 부모 세대들은 극중인물과 실제인물을 곧잘 혼동했지만, 그래서 텔레비전과의 거리를 상실해 버리기 일쑤였지만 그러나 우리 세대는 다르다. 우리 세대는 각자의 내면이 아예 텔레비전처럼 구조화되어 있다. 우리는 텔레비전으로 세계를 인식하며, 따라서 세계에 대해 논평하지 않고 텔레비전에 나온 것들에 대해서 논평한다. 그나마 귀찮으면 우리는 텔레비전을 끄듯이 신경을 끈다.

이만교, 『결혼은, 미친 짓이다』, 234쪽

민주주의의 위기란 말이 스멀스멀 여기저기서 오르내립니다. 왜 민주주의 위기란 말이 치솟아 오른 걸까요? 어쩌다 사람들은 정치사회에 퉁명스러워졌을까요? 역사상 가장 많은 사람들이 큰일 났다며 2009년에 '시국선언'을 했지만 이명박 정권이 내쏜 '친서민'이란 장풍 앞에 왜 이리도 쉽게 죄다 사위었을까요? 중산층이 생겨나고 그들의 살림살이가 즈런즈런해진 데다 살갗에 와닿지 않는 다툼에 진절머리가 난 탓도 크겠죠. 허나 이런 풀이는 시쁠 수밖에 없습니다. 모든 사람들이 푸짐해진 건 아니니까요. 그렇다면 현실을 제대로 바라보지 못하게 하고 눈을 게슴츠레 하게 만들며 정치의식을 쑥대밭으로 만드는 게 있습니다. 삶의 복판에 있기 때문에 이게 왜 문제가 되는지 잘 모를 뿐이죠. 바로 TV입니다.

권력자들이 왜 TV에 잽싸게 손을 뻗었냐면 그만큼 영상의 힘이 어마어마하기 때문이죠. 여태 박정희와 전두환을 그리워하는 사람들이 많다는 데서 드러나듯 TV는 권력자들이 바라는 대로 대중들의 머릿속을 반죽합니다. 박정희와 전두환의 알짜가 드러났음에도 그들은 학살자가 아니라 여전히 많은 사람들의 앙가슴에 영웅으로 남아 있습니다. 오랜 시간 독재자를 띄워주던 TV영상에 길들여졌으니까요.

TV에서 말하는 것을 현실이라 믿어왔고, TV에서 알려준 것들을 기억하며 삽니다. 지금도 그런 낌새는 모락모락 피어나죠. 지배권력이 방송을 자신의 나발쯤으로 여기고 낙하산 부대들을 내려보내 방송사의 우두머리로 앉히자 시사고발 프로그램들은 하나둘씩 꺼져버리거나 문문해졌죠. '교양인'들은 부엉이라고 생각하는지 방송사들은 교양 프로그램들을 뜬금없는 시간에 내보냅니다. 공공성을 위한다는 공영방송이란 이름을 내걸고 방송사들은 오락 프로그램만 잔뜩 늘립니다. 왜 그럴까요?

정치권력만 방송을 팔뚝질하는 건 아니죠. 자본의 피리소리에 따라 방송은 용춤을 춥니다. 더 쓰고 더 쾌락을 즐기라고 지저귀면서 오늘날 세상 꼴이 어떤지 눈과 귀를 가리죠. 많은 이들이 원더걸스와 소녀시대를 가늠할 줄은 알아도 민주당과 진보정당의 차이는 알지 못합니다. 아이돌의 신상명세는 꿰차도 자기가 사는 지역의 국회의원이 어떤 사람인지는 잘 모릅니다. 뭔가 얄궂지 않나요?

텔레비전이 사람들의 머릿속을 차지했습니다. TV가 집에 있으면 거들먹거리던 시절을 지나 집집마다 한 대씩 있던 20세기 끄트머리를 넘어 이젠 한 사람에 하나씩 있습니다. 지하철에서 책 읽는 사람을 찾긴 객쩍어도 '손바닥 TV'에 넋 잃고 보는 이들은 사부자기 볼 수 있죠. 스스럼없이 이어폰을 꽂지 않고 그대로 소리를 내보내며 보는 이들까지 있습니다. 차 운전과 TV시청을 같이 하는 이들도 많죠. 심심하면 TV를 보고, 연예인들이 늘어놓는 얘기에 시간가는 줄 모르고, 사람들을 만나서는 어제 본 TV에 대해 이야기하죠. TV가 삶의 고갱이입니다. 사랑하는 사람 없는 것보다 TV 없는 것을 더 끔찍하게 여기는 흐름이죠. 사회에서 어떠한 사달이 터지고 사람들이 죽어나가도 'TV왕국의 신민들'은 드라마와 쇼프로 얘기를 하면서 자신들끼리 휘파람을 붑니다.

대중매체는 비판정신의 입을 막는 재갈처럼 변해갑니다. 영상을 즐기는 게 아니라 아예 영상에 홀린 꼴이죠. 예전에 워크맨과 비디오를 지나 이제 아이팟과 DMB, PMP, 스마트폰까지 사람들을 24시간 정신 못 차리게 만드는 물건들이 쉴 새 없이 쏟아지고 시나브로 사람들은 생각하기를 귀찮아합니다. 무슨 사건이 일어났을 때 왜 일어났으며 어떠한 뜻이 담겼는지 헤아릴 마음도, 깜냥도 없죠. 뭇사람들은 가수들의 노래를 듣거나 드라마나 예능을 보면서 '그저' 키득키득 즐길 뿐 '생각'을 하지 않습니다. 생각을 하더라도 딱히 깊게 하려 하지 않지요. 뭔가 새로운 생각을 하거나 남달리 살아가는 사람에겐 유난스럽다며 오히려 야릇하게 여기죠. 세상살이도 팍팍하고 힘겨운데 그런 거까지 알아야 하느냐며 손사래를 칩니다. 오로지 TV를 보면서 시름을 잊고자 하죠. 리모콘을 쥐고 요리조리 돌려대면서 물끄러미 시간을 흘려보냅니다. 별 생각 없는 걸 보란 듯이 욕망합니다. TV는 '바보상자' 도 아니고 시청자들에게 재미를 주고자 자신을 희생하는 '바보성자' 도 아니건만, 아무 생각 없이 TV를 보는 건 별 다른 생각 없이 살겠다는 일인데도 텔레비전이란 무엇이고 자신은 왜 주구장창 보는지 생각지 않은 채 썽그레할 따름이지요. 그래서 행복하다면 그렇게 살아도 괜찮겠지만 생각 없는 사람이 행복할 리 없습니다.

텔레비전을 통해 몰랐던 것들을 알 수 있다는 얘기도 이제 멋쩍죠. 많은 사람들은 못 살겠다고 암만 외쳐도 TV중독인 사람들에게는 들리지 않으니까요. 사람들은 언짢은 소식이 들리면 바로 채널을 돌립니다. 리모콘과 수백 개의 번호는 마치 자신이 선택할 수 있는 것처럼 자위하는 장치일 뿐이죠. 사람들은 자기 입맛에 맞는 몇 가지 프로그램만 봅니다.

영화 「매트릭스」가 거센 물결을 일으켰던 까닭은 그저 트리니티가 뛰어올라 빙 돌아서 발차기를 하는 모습이 나왔기 때문은 아니고, 단순히 네오가 허리를 바짝 뒤로 굽혀 총알을 피했기 때문도 아닙니다. 현실에서 느껴지는 꺼림칙함, 삶을 빙빙 맴도는 찝찝함을 건드렸기 때문이지요. 영화 속 사람들이 허깨비를 믿고 사는 모습에서 영화 밖 사람들은 이루 말할 수 없는 거북함을 느끼죠. 그럴 수밖에 없습니다. 거리로 나가보면 슬그머니 돌아봐도 사람들은 다 어금버금합니다. 비슷한 옷을 입고 비스름한 생각을 하며 엇비슷하게 살아가죠. 돈을 뭉텅이로 들여 대학까지 나온 사람들로 미어터지지만 어찌 된

게 생각의 넓이나 깊이는 그 나물에 그 밥입니다. 공장에서 찍어져 나온 컵라면처럼 물만 부어주면 알아서 흐물흐물해지죠. 개성시대라는 말이 쑥스러울 만치 개성을 찾아보기가 쉽지 않습니다. 상표 고르는 개성과 옷차림의 개성은 있을지 몰라도 자신만의 색깔을 가진 이를 만나기란 그리 호락호락한 일이 아닙니다. 고분대기보다 팔딱거리며 남들에게 뒤처지지 않으려고 아등바등하기보다 자신의 길을 열어가려는 사람이 듬성합니다.

걸핏하면 삶이 널뛰기를 하고 어떻게 살아야 할지 희뿌옇다면 자신의 삶을 이끄는 주인공에 자신이 아닌 뚱딴지들이 올라가 있기 때문은 아닐까요? 그동안 봐왔던 언론과 수없이 받았던 교육은 자신을 위한다고 믿어왔지만 과연 그럴까요?

2010년 늦봄, 천안함 사건 때문에 방송 3사가 예능 프로그램을 내보내지 않자 언제까지 못 보는 거냐며 웅성거렸죠. 다른 건 되는데 왜 예능만 안 되냐면서 여러 말들이 오갔습니다. 예능이 수그러진 TV가 조금 서운할 수 있겠지만 한편으론 사람들이 예능에 얼마나 기대는지 밝혀졌죠. 당최 왜 이렇게 TV예능을 보는 걸까요? 예능의 빈터에 즐겁지 않은 나날이 나타납니다. TV가 있어야만 웃고 즐기는 사람들은 예능을 보면서 가까스로 텅 빈 웃음을 터뜨립니다. 연예인들이 익살부리는 방송이 TV만 켜면 노상 나오는 까닭입니다. 다른 방송사를 틀어도 아까 나왔던 사람이 또 나옵니다. 몇몇 얼굴들이 예능을 독차지하고 있고, 시청자들은 그들만 바라보면서 웃겨달라고 배꼽을 디밉니다.

예능이라고 하면 재주와 기능을 아우르는 말로 연극, 영화, 음악, 미술 따위의 예술과 관련된 능력을 통틀어 이르는 말인데, 어느새 시답잖은 얘기나 늘어놓거나 우격다짐으로 웃게 하고자 몸부림치는 쇼로 그 뜻이 바뀌었습니다. 시청자들에게 주는 즐거움의 질이 높아지기는커녕 갈수록 낮아집니다. 보다 더 아삭아삭한 즐거움과 산뜻한 볼거리를 만들어내려고 애끓기보단 시청률과 광고수입에 목매며 특정한 연예인들만 데려다가 웃기라고 보챕니다. 그들의 말재주가 재미있기야 하겠지만 몇 년째 날마다 보면 지루하지 않는지요? 왜 연예인들이 자기들끼리 놀러다니며 시시덕거리는 걸 예능이라고 내놓는 걸까요?

> 하틀리의 주장에 따르면 위험과 불확실성을 최소화하면서 시청률을 최대화하고자 하는 TV는 다양한 속성을 가진 거대 집단을 모두 만족시키기 위해 '어린애와 같은 구경꾼들'을 상정한다는 것이다. 즉 지적으로 수준이 낮은 프로그램을 만들면 지적 수준이 높은 사람들도 볼 수 있지만 그 반대는 성립되지 않는다는 것이다. 만약 어떤 방송사가 수준이 높은 프로그램을 내보낸다면, 그 방송사는 높은 시청률을 올릴 수 없는 위험을 안게 되거나 시청률이 어떻게 나올지 알 수 없는 불확실성에 직면하게 될 것이다. 그래서 방송사는 TV를 시청하는 수용자를 그 실제와는 무관하게 아이들과 같은 특성과 속성을 갖고 있는 것으로 가정한다.
>
> 강준만, 『대중문화의 겉과 속』 1권, 120쪽

TV를 보는 것이 꼭 나쁘다고 할 순 없습니다. 현실은 시궁창, TV는 킹왕짱, 텔레비전을 끼고 살고픕니다. 그렇지만 TV만 본다면 자기 삶이 나아지지 않습니다. 손발이 오그라드는 생활은 그대로입니다. TV쇼와 컴퓨터 오락은 잠깐 피식거리게는 해줘도 삶을 웃게 하지 못하죠. 다닥다닥 이어지는 쇼프로에 넋 빠졌다는 것은 TV권력에 사로잡혔다는 뜻입니다. 대중매체를 비판지성으로 바라보는 눈이 상식이어야 하는 까닭은 TV가 입을 헤벌리는 젊은이들을 대신하여 꿈을 꾸기 때문입니다.

:: 뻥튀기 강냉이 같은 나날

영화가 끝나고 불이 꺼지자 갑자기 그 놀라운 세계가 눈앞에서 감쪽같이 사라졌다. 금복은 뭔가 속은 것처럼 억울한 기분이 들었다. 오르가슴을 향해 솟아오르다 추락한 것 같은 허망함과 아쉬움에 그녀는 자리에서 일어서질 못했다. 그 순간 그녀는 방금 눈앞에서 펼쳐졌던 그 신기한 세계가 멈추지 않고 영원히 계속되길 간절히 원했다. 그리고 만일 누군가 그렇게 해줄 수만 있다면 자신의 모든 것과 맞바꾸어도 아깝지 않다는 생각이 들었다.

천명관, 『고래』, 78쪽

신문과 포털에 넘쳐나는 영화정보들 가운데 시시껄렁하지 않은 글이 얼마나 있을까요? 얼마나 벗었다는 둥 뽀뽀를 했다는 둥 몇 억짜리라는 둥 허섭스레기들만 조잘거리는 영화기사들은 사회판이 아예 바뀌었다는 걸 일러줍니다. 예전엔 날카롭고 뾰족한 비평들을 찾아 읽으며 함께 생각하는 문화가 있었는데 요새는 시간 때우는 데 써먹히는 '영화광고' 만 있을 따름이죠.

사람들은 놀이공원에 가듯 영화관으로 발걸음을 옮깁니다. 2시간 남짓 웃고 즐기는 '문화소비재' 로써 영화를 보죠. 이제 어떤 영화를 볼지 헤아리고 본 뒤에 영화가 주는 느낌과 의미를 생각하는 시간보다 어느 극장에서 보고 영화가 끝나면 뭘 할지 생각하는 시간이 더 많습니다. 시간을 때우는 징검다리죠. 왜 지성의 눈으로 영화를 보려 하지 않을까요?

> 오늘날 사람들 사이에서 서로 소통할 수 있는 코드는 거의 남아 있지 않다. 한 걸음만 더 나아가면 너무나 많은 것들은 전문적이 되어 버려서 낯선 얼굴을 드러내고 만다. 판도라의 상자. 사람들이 지식의 도움 없이 이야기를 나누고 싶어 할 때 영화는 종종 테이블 위에 올려진 카드처럼 패를 돌린다. 공집합으로서의 담론. 차라리 잡담. 여기서 예술에 대한 열정을 되찾으려 하거나, 혹은 영화에서 낯선 문화에 대한 이해를 얻으려 들거나, 지적인 언어를 동원하지 않고 영화에 대해서 말하고 싶은 것은 사실상 예술에 대한 열정이 거의 사라졌으며, 낯선 문화는 거의 남아 있지 않고, 지적인 언어의 영역은 지나치게 전문화되어 버려서 서로가 접근할 수 없는 지경에 이르렀다는 뜻이다.
>
> 정성일, 『필사의 탐독』, 28-29쪽

『필사의 탐독』 지은이이자 영화 「카페 느와르」 감독 정성일은 사람들을 '텅 빈 머리' 로 만드는 흐름에 어깃장을 놓으며 영화는 물음을 던지는 거라고, 보는 사람은 이에 답해야 한다면서 자르르하게 엮

구리를 찌릅니다.

정성일의 말마따나 요즘엔 영화라는 값싼 끈이 사람들 사이를 헐렁하게 잇는 데 쓰입니다. 영화를 '같이' 봤다는 사실에 많은 이들이 '위로'를 받습니다. 영화라는 문화소비를 하지 않으면 스스로 불쌍하게 여기는 오늘날 영화는 너와 나의 외로움을 가려주며 지붕노릇을 합니다. 영화가 재미있다 없다, 배우가 좋다 별로다 따위, 지나고 나면 기억조차 남지 않는 텅 빈 얘기들을 나누면서 어떻게든 혼자라는 의식을 떨쳐내는 게 대수로우니까요.

흔히들 칠칠하지 못한 정치판을 한국 사회의 가장 큰 허물이라고 합니다. 서민들을 위해 일해야 할 심부름꾼이 툭하면 돈 먹고 으밀아밀 짬짜미하니까요. 지네들끼리 북치고 장구친다면 자르든가 마땅히 혼쭐내줘야 하지요. 사람들의 뜻이 제대로 담기도록 물갈이하듯 정치판을 뒤집어야 하겠지요. 그러나 정치만 뒤엎으면 살기 좋아질까요? 아닙니다. 정치는 커다란 물레방아로 쿵덕거리며 사회를 돌아가게끔 하지만 정치'만' 달라진다고 사회가 확 좋아지지 않습니다. 정치판이 큰 힘을 갖고 있지만 세상살이는 정치판에 따라 결정되는 꼭두각시가 아니니까요. 정치판에 눈독들이며 판을 갈아내는 일과 아울러 생활세계에 눈을 돌려야 합니다.

진보 담론은 좋다. 그러나 그것만이 정치적으로 옳고 필요한 것은 아니다. 지금 정치상황이나 생활세계의 막가파 행태를 볼 때 부족한 것은 오히려 자유주의적 관점들이다. 솔직하게 자신의 자유를 주장하면서도 최소한 남의 자유를 해치지 않는 훈련이 제일 필요한 듯하다. 정치적으로 뿐만 아니라 일상생활에서 시민들이 제

> 일 피부로 느끼는 것도 자유의 상실 아닌가? 따지고 보면 지금 정치판만 엉망이 아니다. 거기에는 그나마 선거라는 정치가 있어서 갈아버릴 기회나마 있다. 더 엉망인 것은 생활세계의 막무가내이고 막가파인 듯하다. 정치가 중요하기는 하지만 각자의 행동과 생활을 바꾸지 못한 채 선거를 비롯한 정치만으로 세상을 바꿀 수는 없다. 거의 모두가 똑같은 좋은 대학에 들어가기 원하고 거의 모두가 비슷하게 같은 직장을 원할 때 개인들은 성숙하고 자유로운 시민이 되기 어렵다.
>
> 김진석, 『더러운 철학』, 297쪽

지은이 김진석은 모든 걸 신자유주의나 자유주의 탓이라 돌리는 데 반대하며 자유주의가 사회에 올곧게 뿌리내리기를 바랍니다. 자유가 갖춰지지 않은 채 사회가 더 나아지기는 어려우니까요. 맑스와 엥겔스도 『공산당선언』에서 "저마다 자유로운 발전이 모두의 자유로운 발전을 위한 조건이 되는 연합체"를 가질 거라고 하듯, 낱낱사람들이 나날이 자유를 누리지 못한다면 정치제도가 바뀐들 어떤 의미가 있겠는지요.

여기서 '자유'란 말을 올바로 헤아려야 하겠지요. 정치사회를 잘 모르지만 TV는 빠꼼이라며 으스대는 '자유로운 마음가짐'이나 정치사회에 '쓴웃음을 흘리는 자유'는 진짜 자유가 아니죠. 사람살이의 바탕이라 할 수 있는 '상식'에 사람들이 '무식'하다면 그 사회가 자유롭지 않다는 뜻입니다. 자신의 밥통만 들여다보지 않고 누군가의 자유가 짓밟히면 함께 싸우며 더불어 행복하고자 애쓰는 '자유'가 진짜 자유주의니까요.

이에 생활세계가 더 바뀌어야 해요. 겉모습은 살짝 다를지라도 모두 똑같이 살아가게끔 이 사회는 주문을 겁니다. 모조리 특정한 대학에 들어가려고 희번덕거리고, 몽땅 비슷한 옷차림을 하며, 죄다 비슷한 직장을 욕망할 때 그곳은 자유주의 사회가 아닙니다. 이런 휩쓸림이 출렁거리는 곳에선 어느 누구도 자신만의 본때를 키우면서 즐겁게 살 수 없습니다. 이래서 행복하기란 인형가게의 인형이 행복할 싹수와 비슷합니다. 자유가 똑바로 몸에 스미지 못했기 때문에 지나치게 남을 신경 쓰고 서로를 베끼면서 어떤 틀에 자신을 끼워맞추느라 넋이 나가니까요.

한국의 우파들이 보신주의를 자유주의랍시고 떠벌린다면 말도 안 된다며 따지고 바르집어야 하겠지요. 그러나 진보와 보수라는 한국 의회정치가 만들어낸 잣대에 멱살 잡혀 짜증과 딱함으로 삶을 얼룩지게 해선 안 됩니다. 슬쩍 들춰도 한국의 우파는 극우와 엉겨 있는 엉터리들이니까요. 그들이 한국 사회를 곪게 하고 사람들에게 피해를 주기에 매섭게 몰아세우고 바꾸고자 애써야겠지만 그들을 꼬집는 데만 열 내선 안 되겠지요. 되레 저들과 달리 즐겁고 감칠맛 나는 일들을 푸지게 만들어내야 합니다. 괴물을 미워하다 보면 괴물을 닮아버리듯 한국의 기득권에 볼멘지만 정작 저들과 그리 다르지 않게 사는 이들이 드물지 않습니다. 정치 민주화가 모든 걸 다 풀어준다는 믿음은 20세기에 끝났습니다. 이젠 부의 치우침을 바꿔내면서도 나날이 자유로움을 더 늘려야 할 성싶어요. 사실 이 둘은 맞물려 있지만 둘 다 여태 대의민주주의에 가려져 있었지요. 진짜 '자유'를 요구하는 민중들이 나타나는 건 부의 고름을 이야기하는 것과 다를 바 없는 일입니다.

그러나 많은 사람들은 사회를 휘우듬하게 만드는 자유와 부의 일그러짐에 아랑곳하지 않고 TV와 인터넷에 빠져듭니다. 연예인에게 어떤 일이 있는지는 알아도 정치사회가 왜 말썽인지, 지구동네가 어떻게 돌아가고 있는지 잘 거들떠보지 않는 사람들 앞에서 지식인들은 초라해집니다. 글에 정성을 쏟아부어도 아이돌과 강냉이튀김 같은 영상에 지식들이 상대가 안 되지요. 대중들의 욕망구조에 맞춰 쉬우면서도 재미있게 써야 한다는 말도 맞지만, 글을 읽고 이해하는 판이 갖춰지지 않은 채 엉뚱한 것들이 '상식'으로 똬리 깐 한국 사회에 대한 돌아봄도 이뤄져야 합니다. DMB와 이어폰으로 눈과 귀가 막힌 사람들에게 지식인들의 외침은 들리지 않습니다. 지식인 가운데 그나마 널리 알려진 진중권(상식)이 「디워」(오락영화)나 소녀시대(TV)에게 밀립니다. 더구나 진중권도 아이돌처럼 소비될 뿐, 그가 바라는 사회의 꼴은 소녀시대의 과거 사진에 묻힙니다.

왜 영화관이 고샅고샅 생겨나고 TV채널도 넘쳐나며 볼거리가 많아졌는데 사람들은 행복해하질 않는 걸까요? 어느 때보다 시민들의 교육수준은 높다고 하는데 왜 민주주의 위기란 말이 나오는 걸까요? 민주주의의 위기는 대단한 게 아닙니다. 스스로가 사회의 주인이란 걸 까먹고 자신의 권리를 내팽개칠 때 벌어집니다. TV와 영화를 뻥튀기 먹듯 보면 팝콘이 그러하듯 마음의 헛배와 헛손질만 불러일으키죠. 영상을 버릇처럼 보고 안 보면 안절부절못하는 오늘날 민주주의는 시뮬라크르가 되어버립니다.

:: 아이돌, 성상품의 봉우리

> 텔레비전을 봐봐, 쇼핑몰을 가봐. 모든 게 십대들의 입맛에 맞춰져 있잖아. 이 소비사회를 이끌어가는 건 그들이야. 그들이 풍속을 만들고 그들이 문화를 만들어. 대학생인 너희는 뭐야. 성개방 풍속도 저 아이들이 선도하고 잇잖아. 너희는 욕설까지 걔네들한테서 배우고 있거든. 가볍기 그지없고 명랑하기 짝이 없는 저 아이들이 이 사회의 중요한 가치들의 대부분을 규정하고 있단 말이야. 저 아이들이 윗세대들 가르치고 있단 말이지. 늙은이들까지 그들을 모방하고 있어. 아아. 정신연령이 십대수준인 사회. 그게 말이 되는 소리냐?
>
> 현기영, 『누란』, 67쪽

어느 채널을 틀어도 '아이들'이 튀어나옵니다. 대중문화가 말 그대로 '어린 애들'로 범벅입니다. 기획사에서 길러진 소녀소남들이 안방에 드러누운 꼴이죠. 아이돌이라는 불티나는 상품은 들불처럼 번져나가고 어중이떠중이들은 눈을 떼지 못한 채 손뼉 치느라 어수선합니다. TV엔 온통 아이들뿐이고, 인터넷은 그들에 대한 욕망과 너스레가 오가는 마당이 되어버렸습니다.

> 크게 생각해 본 적은 없지만, 부모 입장이라든지 나름대로 지성을 갖고 있는 성인이라면, 돈을 벌기 위해서 10대 소녀들에게 화장을 진하게 시키고 노출을 시킨 채 대중 앞에서 춤을 추게 한다는 데 문제제기를 해야겠죠. 걸그룹들이 과연 집창촌에 있는 여자들하고 틀린 게 뭐가 있나 생각이 들 때가 있거든요.
>
> **『꺄르르♡인 블로그』, 「걸그룹들의 섹시경쟁, 너무 지나치다」**

바야흐로 아이돌이란 상품이 시대를 휘어잡았습니다. 이제 아이돌은 하나의 상징이 아니라 욕망이자 생활입니다. 뭇사람들은 다 비슷하게 생긴 아이들의 어금버금한 노래들을 들으며 그들의 옷차림과 말투 등등을 흉내 냅니다. 앳되게 보이려 애태우는 걸 넘어서서 애 같은 사람들로 뒤채입니다. 애바른 일이죠. 이런 모습에 가여워하기보다 지난날과 오늘날이 달라진 대목이라 눙칠 수도 있습니다. 이제는 삶의 그윽함을 두루 거쳐 생겨난 깊이와 오랜 시간을 삭이면서 얻을 수 있는 무르익음을 좋아하기보다 통통 튀는 어림과 갓 피어오르는 앙증맞음을 높게 쳐주는 흐름이니까요.

하지만 퉁 치고 넘어가려 해도 이러한 물음은 혀끝을 맴돕니다. 잘 빠진 10대들을 우상으로 삼는 사회가 멀쩡할 수 있을까? 10대의 몸을 추켜세우는 사회에서는 나이가 들수록 서글퍼질 텐데? 아이돌스타로 추썩이는 사회의 한 꺼풀을 벗기면 왜 동네방네 슬픔이 너울대고 비린내가 풀풀 나지?

문제는 그들이 10대 후반에서 20대 초반에 걸쳐 있다는 것이다. 내가 속한 세대가 그 나이였을 때 우리의 우상은 산울림이거나 조용필이거나 들국화였다. 그 우상들은 대개 어린 우리가 우러러 보기만 하면 되는 윗세대였고 성숙한 장인이었다. 더구나 그들은 대부분 육체적으로 우월하다고 볼 수도 없었다. 하지만 오늘 자신과 같은 세대가 우월한 유전자와 화려한 사회적 지위의 우상으로 등극할 때, 그들을 바라보는 10대의 마음속에는 어떤 요동이 치고 있을까. 더구나 그가 평범한 유전자와 지능과 재능의 소유자라면 그의 아이돌에 대한 동경 속에는 어떤 고통이 도사리고 있을까.

《한겨레》, 「아이돌을 공감하는 '돌봄의 정서'」(2010. 10. 22, 허문영)

한류랍시고 수많은 연예인들이 동북아와 동남아를 뛰어다니고 헐리웃까지 나가고 있지만, 어쩌면 대중문화의 형편은 나아지기는커녕 거꾸로 뒷걸음질치고 있는 건 아닐까요? 10대와 20대 앞쪽의 '아이들'을 '아이돌'로 떠받드는 만큼 대중문화의 사탕발림은 짙어지고 맛과 향은 달차근해졌는지 몰라도 알짜배기는 뭉크러시고 있는 건 아닐까요?

아이돌은 자본주의가 사람들을 어디까지 상품화했는지 잘 보여주는 봉우리입니다. 사회도덕 때문에 차마 10대들에겐 군침만 흘렸었는데 자본주의는 이 금기를 뚫고 10대들마저 버젓이 상품화시키죠. 10대 성상품이 하도 쏟아지기에 이제는 헐벗은 10대들이 자연스럽습니다. 인터넷에서 떠돌던 로리타는 이제 떳떳이 안방에서 즐길 수 있는 셈입니다.

그런데 왜 성상품화를 하려고 안달복달할까요? 볼거리를 많이 만들어 사회를 행복하게 만들려는 걸까요? 아닙니다. 돈 때문이죠. 여자의 몸매를 본떠 병을 만들었더니 잘 팔렸다는 코카콜라의 얘기는 고전이 된 장사놀음이죠. 병 가운데를 쏙 넣을 영문은 없건만 코카콜라 병은 마치 여자의 허리가 쏙 들어간 것처럼 만들었죠. 올록볼록 여자의 몸에 대한 인상을 끌어들였더니 사람들은 왠지 모르게 코카콜라에 손이 가게 되었고, 코카콜라는 떼돈을 벌어들였습니다. 남자들이 여자의 몸을 그렇게 좋아한다면 아예 병 위쪽에 젖가슴처럼 불룩하게 하면 더 잘 팔리지 않을까 싶지만 이렇게 했다가는 도리깨질을 당합니다. 에로티시즘은 성과 몸을 떡하니 드러내는 게 아니니까요. 적절히 감추고 곧바로 성에 차지 않게끔 '늦춰야' 합니다. 뻔뻔히 하는 성광고는 도리어 불쾌만 일으킵니다. 바타유는 "위반이란 금기를 제거하는 것이 아니라 금기를 한번 걷어올리는 행위"이고 여기에 에로티시즘이 있다고 말합니다. 좀 아리송하지만 미루어 어림잡으며 안달복달할 때 에로티시즘이 생겨나지요. 그래서 많은 걸그룹이 '청순 속 감춰진 섹시'로 인기몰이를 합니다.

에로티시즘을 버무린 장삿속은 광고에 도드라지게 묻어납니다. '신상' 옆엔 꼭 헐벗은 여자들이 있습니다. 그 여자들이 왜 거기에 있는지 참말 얄망궂죠. 새로운 상품을 선보이겠다는 것인지 여자들이 상품이란 것인지 잠깐 헷갈립니다. 늘 그래왔기에 사람들은 모델들과 사진 찍고 예쁘다고 좋아하지만 왜 여자들이 야시시하게 옆에 있어야 하는지 갸웃거릴 일이죠. 남자들의 욕망을 당기는 곳엔 반드시 여자들이 틈만 나면 까고 나오죠. 스포츠는 말할 것도 없고 격투기만 봐도 여자가 짧은 치마를 입고 나타나 사람들을 더욱 흥분시킵니다. 인터넷 오락조차 여자 도우미가 나오죠. 그 여자가 저그와 프로토스를 아는지는 중요치 않습니다. 보는 남자들의 침을 한번 꼴깍 삼키도록 하는 게 목적이니까요.

특히 자동차전시회는 이러한 장사놀음의 꼭대기죠. 모터쇼에서 여자를 쓰는 이유는 딱 하나입니다. 남자들이 온골의 돈을 쥐고 있기 때문이죠. 차를 사는 계층이 주로 남자들이니까 어떻게든 남자들의 마음을 내둘러야 합니다. 그래서 남자들이 좋아할 만한 옷차림의 여자들을 차 옆에 세우는 거죠. 언론에선 차를 찍은 건지 여자 모델을 찍은 건지 알 수 없는 사진을 실음으로써 독자들의 눈길을 붙잡고, 자동차회사는 언론에 광고를 줌으로써 더불어 빙그레 웃습니다.

자동차는 곡선이 중요하지요. 자동차를 볼 때 연비나 탄탄함, 성능도 살피겠지만 디자인이 으뜸입니다. 자동차를 보자마자 팍 꽂히지 않으면 아무리 구구절절 좋은 얘기를 들어도 심드렁할 수밖에 없죠. 회사들이 디자인에 목숨을 거는 까닭도 바로 그 때문입니다. 이러한 자동차의 곡선은 '흔히 말하는' 여자의 몸매와 닮았습니다. 자동차의 디자인과 그 옆에 있는 여자 모델은 서로서로 꾸며주며 남자들의 눈을 붙듭니다. 시각인상에 쉬이 자극받는 남자들은 레이싱걸을 보면서 그 옆에 있는 차도 봅니다. 눈을 못 떼는 사람들을 보면서 광고효과에 누군가는 손을 비비며 웃습니다.

차와 여자는 남자들의 욕망에 불을 지릅니다. 남자는 성매력 있는 여자를 옆에 둠으로써 자신의 잘남을 뽐내려고 하죠. 마찬가지로 차종이 바로 남자의 신분을 드러내는 자본주의 사회이기에 남자들은 여자를 욕망하는 만치 차를 욕망합니다. '잘 빠진 차' 를 볼 때와 '늘

씬한 여자'를 볼 때 남자들의 반응은 무척 비슷합니다. 둘 다 차지해야 하는 대상이니까요. 말부터도 꽤나 닮았죠. 차를 타듯이 남자들은 여자를 타려고 합니다. 남자들이 빡세게 일하는 까닭도 차를 사고 여자를 만나기 위함이듯 남성 성욕을 꼭짓점 삼아 돌아가는 세계에서 차와 여자는 남자가 손에 넣어야 하는 '가장 비싼 상품'입니다. 차가 자신의 부유함을 엿보게 해주는 상징을 띠기 때문에 어느 누구도 차에 데면데면할 수 없게 되었죠. 경승용차를 모는 남자는 '외제차만 기억하는 더러운 세상'에서 이미 밀립니다. 지하철 타는 사람은 말할 것도 없고요.

남자뿐 아니라 여자들도 차에 민감하죠. 다만, 차이가 있는 것은 여자는 남들이 갖고 싶어 하는 차를 스스로 몰려고 하기보단 그러한 차를 모는 남자 옆에 타고 싶어 합니다. 사회는 어떤 차에 타느냐에 따라 몸값이 달라진다고 으르렁대기에 여자들은 몸소 '비싼 차'를 모는 것보다 애인이 모는 '비싼 차'에 타려고 하죠. 한국에서 여자는 아직 남자의 값어치에 따라 설 자리가 정해지니까요. 이런 여자들에게 속물이라고 돌을 던질 수는 없습니다. 여자들이 차를 사려고 하기보다 그런 차를 갖고 있는 남자를 만나려 하는 까닭은 그만큼 남자들에게 돈줄이 쏠려 있으며, 여자들은 남자에게 기댈 수밖에 없는 경제 불평등의 증거니까요. '백마 탄 왕자님'은 여자들의 상스러움을 담아내기보단 백마를 탈 수 없는 여자들의 형편을 보여줍니다.

에로티시즘은 살맛나게 하는 정서이기에 비웃거나 눌러선 안 되죠. 그러나 지금처럼 어디서나 아무 때고 갖다 붙이면서 자본가들의 배를 불리는 데 쓰이는 건 짚어야 할 저지레입니다. 이러한 성상품화는 성의 자유를 가져오거나 더 큰 즐거움을 낳기보단 성에 대한 허깨비를 키우고 성의 양극화만 빚죠. 몇몇 아이들은 TV에 나와 자기 몸이 이다지 뜨겁다며 몸을 흔들어대고, 그걸 보는 대부분의 아이들은 교복 속에 몸을 꼭꼭 옥죄인 채 바라만 보고 있습니다. 성이 상품화되었다는 얘기가 나온 지 오래되었지만 그 흐름을 돌리기는커녕 몽땅 성상품으로 만듭니다. 끝없이 아이돌들은 나와 몸을 드러내고 카메라에 들이댈 테고, 이제는 여자나 남자나 다 헐벗은 몸으로 신상을 옆에 끼고 웃습니다. 10대들을 성상품으로 즐기는 대중문화, 추운 날씨에도 거리마다 헐벗은 나래이터 모델들이 춤을 추고 있는 한국, 왜 그들은 허벅지를 내놓고 엉덩이를 살랑이며 웃고 있는 걸까요?

:: 백화점, 허영, 소비사회

> 윤성훈의 값비싼 명품 시계를 떠올렸다. 그가 특별한 날만 차고 나오는 그 시계는 그야말로 눈부셨다. 밤하늘에 명멸하는 별들처럼 다이아몬드는 시계 전체에 박혀 현란하게 반짝거렸다. 그건 시계라기보다는 보석 덩어리 그 자체였다. 그 시계는 단순히 윤성훈의 재력만이 아니라 품격과 위신까지 높여주는 역할을 했다. 그것이 명품을 갖는 만족감이고 효과 아니겠는가. 그 시계를 볼 때마다 솔직히 부럽고, 기죽고는 했다. 까르띠에라든가 불가리라든가 하는 그 시계는 1억이 좀 넘는다는 거였다.
>
> 조정래, 『허수아비춤』, 291쪽

백화점은 사람들로 노상 붐빕니다. 걸핏하면 이런저런 '할인행사'가 벌어지고 사람들은 시뻘건 눈으로 백화점을 헤맵니다. '대바겐세일'엔 그야말로 북새통이죠. 집에 물건이 더미로 있는데도 왜 사람들은 구태여 발품을 팔아가면서 백화점까지 가는 걸까요?

인터넷으로 잡동사니를 산 뒤 몇 번씩 후회해 본 사람들은 조금 더 비싸더라도 눈으로 보고 손으로 느낀 다음에 물건을 고르려 합니다. 그래야 후회가 덜할 테니까요. 그러나 물건을 보다 잘 고르고자 백화점에 가진 않는 듯해요. 백화점엔 사람들의 발길을 붙잡는 뭔가 특별한 거시기가 있습니다. 바로 백화점 노동자들의 깍듯한 몸가짐입니다. 상냥하면서도 부드럽게 맞아주고, 잘 어울린다며 치켜세워주고 소비자들의 몸짓 하나하나에 신경 써주는 백화점 일꾼들의 감정노동이 사람들을 끌어모읍니다. 그렇기 때문인지 평일 낮엔 가정주부들이 백화점에 밀려옵니다. 문 열리기가 무섭게 백화점에 들어오는 중년 아낙들은 평소와 다르게 잘 차려입었지요. 종업원들의 90도 인사를 받으면서 백화점에 들어선 그네들은 꼭 어떤 물건을 사진 않더라도 턱을 15도 정도 치켜든 다음 이곳저곳을 둘러보지요.

마나님들의 허영이라고 혀를 차기엔 이 시대의 뼈아픈 진실이 묻어 있습니다. 바로 사람관계의 앙상함이죠. 소중한 사람으로서 사랑하는 사람들과 아름다운 관계를 맺으면서 행복하게 살아야 하건만, 그렇지 못하기에 백화점에 와서 맛보기를 하려듭니다. 식구들 뒷바라지하는 종이나 돈 벌어오는 기계처럼 쓰이는 중년 여자들은 실뜰한 눈길과 살가운 만남을 '느끼고사' 백화점으로 갑니다. 사람은 사랑을 받아야 살 수 있는데, 사랑을 주기만 하고 받질 못하는 중년 아낙들의 삶은 얼마나 쪼들리고 메말랐는지요. 그래서 백화점에 중독처럼 갑니다. 알뜰하게 아끼고 아꼈다가 백화점에서 확 써버리는 까닭은 어느 누구도 백화점 일꾼들만큼 자신을 위해주고 챙겨주질 않으니까요. 백화점 사람들만 자신에게 눈 맞춰주고 싫음이나 좋음에 곧바로 반응을 보이며 기분 째지게 해주죠. 백화점 일꾼들이 사실은 마음을 다해 위하는 게 아니라 돈 때문에 하는 가동질이라 하여도 사람냄새가 그리운 아낙들은 시간이 날 때마다 백화점으로 갑니다. 깔끔한 데다 언제 가더라도 살랑살랑 말 걸어주는 곳은 백화점밖에 없으니까요. 안타깝게도 이런 대접은 돈이 있어야만 받을 수 있고, 지갑이 두툼할 땐 알랑방귀를 뀌어대다가 호주머니가 비면 금세 싸늘해진다 하더라도 중년 여자들은 어떻게든 돈을 가지고 백화점으로 갑니다. 백화점을 거닐 때 자신의 스산함과 부숭부숭함이 조금이나마 느스러지기 때문이죠.

감정노동과 한 켤레로 맞물려 돌아가는 느낌이 바로 허영입니다. 사회가 파놓은 수렁을 자기 안에 들이면서 그 안에 빠지고 바동거릴수록 빨려들어 갑니다. 이 허영은 먹고 또 먹어도 도저히 배부름을 못 느끼는 식충이의 아가리처럼 끝없이 더, 더를 부르짖게 만듭니다. 이 허영은 마약중독과 비슷하지요. 뭔가 사달이 난 걸 어렴풋 느끼지만 그렇다고 허영이 주는 짧은 쾌감을 뿌리치지 못한 채 자신의 삶을 파먹어 버립니다. 옷장에 옷이 넘칠수록, 신발장에 신발이 넘칠수록, 화장대에 화장품이 쌓일수록 더 가져야 한다고 쏘삭질하는 허영!

> 요즘 시대는 좋든 싫든 간에 외모지상주의가 널리 퍼진 시대이고, 학생들이라 할지라도 인터넷 쇼핑몰 등에서 옷을 얼마든지 저렴하고 싸게 구할 수 있는 시대예요.
>
> 옛날에는 수수한 학생들의 모습만 있었다면, 요즘은 이 넘쳐나는 많은 옷 중에서 자기에게 어울리는 옷들로 스스로를 꾸미고 다니는 시대라는 겁니다. 대학생이라 할지라도 예쁘게 꾸미고 다니는 사람과 그렇지 않은 사람에 대한 인식에 대한 차이가 어느 정도

있다는 걸 모를 만큼 학생들이 바보는 아니거든요. 그러니 너도나도 모든 여학생들이 손쉽게 자신을 꾸미고 다니는 겁니다. 한마디로 시대가 바뀌었고 패러다임 자체가 옛날과는 다르단 겁니다.

『꺄르르♡인 블로그』 방명록에 남긴 글

남대생들도 마찬가지지만 예전에 여대생들이 소비문화에 흠뻑 젖어 있다고 글을 쓴 적이 있는데, 이에 어떤 여대생이 '반박' 하더군요. 꾸미는 게 자연스러워진 마당에 꾸밈은 공부를 하지 않음이 아니라는 주장이었는데, 맞는 말이죠. 북한의 노동당 윗도리를 하나같이 입고 다닐 게 아니라면 남자나 여자나 자신의 모습을 소담하면서도 해사하게 나타낼 줄 알아야겠죠.

그런데 애잔한 점은 시대가 바뀌었고 패러다임이 달라졌다고 주장하면서 왜 시대가 바뀌었고 패러다임이 달라졌는지는 생각하지 않는다는 사실이죠. 어떻게 꾸며야 하는지에 대해서 빠삭한 젊은이들이 '왜' 꾸며야 하는지에 대해서는 깊이 따지지 않습니다. 레깅스를 받쳐 입고 그 위에 짧은 치마를 덧대는 게 귀엽다는 건 발품을 팔아가면서 잘 알지만, 왜 이런 유행이 불어오고 특정한 겉모습만을 우르르 따라야 하는지 '공부' 하지는 않습니다.

한 프랑스인은 한국의 부자들이 몰려간다는 한 백화점 앞에서 갸우뚱한 경험을 합니다. 많은 여자들이 볼썽사나운 얼굴로 루이뷔통이나 구찌, 또는 샤넬을 어깨에 둘러맨 채 백화점 문을 들락날락거리니까요. 명품이랍시고 죄다 똑같은 걸 걸치면서 부끄러운 줄 모른 채 돌아다니는 사람들을 보면서 그는 고갯짓을 합니다. "아주 이상한 걸 봤어. 이 동네 여자들이 모두 비슷한 가방을 들고 다니고 하나같이 어딘가 불편해 보이는 표정이야"(목수정, 『뼛속까지 자유롭고 치맛속까지 정치적인』, 210쪽).

이 프랑스인에게 비친 한국 부자동네의 풍경은 생게망게했죠. "압구정동의 저 아파트 단지를 처음 보았을 때 파리 빈민지역인 방리유쯤 되는 동네려니 생각"한 그는 "부자들, 즉 선택할 수 있는 자유를 가진 사람들이 저 칙칙한 아파트 단지에 산다는 사실을 납득할 수 없었"다고 합니다. 그럴 수밖에요. 전통 미덕들을 깨부순 자리에 서구의 가치들은 끌어들였으나 이것이 잘 맞물리지 않으면서 오로지 돈만이 삶의 목적이 되어버렸으니까요.

이런 속사정은 한국 노동자들, 그러니까 대중들에게도 맞춰집니다. 거의 모두가 노동자로서 살아가지만 노동의식이 없는 사람들은 자신들을 짜먹는 자본주의 체제에 짓이겨지면서도 자본주의가 뿌려대는 사탕가루에 취해 있습니다. '정신분열증'이 일어나는 것이죠. 이러한 밑바닥엔 허영을 꼼지락거리게 만드는 산업자본이 있습니다.

> 소비영역은 소비자가 노동자이기도 하다는 사실을 은폐하려는 산업자본의 음모, 나아가 소비자의 허영을 부추겨 소비를 촉진하려는 산업자본의 전략이 관철되는 매우 중요한 공간입니다. 소비영역에서 전개되는 이 같은 산업자본의 음모와 전략을 폭로하는 것, 바로 이것이 보드리야르의 평생 숙원사업이었습니다.
>
> 강신주, 『상처받지 않을 권리』, 381쪽

땀 흘리기는 싫지만 써대는 건 좋은 삶, 자본가들이 밉지만 자본가들처럼 살고 싶은 노동자들, 힘겹게 번 돈을 허투루 쓰면서 마지못해 다시 일터로 끌려가는 하루하루, 자유민주주의의 속살은 자유롭게 '허영'으로 젖어 있고, 그 허영에서 몸소 빠져나오지 않는 한, 암만 겉치레를 하여도 삶은 늘 탐탁치 못하기에 구시렁거릴 수밖에 없습니다.

돈만 바라보고 달려왔고 끝내 한국은 잘사는 나라가 되었지만 사람들은 닭장에 갇힌 닭의 꽁지만큼도 행복하지 않습니다. 허튼 데 돈을 쓰면서 잠깐씩 쾌락을 느끼지만 대부분 시간을 우중충하게 보냅니다. 그럴수록 소비에 빠져들고 마약중독처럼 사람들은 더욱 돈의 미늘에 걸려 몸부림치는 삶을 살죠. 숱한 사람들이 물질로 자신의 욕망을 달래려 하지만 행복하지 않습니다. 쫓고 있는 욕망이 자신의 것이 아니니까요. 짝퉁이라도 사치가방을 갖고 싶고, 돈이 생기면 쇼핑을 하면서 마음에서 일어나는 부질없음을 누르려 하지만 밑 빠진 항아리에 물 붓듯 삶은 나아질 낌새가 없습니다. 자신의 존재가 있어야 할 자리에 상표가 똬리를 틀고 있으니까요. 소유욕에 곁들여진 허영이 후들기림과 두려운, 설움과 시름, 찔끔함과 비실거림을 낳고 사람들을 옭아맵니다. 강을 건넜으면 배를 버려야 하는데 돛단배를 여러 척 짊이져 꾸불텅해진 배불뚝이들로 사회가 북적댑니다.

물건을 사는 일 그 자체로도 짜릿한 쾌감을 느끼게끔 짜인 소비사회지만, 그러한 소비사회가 돌아가게끔 해주는 뒷그림으로 사람관계의 파리함이 있습니다. 다정이 그립고 정겨움이 절절한 이 시대, 사람들은 물건을 사며 '감정노동'도 사고 그 물건의 '가격'만큼 남들의 부러움을 받을 거란 '기대'도 삽니다. 그러니 사달이 날 수밖에요. 공을 노려야지 헛다리짚기에 넘어가선 안 됩니다. 사람관계의 가난함을 허영으로 덮으려 해봤자 결코 가려지지 않습니다.

:: 루저의 난과 인터넷

정작 사건이 터진 건 커플홈피 때문이다. 누군지 모르겠지만, 어쩜 몇 명이 조직적으로 행동한 걸 수도 있지만 누군가 인터넷상에 나와 선재의 커플홈피를 개설한 것이다. 그리고는 우리 학교 전교생을 대상으로 익명의 메일을 보냈다.

신경호와 유선재의 러브러브 돼지우리. 그들의 엽색현장 몰카를 보러오시오!

홈피 내용은 더 가관이었다. 누군가 인터넷상에 떠도는 뚱남뚱녀 커플의 포르노를 캡처해서는(당연히 그런 흔치 않은 필름은 유럽쪽 동영상이 많았다) 포토샵을 이용해 얼굴 부분만 나와 선재의 사진으로 바꾸어놓은 것이다.

박진규, 『수상한 식모들』, 46쪽

어느 시대 어느 사회가 조용했겠냐만 한국은 갈수록 말짱하다고 하기 어려운 일들이 벌어집니다. 입이 떡 벌어진 채 어디서부터 얘기해야 할지 엄두가 안 나는 어지러움 속에서 '루저녀 사건'은 한국 사회가 얼마나 썩어문드러졌는지 그 속내를 공중파에서 보여준 사건입니다. 루저의 난은 예고된 사고였으며, 여러 모로 고민해야 하는 것들이 엉켜 있는 한국 대중문화의 생얼입니다.

180cm가 안 되는 남자들은 루저라는 말이 공중파에서 나오자 그 말을 한 여자는 돌팔매질을 하도 당해 사회생활을 못할 지경입니다. 얼뜨기 말을 거르지 않고 내보낸 얼빠진 방송사에 호통을 쳐야겠지만 그럼에도 그 방송사나 여자에게만 삿대질할 수 없네요. 루저녀만 '미친년'으로 여기거나 방송사만 꼬투리 잡으면 안 되지요. 씁싸래한 뒤끝은 텔레비전이 사람들의 삶에 큰 자리를 차지하고 있다는 사실입니다. 사람들은 시간을 잡아먹는 TV에 자기 삶을 바칩니다.

「미수다」는 미녀들을 내세우면서 그동안 숱한 비판을 받았으나 늘 지켜보는 '루저'들이 있었기에 방송사는 꿈쩍하지 않았습니다. 「미수다」가 오랫동안 높은 시청률을 유지했던 사실을 건성으로 지나치면 안 됩니다. 루저라는 말을 고스란히 내보낸 방송사에 문제가 있다는 꼬집기는 쑥스럽습니다. 시청률에 몸살 내는 방송과 광고를 미끼로 뒤에서 입김을 부는 자본은 그대로 내보낼 수밖에 없어요. 장사가 될 게 뻔하니까요. 또한 「미수다」보다 더하면 더한 방송들이 24시간 사람들에게 퍼져나가고 있고, 사람들은 여태껏 「미녀들의 수다」를 보면서 깔깔댔습니다. '루저녀 사건'이 커지지만 않았으면 「미수다」는 '좋은 프로그램'으로 쭉 나갔겠죠. 따라서 그 여자에게만 욕을 하면 메아리로 돌아올 뿐입니다.

모든 것이 돈과 겉모습으로 평가되는 시대에 외모계급과 쌍스러운 방송은 뒤엉키며 사람들을 호립니다. 거울과 TV 앞에 붙박이가 되고, 남의 눈에 볼모로 붙잡혔습니다. 이미 신문과 방송에서 공정성이나 윤리성은 중요하지 않습니다. 사람들의 욕망을 얼마나 건드리냐가 중요하죠. 대중매체는 특정한 겉모습을 지닌 사람들만 뽑아서 내보내고, 아름다움을 고지식하게 만듭니다. 수많은 예능 프로그램, 거기다 안방극장까지 키 큰 남자들과 깡마른 여자들만 나옵니다. 특정하게 생긴 사람들의 몸만이 방송에서 소비될 때부터 '루저대란'의 씨앗은 뿌려져 있었죠. 루저녀는 연예인들과 벗은 사진으로 도배가 되는 대중매체가 낳은 자식이니까요.

한국은 무시무시한 계급사회입니다. 학벌, 직업, 사는 집, 돈, 지역에 따라 사람들 값어치가 달라지죠. 계급사회에 소수의 승자와 다수의 패자가 있죠. 온 국민이 수능시험에 마음 졸이는 것도 성적에 맞춰 아이들의 '가격'이 결정되기 때문이죠. 사회가 꼬불쳐둔 갈래에 들지 않으면 '패배자'라는 꼬리표가 한살이 붙어다니는 고약한 사회가 바로 이곳입니다. 사람을 위아래로 나누는 것을 일삼는 한국은 겉모습으로도 쪼갭니다. 180-70, 36-24-35 같은 숫자들이 사람들을 가르고 있고, 옷차림에 따라 대우가 달라지죠.

겉모습에 따른 차별이 얼마나 이 사회에 득시글한지 살펴야 합니다. 불과 몇 년 전까지만 해도 한국은 온 국민이 TV로 여자들의 벗은 몸을 보면서 순위를 매겼습니다. 미인대회 잣대에 모자라는 대부분 여자들을 루저로 다뤘고, 지금까지도 많은 여자들을 낙인찍고 있는 현실이에요. 대중매체에선 '비슷하게 생긴 사람들'로만 모아놓고 잘 생겼다고 우러르고, 인터넷과 언론에서 그들을 추어올리며 '품평'을 하고 있습니다. 또한 생활에서도 여자들은 남자의 키를, 남자들은 여자의 얼굴과 몸매를 얘기하며 혀를 끌끌 찬지 한참 지났죠. 키 작은 남자뿐 아니라 못 생긴 여자, 가난한 남자, 뚱뚱한 여자, 3류 대학 출신, 비정규직, 강북 등등 루저를 가리키는 말들이 떠돕니다. 이런 웅성거림이 방송에서 나온 것이 루저녀입니다. 그 여자는 요즘 사람들의 정신상태를 보여주는 것이죠.

여자들이 키 큰 남자를 좋아한다는 건 어지간히 알려졌습니다. 여자들은 평소에 남자의 키와 돈, 옷차림에 대해서 오른손 엄지손가락을 치켜들거나 밑으로 내리기를 하죠. 루저녀는 됨됨이에 구멍이 났거나 삐뚤어진 성격을 지닌 게 아니라 여자들 머릿속에 새겨진 생각을 고스란히 드러냈을 따름입니다. 잘못이 있다면 새침 떨지 않았다는 점이죠.

그런데 왜 '루저' 라는 말이 방아쇠가 되었을까요? '진 사람' 이란 뜻의 루저에 그리도 울컥할 만큼 이기고 지는 데 이 사회 사람들이 민감하기 때문입니다. 루저라는 표현은 이 사회가 어떠한 사람들을 패배자로 만들기에 쓰일 수 있습니다. 무엇에 졌다고 '판정' 받을 때 '살아남기' 힘든 한국 사회에서 '루저' 는 시한부 인생과 같은 말입니다. 대부분 사람들이 자신을 부끄러워하고 머리를 조아려야 하지요. 이른바 '패배자' 들은 '승리자' 들을 부러워하며 떠받드는 세상입니다. 그런데 '그 여자' 가 감히 "180 이하는 살아남을 수 없다"고 판정을 하니 버럭 화가 안 날 수 없었습니다. 사람들의 속사정을 루저녀가 공중파로 쏘아올렸듯 이른바 '루저' 들이 들고 일어날 수밖에 없었습니다. 루저의 난이라는 폭탄의 뇌관은 이미 건드려져 있었습니다.

그러나 아쉽게도 '루저녀 사건'은 엉뚱한 곳에서 악성댓글만 늘어놓는 것으로 아퀴지었습니다. 혁명이 될 수 있던 것이 루저녀를 비롯한 이른바 '된장녀'들만 싸잡아 물어뜯음으로써 '어지러움(難)'만 일으켰죠. 뚜껑 열린 채 떼로 몰려다니면서 루저녀를 예언자로 만들어주었습니다. '진짜 루저'가 되었으니까요. 몇 사람만 곤두박질시키는 데 찐더워하며 '루저들의 따따부따'에 머뭅니다. '루저녀'가 시대의 상징이듯 악담과 저주를 쏟아내는 '루저'들도 끝장으로 치닫고 있는 사회의 맨얼굴을 드러냅니다. 마녀사냥을 하는 분위기로 흘러가고 있는 건 정말 섬뜩한 낌새에요. 중세시대를 보듯 마녀가 위험한 게 아니라 마녀사냥을 하겠다는 사람들이 위험합니다. 루저녀 같은 사람들을 우세스럽도록 더불어 의식을 갖추는 것이 아니라 스스로 부끄러운 짓을 벌이면서도 부끄러운 줄 모른 채 루저녀랑 다를 바 없는 짓거리들을 일삼는 반거들충이들이 어엿이 돌아다니는 한국 사회, 선뜩한 고름이 맺힌 꼴입니다. 진짜 루저들은 '루저'로 몰아붙이는 차별사회에선 말없이 '루저'로 살아가면서 인터넷에서만 불퉁댑니다. 때문에 루저녀를 아무리 해코지해도 외모계급과 미친 경쟁은 쭉 이어지고, '또 다른 마녀'와 '수많은 루저들'은 줄지어 생겨나죠.

루저녀에게 열 받은 남자 가운데 생각이 있는 사람이라면 처음엔 씩씩거려도 뿌리 깊게 박힌 외모계급과 조금의 '위너'와 대부분의 '루저'들을 만드는 되바라진 사회를 갈아엎어야 했습니다. '루저'라는 말에 부아만 내면서 그 여자만 헐뜯는다고 여자들 머릿속에 새겨진 '남자 채점표'가 사라지는 게 아니니까요. '루저의 난'이 지나갈 때까진 삼갈지라도 여자들이 여전히 남자들의 키를 재는 건 변함없을 테죠. 그러므로 열불만 낼 게 아니라 우리네 사는 꼴을 돌아봐야 합니다. 루저라는 말에 이다지 예민한 반응을 보이는 건 한국 사회가 그만큼 끔찍한 경쟁사회이고, 뒤처진 사람에게 야멸치다는 사실과 겉모습에 대한 평가가 사람들에게 엄청나다는 걸 말해주죠. 루저라는 딱지가 싫다면 여자들이 왜 키에 대해서 이러한 생각을 갖고 있는지, 자신에겐 비슷한 욕망이 없었는지 짚어야 합니다. 루저와 위너를 판단할 수 있다고 여기는 루저녀에 맙소사 했다면 남에 대해 함부로 평가할 수 있다는 생각을 자신도 하지 않아야 합니다. 비판은 언제나 자신을 거쳐서 남에게로 나아가야 합니다. 상대방의 문제가 자기 자신에겐 없는지 따져보고 살피는 작업이 이뤄지지 않으면 친일파가 친미파에게 비아냥대는 꼴밖에 안 됩니다.

루저의 난에 앞서 수많은 루저들이 있었습니다. 한 보기로 '오크녀'를 들 수 있겠네요. 작고 하얀 얼굴, 콜라병 몸매, 꿀벅지 등을 내세우며 수많은 여자들에게 상처를 줬던 역사를 잊으면 안 됩니다. 여자들이 이에 화를 냈을 때 잠자코 있다가 180cm 이하가 루저라는 말에 울분을 내뿜는다면 그게 더 얄궂죠. 남들 놀릴 때 실컷 같이 놀리다가 자신이 놀림감이 되는 건 못 견디는 심보니까요. 남자의 키를 놓고 쑥덕거리는 '여자들의 어이없음'에 대해서 나박하고 싶다면 마찬가지로 여자 몸반으로 키드득거렸던 '남자들의 이이 같음'도 타박해야 해요. 같이 돌아봐야 합니다. 외모평가는 결코 한 성만 대상으로 하는 게 아니라 맞물려서 돌아가는 거니까요. 남자 180cm 이하를 루저로 만들고 50kg이 넘는 여자들을 루저로 만드는 잣대들을 더불어 깨야 하죠. 루저의 난을 막으려면 사람의 겉모습만으로 가늠하지 않으려는 새로운 잣대가 뿌리내려야 합니다.

따라서 루저녀를 제대로 짚어야 해요. 루저녀는 불쑥 나와 욕먹고 말 여자가 아니라 허울을 덮어쓴 채 헛기침만 하던 한국 사회의 가식을 까발리는 내부고발자니까요. 자기가 하는 말이 어떠한 맥락인지 전혀 의미를 헤아리지 못함을 보여줌으로써 한국의 교육이 얼마나 망가졌는지 몸소 보여주는 딱한 피해자입니다. 더구나 돈만 있으면 사랑 없이도 결혼할 수 있다고 언죽번죽 말함으로써 한국 사회가 겉만 번드레할 뿐 얼마나 속이 곪았는지 알려주는 가래 같은 존재죠.

세상은 겉모습에 값어치를 매긴지 한참입니다. 한국 사회는 경쟁을 줄이는 쪽으로 가지 않고 이런 패배자들을 끊임없이 만들어내는 쪽으로 돌아섰습니다. 이 안에서 살아가기 때문에 어쩔 수 없이 그 시큼하고 메슥거리는 냄새가 누구에게나 배어 있죠. 자신을 돌아보지 않는 발끈함은 언제나 방향을 잃고 쌀쌀한 웃음과 싸늘한 헌데만 남기죠. 생각이 있다면 세상에 대한 혁명과 자기 자신에 대한 혁명을 같이 일으켜야 하고, 노여움이 치민다면 '루저의 난'을 잠깐의 어지러움이 아니라 혁명으로 삼아야 할 테죠. 사람을 외모로 채점하는 악습을 솎아내지 않는다면, 특정한 겉모습에 '와와' 추임새를 넣고 아름다움을 쩨쩨하게 풀어내고 받아들이는 사회분위기가 뒤바뀌지 않는다면 많은 사람들은 방송을 보면서 짜증을 내고 상처를 받을 것이며, 2차 루저의 난은 또 터질 겁니다.

사랑에 빠졌나요?

사람들은 사랑을 언제나 대상의 문제로 환원한다. 한마디로 대상만 잘 고르면 만사형통이라 여기는 것이다. 사랑에 실패한 건 대상을 잘못 골랐기 때문이고, 아직까지 사랑을 못해 본 건 '이상형'이 나타나지 않았기 때문이라는 식으로. 참으로 신기한 인과론이다. 모든 것이 다 갖춰져 있는 판에 나는 몸만 쏙! 들어가면 되는가? 실패한 다음엔 다시 몸만 쏙! 빠져나와 복수극을 펼치면 되고? 이렇게 지독한 이기주의가 또 있을까? 상대를 잘못 만나 인생을 망쳤다면, 그런 상대를 선택한 '나'라는 존재는 대체 뭔가?

고미숙, 『사랑과 연애의 달인, 호모에로스』, 15쪽

:: 솔로천국 커플지옥?

내가 왜 연애를 못할까. 혹시 내 유전자는 동성애를 하도록 만들어진 게 아닐까. 주변을 둘러보면 죄다 같은 성을 가진 사람들뿐이다. 흑밖에 없거나 백밖에 없다. 그들은 자신의 문제점이 무엇인지 모른다. 사실 그들에겐 별 문제가 없다. 아무 문제 없다는 사실이 그들을 더 비참하게 만든다. 누구는 살면서 세 번이나 결혼하던데. 그것도 재주라면 재주일 것이다. 어찌 그리 잘 사랑하는지. 매번 사랑에 빠질 수 있는지. 사랑하는 사람들만 늘 사랑하는 세상이다.

고예나, 『마이 짝퉁 라이프』, 158쪽

수많은 모텔들을 돌아가게 하는 밑천은 40-50대 중년들에게서 나옵니다. 그들이 있기에 저 많은 모텔들이 만들어진 것이죠. 중년들은 남편과 아내가 있더라도 연애 한번 찡하게 해보는 게 꿈이라고 푸념을 늘어놓기 일쑤입니다. '연하 남친' 이나 '잘 나가는 여친' 하나쯤은 있어야 어디 가서 꿀리지 않는다고 하네요.

중년이 이 정도인데 성기운이 부글부글한 20-30대는 말할 것도 없지요. 거기다 황혼연애도 용트림을 하니 바야흐로 '연애나라' 가 열렸습니다. 우람하게 연애나라라고 띄웠지만 정작 한 꺼풀 들추면 '연애나락' 입니다. 사람들이 얼마나 사랑에 굶주리는지요? 어디서든 입만 열면 사랑타령이에요. 대중매체는 온통 사랑과 섹스를 쉼없이 쏘아대나 성욕과 사랑을 헷갈려 하며, 사랑 가까이도 가보지 못하고 멀리서 서성이며 맴돌고 있는 현실입니다. 사랑하고 싶다고 주절거리며 을씨년스러운 밤에 방바닥을 긁고 있는 이들로 지구의 밤은 훌쩍입니다.

이런 현대인들의 속사정을 개그콘서트의 꼭지였던 '솔로천국 커플지옥' 은 재미나지만 씁쓰레하게 드러냅니다. 솔로천국 커플지옥은 한국 사회의 빡셈과 사람을 재고 따지는 뺄셈, 현실을 합리화하려는 꿍꿍이와 딱딱하게 굳어진 외모계급까지 사회의 이모저모를 두루 담아냈죠. 얼핏 들으면 솔로천국 커플지옥이란 말이 그럴싸합니다. 자기계발에 모든 걸 쏟으라는 오늘날에 누군가를 만나고 사귀는 건 귀찮고 고달픈 일이니까요. 혼자인 게 좋다며 솔로를 내세우는 사람들도 적잖습니다. 오로지 자기 뱃속만을 위해 살라는 사회에서 사랑과 만남은 자투리일 수밖에요. 이런 그루터기에서 온 힘을 다해 사랑을 꽃피워내는 일은 배부른 놈년들의 잠꼬대거나 현실을 모르는 철딱서니의 몸부림입니다.

그러나 아무리 저잣거리에 모조리 떠맡기라는 미친 바람이 불어와도 사람은 사람을 그리워하고 만나며 사랑을 나눕니다. 그렇다면 왜 솔로천국을 외치는 걸까요? 말을 바꿔치기하는 것이죠. 알코올에 찌든 나머지 어쩔 수 없이 술을 들이붓지만 마치 자신이 술을 마시고 싶어서 술을 마신다고 떠벌리는 것처럼 남을 만나 소통하지 못하는 것을 애써 커플지옥이란 말로 가리는 꼴입니다. 본디 혼자 있는 걸 좋아하는 것처럼 자신을 꾸미죠. 자신도 누군가를 만나고 싶지만 그렇지 못하니 아예 합리화하면서 자신의 괴로움을 누그러뜨리려는 속셈입니다.

솔로를 추어올리는 사람들의 속을 보면 남을 만나는 데에 식은땀이 날 뿐이지, 결코 지금이 행복하다거나 혼자 살겠다는 생각은 거의 없습니다. 때문에 두려움을 넘어서게 만드는 상대를 만나면 망설임도 없이 솔로나라를 떠나 커플나라로 망명하죠. 사람을 만난다는 건 자연스러운 욕망이기에 이런 넘어감은 자연스럽습니다. 다만, 짝을 이루기 전까지 줄곧 외쳤던 솔로 찬양은 자신이 자신에게 얼마나 솔직하지 못했는지를 들통 내는 머쓱함으로 남지요.

한편 이 꼭지엔 외모계급이 드러납니다. 일부러 웃음을 더 주려고 그러한 인물들을 뽑았겠지만 말실수에 본심이 담겨 있듯 '솔루천국 커플지옥'에 나온 사람들은 뜬금없이 나온 게 아니죠. 박지선, 오나미, 박휘순은 다른 개그맨들보다 더 웃기기 때문에 이 꼭지에 뽑힌 게 아닙니다. 이들은 '외모계급'으로 봤을 때 외모사본이 없는 사람들을 상징합니다. 한국 사회에서 어떤 이들이 솔로교에 들어가 무릎을 꿇고 소리를 지르게 되는지 까놓고 보여주는 게 이들의 겉모습입니다. 카스트 제도처럼 외모계급으로 나뉜 한국에서 이들의 겉모습으론 연애를 하기 버겁지요.

한국 사회에서 연애란 주체와 주체가 자유롭게 만나 나누는 사랑이 아니라 같은 계급 안에서 가진 것들을 흥정하는 일입니다. 사람들은 외로움을 덜고자, 쾌락을 얻고자, 심심하니까 등등으로 말미암아 돈과 시간을 들여 누군가를 만나지만 아무나 만나질 않죠. 외모든 돈이든 학벌이든 특정한 자격을 갖춰야 연애시장에서 먹힙니다. 빵빵한 사람만이 사랑노름을 할 수 있습니다. 외모약자들이 솔로에서 벗어나려면 로또를 맞거나 아니면 사법시험에 합격해야 합니다. 그렇지 못한 사람들은 성형외과로, 피부과로, 헬스장으로, 단식원으로 달려가야 하죠.

그렇다면 사회에서 요구하는 조건을 갖추지 않은 사람들끼리 만나면 될 거 같은데 막상 현실에선 그렇지 못합니다. 자신이 비록 돈 없고 잘 생기거나 예쁘지 않더라도 상대는 돈 많고 멋지고 예쁜 사람이길 바라니까요. 사회약자들은 주류가치를 몸에 새기고 가진 자들이 자신들을 싫어하는 것보다 자기 스스로를 더 싫어합니다. 마찬가지로 외모약자들은 살아오면서 노상 시달렸기에 외모계급이 자기 머릿속에 더 깊숙하게 뿌리박혀 있습니다. 따라서 박휘순과 박지선은 사귈 수 없죠. 그들은 최지우 아니면 배용준을 바라니까요.

그들이 솔로천국을 외치는 것은 진짜 천국이라서가 아니라 그만큼 자신들이 오랫동안 홀로 지냈으며 외롭다는 부르짖음입니다. 행복한 사람은 자신의 행복을 증명하고자 발버둥치지 않으며 남에게 뽀족하지 않지요. 혼자 있는 게 천국이라면 왜 천국이라고 떠들겠습니까? 짝지은 이들을 지옥이라고 헐뜯고 커플을 깎아내리는 건 그만큼 부럽기 때문입니다. 자신이 먹을 수 없자 포도가 실 거라고 뜯적거리는 여우처럼 손을 뻗어 닿으려고 애쓰지만 도저히 닿지 않자 딴전을 부리면서 커플은 지옥이라고 스스로 달래는 셈이죠.

그래서 이 꼭지는 종교의 틀을 따올 수밖에 없습니다. 사람들은 고비에 섰으나 자신의 힘만으론 어떻게 넘을 수 없을 때 종교를 찾아가 다독임을 받습니다. 마찬가지로 외모계급이란 벽 앞에 많은 사람들이 괴로워하는데, 어떠한 비상구도 보이지 않는 현실이죠. 솔로교가 나타난 밑그림입니다. 박지선이 "솔로로 오신 분들 예쁘게 손 바짝 들어보십시오"라고 물은 뒤 손 든 사람을 축복해주듯 종교는 자신의 현실을 바꾸진 못하더라도 잠시나마 북돋움을 해줍니다. 이기호의 소설『사과는 잘해요』에서 재미나게 그려지듯 바라듯 종교는 사람이 차마 어찌하지 못하는 욕망의 그림자에서 태어납니다.

그래서 이 꼭지는 이 사회에 살고 있는 수많은 이들이 알고 있지만 차마 입에 올리지 못하고 삭히고 있는 어떠한 '진실'을 드러냅니다. 종교까지 갖추어 자신들의 외로움을 그러쥐고 혼자인 게 좋다면서 웃음을 일으켰지만, 오늘날 사람 사이를 돈으로 짜버린 자본주의 사회에서 살아가려면 누구나 외로움을 견뎌내야 하고 그렇지 못하면 종교를 가져야 한다는 걸 '자신도 모르게' 보여줍니다. 한국의 교회당들이 넘쳐나는 까닭과 자본주의가 사납게 날뛰어도 다들 고개를 수그리는 이유는 포개져 있습니다.

양극화된 연애시장에서 외모약자들은 이번 주말엔 고래과자에서 고래 개수를 세고 다음 주말엔 화장지 길이를 재는 둥 심심풀이만 바뀔 뿐 연애를 못 하는 건 그대로죠. 애처로운 건 만남을 못할수록 이들의 성격이 까칠해진다는 점입니다. 에로스가 생활에서 제대로 흐르지 못하면 타나토스로 꼴이 바뀌어 삶을 삼켜버리니까요. 말로만 천국을 외칠 뿐 속은 지옥불에 던져져 까맣게 타들어가는 셈입니다. 자신이 괴로울수록 짝꿍들을 향한 암상과 시샘은 고약해지죠. 솔로교들은 "두 번 다시 사랑 안 해 애인 따윈 필요없는 사람"을 노래하지만 그럴수록 더 서글퍼질 따름이지요.

삶에서 불꽃을 튀기려면, 사람 사이 만남에서 사랑이란 사건이 일어나려면 반드시 자신의 외로움을 에워싸고 있는 사회조건을 헤아려야 합니다. 자본화된 자의식을 분질러야 하는 시대지요. 자본주의가 붙여놓은 상표대로 재고 따지는 꼭두각시 사랑을 하지 않으려면 남과 관계맺기는 언제나 '완벽'하지 않다는, 다시 말하면 사랑은 교환이 아니라는 사실을 되새겨야 하겠지요.

> 플라티니가 그랬지. 축구는 미스(miss)의 스포츠라고. 모든 선수가 완벽한 플레이를 펼치면 스코어는 영원히 0 대 0이라고. 연애도 마찬가지로 미스의 게임 아니겠어? 모든 연인이 서로에게 완벽하면 더할 나위가 없겠지만 내내 좋은 때밖에 없다는 건 곧 내내 나쁜 때밖에 없는 것하고 다를 바 없잖아. 굴곡도 있어야 뭐가 좋은 건지도 알고 뭐가 나쁜 건지도 알게 되는 거잖아.
>
> **박현욱, 『아내가 결혼했다』, 64쪽**

:: 연애는 흥정

난 은근슬쩍 차 이야기를 꺼냈다. 솔직히 부킹할 때 제일 얻어내기 어려운 정보가 무슨 차를 소유하고 있느냐 하는 것이다.

"아! 전 운전 안 해요. 면허증도 없는 걸요."

D&G가 웃으며 말했다. 맙소사! 차가 없어? 게다가 운전면허증도 없단 말이지? 탈락.

D&G(╳) = 외모(○) + 미적 센스(○) + 매너(○) +
대화매력지수(△) + 집(×) + 미래성(○)

정수현, 『압구정 다이어리』, 288쪽

주말이면 소개팅하는 이들로 찻집이 빼곡합니다. 1년이 채 안 되어서 50번 넘게 한 사람도 드물지 않더군요. 하루에 두 탕을 뛰기도 하면서 말 그대로 짝짓기를 하고자 달뜨게 달음박질치는 것이죠. 이 정도까지 잦진 않더라도 애인 없는 많은 남녀가 짝꿍을 건지고자 주말을 바삐 보내는데, 하나같이 지친다고 털어놓습니다. 만나서 밥 먹고 차 마시고 헤어지기를 몇 차례 하다 보면 조그만 설렘과 커다란 싫증이 되풀이되니까요. 더구나 자연스럽게 서로 감정이 싹트는 게 아니라 상대의 패를 어느 정도 안 채 서로의 몸값을 재면서 화투치는 기분이라네요. 과연 이렇게까지 해서 누군가를 만나야 하는지 답답해합니다.

> 나는, 혹은 우리는 '연애시장'에서 좀더 완벽한 짝을 얻기 위해 스스로의 몸값을 높이려 갖은 노력을 한다. 키가 크고, 학벌이 좋고, 차가 있고, '데이트 비용은 남자가 내는 것'이 자존심이라고 생각하는 남자를 만나기 위해 언제나 까맣고 긴 생머리를 유지하며, 늘 좀더 날씬해지려고 노력하고, 바쁜 와중에도 피부 가꾸기에 여념이 없다.
>
> 엄기호, 『이것은 왜 청춘이 아니란 말인가』, 144쪽

> 안타까운 게 나이가 들면 들수록 서로 상품이 되는 거잖아요. 내가 얘를 만났을 때 비교우위냐, 열위냐 따지게 되요. 마음만으로 안 되는 걸 서로 알잖아요. 사내결혼이 아니면 뜨겁게 불타오르는 추억거리가 있는 것도 아니니까요. 만남이 이제 상품끼리 거래가 되어버리니까 안타깝죠.
>
> 『꺄르르♡인 블로그』, 「대기업 2년차 '평생 어떻게 이러고 살지'」

요즘 젊은이들은 한숨을 쉬면서 나이가 들면 들수록 서로 상품거래하는 거라고 얘기합니다. 마음만으로 안 된다는 거죠. 누구를 만나

더라도 자신이 밑지냐 남냐를 머릿속으로 셈한다고 하더군요. 상품처럼 거래하는 현실이 안타깝지만 뭐 뾰족한 수가 있냐면서 자신의 상품성을 높이고자 이를 악뭅니다. 이제 옷을 입을 때 옷의 예쁨이나 실팍함보다는 상표가 중요하듯 그 사람도 그 사람의 됨됨이보다는 신분을 나타내는 학벌, 부모란 뒷배, 사는 곳 같은 '상표'가 중요해졌으니까요.

> 한영은(가명) 씨는 남자친구를 소개받던 그때를 잊지 못한다. 처음 하는 소개팅이었다. 자연스럽게 이야기를 이끌어 나가는 과정에서 대학 캠퍼스에 대한 이야기가 나왔다. 상대방은 대구에 있는 한 국립대 학생이었다. 상대방이 한씨에게 질문했다.
>
> "학교 어디 나왔어요?"
>
> "전라도에 있는 J전문대요."
>
> 순간 상대방의 표정이 달라졌다. 학교 이름이 너무 뜻밖이었는지 분위기는 일어버렸다.
>
> 《오마이뉴스》, 「지방대 출신은 빠릿빠릿하지 못해 … 서울 없나?」
>
> (2010. 12.14, 송지혜 기자)

아무렇지 않게 연봉과 학벌, 부모 직업을 가늠하면서 상대를 '데리고 다녀도 괜찮은지' 재고 가름하는 시대입니다. 이건 여자들만 약아빠져서 벌어지는 일이 아니지요. 남자들도 솔직하게 터놓습니다. 여자들의 겉모습뿐 아니라 이젠 지갑 두께까지 살핀다고요. 그 여자가 어떤 대학을 나왔고 무슨 일을 하는지 알아보고 난 뒤 마음의 문을 열지요. 여자들도 남자들이 달라진 걸 느낍니다. 남자들이 소개팅

상대를 찾을 때부터 대놓고 전문직을 바란다니까요. 사진을 보고 소개팅하겠다고 달려들던 시대는 저물고 요샌 사진 보는 건 기본, 그 사람이 어디서 살며 집안은 어떠한지, 돈은 얼마나 많은지 조목조목 알아보고 소개팅을 합니다.

> 저보다 나이가 많은 30대 언니들의 이야기를 예로 들면, 그녀들의 관심사는 보통 그 남자 몇 살인데? 회사는? 뭐하는 사람이야? 그리고 바로 이어지는 질문이 이거거든요. 그 남자 차 있어? 차종은 뭐야? 심지어는 이런 이야기도 들어보았어요. 그 남자 키는 안 큰데 차가 있으니 걸어다니면서 키 신경 쓸 일은 없을 거야!
>
> 『꺄르르♡인 블로그』, 「직장 여성들에겐 남자의 키만큼 차가 중요」

소개팅을 스무 차례 남짓 해본 한 남자는 소개팅에서 마음에 든 여자가 나왔는데, 그 여자가 처음 만난 자리에서 연봉이 얼마냐고 거리끼지 않고 묻기에 벙했다고 하더군요. 더 까무러칠 건 이런 여자가 한둘이 아니었다고 합니다. 또 다른 여자는 친구 남편의 부모님 직업을 늘어놓더니 부모님이 어떤 일을 하시냐고 묻더랍니다. 소개팅에서 만난 어떤 남자가 묻지도 않았는데 연봉이 얼마고 차는 무엇이며 어디서 살고 자기 집안은 어떻다며 주구장창 늘어놓아 뜨악한 경험을 한 여자들도 많지요. 이런 남자들이 쌔고쌨으니까요. 이제는 자기자랑(선전광고)에 열을 내야 '연애시장'에서 비싼 값에 팔리는 시대입니다.

이렇게 된 까닭은 사람이 상품이 되어서 연애를 흥정하듯 할 수밖에 없는 멍석이 깔렸기 때문입니다. 여기선 그 누구도 상대의 '값어치'와 자신의 '값어치'를 견주면서 적어도 크게 밑지지는 않으려고 바삐 머릿속 주판을 튕기기 마련입니다. 이러다 보니 결혼정보회사와 비슷하게 소개팅도 끼리끼리 어우러집니다. 다들 자기 값을 정해놓고 거기에 맞는 '상품'을 사는 셈이죠. 사람 사이엔 등급이 정해져 있고 다들 자기 분수에 맞거나 조금 더 나은 임자를 찾고자 두리번거립니다. 물건상품들은 나중에 마음에 안 들면 무를 수도 있건만 사람상품은 쉽사리 무를 수도 없으니 섣불리 만나기도 거시기한지라, 숫제 걸러진 사람을 만나서 시간과 돈을 아끼겠다는 속셈이죠. 연애는 흥정이자 노름입니다.

> 다음날부터 나의 컨셉트는 청순함이었다. 아주 어려운 일은 아니었다. 파스텔 계열의 원피스를 입고, 머리를 정성껏 드라이하여 어깨쯤에서 찰랑이게 하고, 말을 많이 하는 대신 수줍은 미소를 지으면 되었다. 스킨십에 있어서도 조신하려고 애썼다. 그렇다. 마침내 내 인생 스물두 해를 걸고 배팅해볼 만한 남자가 나타난 것이다.
>
> 정이현, 『낭만적 사랑과 사회』, 27쪽

돈이 사랑이란 감정까지 조몰락댑니다. 어느덧 사람들은 '너가 더 아까워', '널 만나면 내가 손해야'라는 말을 스스럼없이 합니다. 만남 자체가 흥정이자 흥정의 결과이고, 사람의 몸과 마음이 교환가치로서 오고갑니다. 따라서 저마다 목덜미를 만져보면 가격표가 붙어 있고, 에누리를 하더라도 같은 등급의 사람끼리만 연애거래를 합니다. 돈이 사람들의 감정을 지배하니까요. 페로몬은 지갑 두께와 그 사람의 조건에 맞춰 분비됩니다.

> 오빠, 여자들이 핸드백 살 때 제일 먼저 고려하는 게 뭔지 알아? (…) 들고 다닐 때 쪽팔리지 않아야 된다는 거야. 그게 첫 번째야. 기능? 품질? 디자인? 그런 건 다음 문제야. 그렇다고 꼭 브랜드를 들어야 한다는 건 아니야. 어쨌든 쓸 만한 백이 없으면 차라리 배낭을 메고 다니는 게 낫다는 거지. 남편 고르는 것도 똑같아. 백 사는 거랑 비슷한데, 이건 한번 잘못 고르면 갖다버릴 수도 없고 반품도 잘 안 되고. 그래서 여자들이 숙고에 숙고를 하는 거야. 요즘 여자애들이 눈은 얼마나 높아. 브래드 피트, 오다기리 조, 강동원, 엔트워스 밀러 같은 꽃미남들이 수두룩하잖아. 이제 남자들도 글로벌 경쟁시대야.
>
> 김영하, 『퀴즈쇼』, 75쪽

뭐 아직도 친구가 소개시켜 준다고 하면 이래저래 나가거나 누구라도 좋으니 소개팅만 해주면 고마워하는 사람도 많겠지만 사람 만나는 큰 틀이 바뀌었네요. 20대와 30대는 말할 것도 없고 10대들도 사회 흐름에 따라 욕망합니다. 현실이란 이름의 자막대기들을 끌어들여와 상대와 자신을 눈금매기고 견주는 게 일입니다. 그러다 보니 많은 이들이 대중매체가 심어놓은 높은 눈높이와 자신이 처한 '시궁창' 사이에서 지분댑니다. 특히 '객관화된 조건'이 달린 사람들은 스스로를 업신여기며 움찔하죠.

> 제가 그 친구한테 그랬어요. "내가 가진 건 없는데 네 소원 딱 하나만 들어줄게. 너 소원이 뭐야?" 그랬더니 "남자!" 이러는 거예

> 요. 그래서 마침 경희대학교 다니는 아는 남자애가 있어서 "너 경희대 다니는 친구랑 소개팅을 해라" 그랬는데 경희대가 너무 높다고, 경희대 다니는 애가 자기 같은 애를 만나겠느냐는 거예요.
>
> 하종강 외, 『너는 나다』, 148쪽

이제 연애는 그저 두 사람이 사귄다는 뜻이 아닙니다. 두 사람을 붙여놓는다고 연분이 피어나질 않습니다. 연애는 생물학이 아니라 정치경제학이자 정신분석학입니다. 이것저것 따지는 게 늘어나다 보니 구질구질하고, 상대도 마찬가지로 요모조모 알아보고 잴 거란 걸 생각하면 속 쓰리지만 어쩔 수 없지요. 인류역사 내내 그래왔지만 연애는 흥정이자 흥행이니까요.

> 편입을 하려는 것도 결혼을 잘하고 싶기 때문이에요. 끼리끼리 만나요. 옛날에야 신데렐라가 있고 서민이 구준표를 만나는 게 가능했지만 지금은 어려워요. 그렇게 만나도 격차가 너무 크면 한쪽이 너무 힘들어진다고 생각해요. 부부도 웬만큼 수준이 맞아야 얘기가 통하죠.
>
> 저뿐만 아니라 모두 잘살고 싶을 거예요. 누가 힘들게 살고 싶겠어요. 누구도 경제적으로 잘살고 싶어 해요. 나부터 그렇기에 노력을 해요. 왜 돈을 벌어요. 더 좋은 것을 누리고 싶잖아요. 옷이나 사소한 것들도 천차만별이에요. 왜 명품을 사람들이 추구하고 갖고 싶어 하겠어요. 제가 사치스럽다기보다 누구나 원하는 거죠.
>
> 『꺄르르♡인 블로그』, 「학교가 어디에요? 대학 때문에 속상해」

:: 결혼은, 미친 짓이다

> 그때는 무기력과 불안이 안개처럼 내 삶의 주위를 어슬렁거리던 시절이었다. 취업은 먼 나라 이야기처럼 들렸고, 나에겐 내세울 만한 자랑거리도 경력도 특기도 없었다. 그래서 자기소개서를 앞에 두고 친구들이 "아니, 한 사람의 인생을 단 열 줄로 요약하라니 이게 도대체 말이나 돼?" 하고 투덜거릴 때 나는 그 속에 집어넣을 단 몇 줄의 제대로 된 인생도 없어서 참담한 느낌이 들곤 했다. "친구들이 결혼 안 하냐?" 하고 물을 때마다 나는 '젠장, 무엇을 가지고 결혼을 한단 말이냐' 하고 속으로 소리치곤 했다. 나는 내 미래 위에 그녀의 미래를 덮어씌울 자신이 없었다.
>
> 김언수, 『캐비닛』, 167쪽

대학에 끌려가듯 별 생각 없이 결혼할 수도 없습니다. 여러 경제 지표들을 내내 외우다시피 하며 자란 젊은이들은 자신의 앞날이 못 미덥기에 20대는 더 이상 혼인하지 않습니다. 사랑하는 사람과 함께 살고 싶어도 안개 낀 내일만 생각하면 가슴이 철렁 내려앉고, 어떻게든 믿음을 가지려고 해도 집이란 돌부리와 저임금이란 넝쿨에 걸리니까요. 있는 집 자식이 아니고선 아무도 경제란 쇠사슬에서 자유로울 수 없고, 정갈하게 둘이서 혼인할 수 없습니다.

소설 『퀴즈쇼』를 보면 주인공의 헤어진 여자친구가 왜 잘난 여자들이 한심한 남자들에게 끌리는지 늘어놓은 뒤 주인공도 모성애를 불러일으킨다며 이렇게 얘기합니다. "너무 기분 나쁘게 듣지 마. 다 오빠를 위해서 하는 말이니까. 오빠는 정신 좀 차려야 돼. 요즘 오빠 또래의 다른 남자들, 정말 열심히 산단 말이야. 새벽에 도서관 가서, 응, 밤까지 책 보고 그래도 시간이 남으면 과외도 하고, 뭐 알바도 하고 그러고도 시간을 짜내서 스터디까지 해. 요즘 먹고살기가 얼마나 힘들어? 그것만 힘들면 다행이게? 남자들, 웬만해선 결혼도 못 하잖아? 왜 못할까? 뭐, 오빤 아마 생각해 본 적도 없겠지?"

이 친구를 단순히 속물이라고 넘겨짚을 수는 없습니다. 따발총을 쏘듯 이러쿵저러쿵 얘기하는 가운데 현실의 맨얼굴을 톡 까발리면서 답하기 싫은 물음을 던집니다. 요즘 젊은이들은 왜 결혼을 하지 못할까요? 인류사를 통틀어 21세기 젊은이들이 결혼을 가장 더디게 합니다. 그만큼 젊은이들의 오늘은 빠듯합니다. 젊은이들이 암만 일을 잘하고 자기 연봉을 다 몰아붓는다 해도 아파트 한 평조차 살 수 없는 현실입니다. '미친 집값'을 부모가 내줄 수 있는 몇몇 자식들만 혼인을 합니다. 단칸방에서 신혼생활을 할 수도 있지만 말처럼 단출하게 살림을 차리는 사람은 뜨문뜨문 있을 따름이죠. 넉넉하게 자란 젊은이들이 고시원에서 신혼생활을 할 리 없으니까요. 결혼을 한 젊은이의 얘기입니다.

> 집 마련해야죠. 결혼하니까 집이 최우선, 최상위 목표로 잡히더라고요. 그렇다고 딱히 뭘 하고 있는 건 아닌데, 그냥 우선 안 쓰고 모아보려고요. 지금 살고 있는 집은 시댁에서 해주셨어요. 전세비용을 오빠네 부모님이 해주셨고, 저는 집 안에 들어가는 혼수를 해왔고요.
>
> 혼수를 반반씩 하자는 얘기는 없으셨어요. 그런 얘기가 있었다면 저도 어느 정도 집 장만할 때 준비를 했을 텐데 그런 말씀을 안 하셨었어요. 결혼 얘기 나올 때부터 당연히 어머님이 집을 해주신다는 쪽으로 말씀을 하셨거든요. 집값이 워낙 비싸니까 사주지는 못하고 전세를 얻어주셨죠.
>
> 『꺄르르♡인 블로그』, 「20대 임산부 '출산의 공포, 남자들은 몰라요'」

이처럼 부모에게 손 벌려야 결혼할 수 있는데, 자기 집 장만하느라 허리가 굽은 부모들이 자식 집까지 마련해주는 건 암만 내리사랑이라도 버겁죠. 자식 집까지 챙겨줄 수 있는 어버이가 얼마나 있겠는지요. 하루하루 살기가 빡빡한 대부분 어버이들은 그럴 형편이 안 됩니다. 따라서 자식이 결혼하고 싶어도 못하는 꼴을 보면서 부모들의 속은 시커멓게 그을리고, 자식들은 흘러가는 청춘을 보면서 입술을 질끈 깨뭅니다.

결혼을 못 하는 젊은이들은 어정쩡한 '어장관리'만 합니다. 어버이들이 뒷돈을 대줘야 결혼을 생각하는 젊은이들은 결혼하지 않고 으레 그러려니 모텔로 발걸음을 옮깁니다. 헤아릴 수 없이 많은 모텔들은 바람난 중년들의 쉼터이기도 하지만 젊은이들에게 사랑 나눌 곳이 마땅치 않다는 걸 일러주죠. 셈에 밝은 결혼정보회사들은 이미 시들어가는 신혼시장에서 벗어나 재혼시장으로 손을 뻗습니다.

> 저는 사람 사이 관계를 진짜 중요시하거든요. 당연히 결혼을 해야 된다고 생각하고 있어요. 언제라도 할 거면 일찍 하는 게 아무래도 낫겠죠. 늦게 결혼하면 불행해질 수도 있잖아요. 그러나 어느 정도는 안정이 되어야 해요. 준비를 하고 결혼해야 하니까요. 지금은 제 위치가 확실한 게 아니잖아요. 언제인지는 모르지만 최대한 빨리 하고 싶다는 생각은 들지만, 지금은 결혼을 할 수 없어요.
>
> **『꺄르르♡인 블로그』, 「평범한 청년 '노무현 추모 열기는 냄비근성'」**

불안이 젊은이들의 혼인마저 마다하게 만듭니다. 결혼을 당연하게 생각하고 언제라도 할 거면 일찍 하는 게 아무래도 낫다고 여기지만 차마 결혼을 할 수 없는 현실입니다. 애인이 있더라도, 함께 살고 싶더라도 결혼이란 말을 입 밖에 꺼내지 못하도록 사회가 짜였습니다. '어느 정도 안정' 이란 도깨비불을 찾으러 젊은이들은 바삐 뜀박질합니다.

> 오랫동안 친구를 봐왔던 선배는 직장을 잡고선 친구에게 연애를 제안했다. "나는 직장을 잡았고 … 그만큼 안정되어 가고 … 그러니 오랫동안 봐왔던 네가 나와 연애한다면 이 '안정' 이 더 안정될 것 같다." 뭐, 이런 식이었다고 한다. 친구는 불쾌감을 감출 수 없었다고 했다. 자신이 어떤 사람인지 잘 알지도 못하면서. 사랑하는 게 아니라 단순히 안정적인 그 삶 안에 자신을 끼워 맞추려는

것 같다며.

우석훈, 『혁명은 이렇게 조용히』, 222쪽

그래서 그런지 새로운 움직임이 생겨납니다. 집이 '사는 곳'이 아니라 돈 벌고자 '사는 곳'이 되어버리자 여태껏 돈을 모아 이사를 되풀이하며 아파트 평수 늘리는 데 골골했던 기성세대와 다르게 '요즘 젊은 것들'은 집에 떨떠름합니다. 한갓 시멘트 상자를 사는 데 인생을 꼬라박기엔 자신의 삶이 아깝고 집값이 생게망게하기 때문이죠. 한국의 집값은 마치 용가리나 고질라와 비슷합니다. 부모들은 용가리와 힘겨루기를 하였으나 괴물딱지와 싸울 바엔 토끼는 게 나으니까요. 젊은이들은 살며시 한발 비껴선 뒤 지그시 집값을 구경하죠.

그렇다면 저렇게 많은 아파트들과 하늘 무서운 줄 모르고 올라간 집값은 누가 다 가져간 걸까요? 세종대 행정학과 변창흠 교수의 연구에 따르면, 한국 땅값은 1998년 1,472조 원에서 2007년 3,171조 원으로 1,700여조 원이 늘어났고, 개발이익도 1998년 114조 원에서 2007년 302조 원으로 늘어났습니다. 그 돈이 골고루 나뉘었다면 요새처럼 집값문제가 곪지 않았겠죠. 몇몇 사람들이 몽땅 꿀꺽해 버렸기 때문에 배탈설사가 터집니다. 이렇게 거저 생긴 '불로소득'은 어련히 나라와 사회가 되찾아야 하건만 그동안 되찾은 금액은 35조 원에 불과합니다. 총 개발이익 2002조 원의 1.7%밖에 안 되죠. 세금이라도 무겁게 물려야 하건만 한국처럼 토건귀족들에게 너그럽고 곰살궂은 데가 없습니다. 세금을 안 내도 되는 구멍이 뻥뻥 뚫려 있죠.

이런 곳에서 수많은 젊은이들은 심드렁하게 살아갑니다. 젊은이들도 살기 괜찮은 곳에서 사랑하는 이와 같이 살고 싶은 마음이 굴뚝

같지요. 그러나 아파트들이 빽빽하게 들어섰지만 손을 뻗는다고 그 집들을 얻을 수 있지 않다는 걸 깨친 지 오래입니다. 집들은 차고 넘치지만 살 집은 없는 현실. 젊은이들은 괴수영화보듯 아파트들을 바라봅니다. 집 사는 데 자신의 삶을 바치기엔 젊음이 안쓰럽기에 작은 방을 빌려서 잠만 자되 남은 돈으로 거리로 나와 오늘을 위해 씁니다. 이러다 보니 산을 마구 헐고 주택들을 빼갰던 토건정책에 젊은이들은 역겨움을 느낍니다.

젊은이들과 건설사 사장들의 담배 연기로 사회가 매캐합니다. 날마다 때려 부수고 아파트를 새로 지어서 팔아야 하는데 그렇지 못하니까요. 몇 채씩 집노름하던 부자들도 금융권에서 돈놀이 하러 궁둥이를 옮겼습니다. 이제 집 살 사람이 없습니다. 집들이 남아돌고 집장사는 끝물로 치닫네요. 집을 새로 살 사람은 젊은 사람들밖에 없는데 저 큰 집을 어떻게 젊은이들이 살 수 있겠는지요. 혼인도 할 수 없고 아이를 낳을 수도 없는 젊은이들에게는 널따란 집이 필요없는데, 크게 지어야 건더기가 많이 남는다고 건설사들은 커다랗게만 지어놓으니 팔릴 턱이 없지요. 건설사들은 휘청거립니다. 정부가 공공복지에서 돈을 빼돌려 건설사들의 밥통에 넣어주면서 동티는 더 커져만 갑니다. 복지예산이 적어지는 만치 젊은이들이 받을 수 있는 뒷받침이 줄어들고, 그럴수록 젊은이들은 결혼에 엄두도 못 낸 채 부모 집에 더 얹히려 하니, 집을 아무리 수만 채 짓는다 해도 아무도 들어가지 않아 불꺼진 건물들만 늘어납니다. 이런 가운데 모텔업만 쉴 틈 없이 돌아가고, 방이 비기를 기다리며 젊은 연인들이 줄 서 있습니다.

:: 혼인을 '생각' 하지 않다

자, 여기 한 명의 남자와 한 명의 여자가 있다고 상상해보자. 둘은 수십 년간 단 한 번도 마주치지 않았다. 그들은 제각각의 가족, 친구, 동료와 함께 전혀 별개의 추억을 쌓으면서 살아왔다. 각기 다른 삶의 궤적을 걸어온 그 남자와 그 여자가 어느 날 처음 만난다. 호텔 커피숍에서, 정장을 떨쳐입고, 서로의 이름과 전화번호를 암호명처럼 숙지한 채 말이다. 그들은 매우 정중하고 약간은 쑥스러운 표정으로 수인사를 나눌 것이다. 그리고 불과 얼마 뒤 그들이 영원한 법적 경제적 성적 정서적 공동체가 되기로 합의했다는 소식이 그들의 가족, 친구, 동료에게 전해진다.

믿어지는가? 이것이 내가 살고 있는 세계 속에서 시시각각 일어나는 일이었다. 짐칸 가득 돼지들을 싣고 가는 트럭과 광화문 한복판에서 마주치는 것보다 더 비현실적이고 불가사의하지 않은가!

정이현, 『달콤한 나의 도시』, 69쪽

그래서 둘은 서로 사랑하여 혼인하였고 오래오래 행복했더랍니다. 이렇게 동화들이 끝나는 까닭은 결혼생활의 맨살을 차마 담을 수 없었기 때문입니다. 혼인은 여태껏 따로 살던 사람과 함께 같은 곳에서 부대끼며 살아가겠다는 굳센 다짐이자 힘겨움이니까요. 이러한 애달픔과 괴로움을 쏙 빠뜨린 채 동화에선 결혼의 달착지근한 사탕가루만 비추며 사람들의 옆구리를 간질이지요.

티격태격하면서도 마침내 둘은 혼인해서 행복한 보금자리를 꾸미고 아옹다옹 알콩달콩 살았더래요. 이렇게 연속극들이 매듭짓는 까닭은 뭇사람들이 그리는 혼인이 그러한 모습이기 때문입니다. 지긋지긋하고 고달픈 나날에서 벗어나고픈 대중들의 욕구에 맞춰 드라마 속 남녀 주인공은 말끔하고 둘의 만남도 달달하죠. 사람들은 연속극에서까지 삶의 안뜰을 보고 싶어 하지 않습니다.

이렇게 어릴 때부터 동화에 푹 빠져 있다가 다시 연속극에 기어들어간 '늙은 아이들'은 결혼을 사랑의 꼭대기라고 믿으면서 혼인을 꿈꿉니다. 그러나 결혼생활은 거저 행복과 즐거움이 주어지는 놀이가 아닙니다. 빨래와 설거지를 몸소 해내면서 집을 쓸고 닦듯 자신과 상대의 관계를 끝없이 매만지고 두루 살피면서 '살아내야' 하는 쉽지 않은 일입니다. 미처 알지 못했던 상대의 허물이 드러나고, 마찬가지로 상대가 몰랐던 내 안의 응어리가 서로에게 미칩니다. 따라서 혼인은 참으면서 슬기로 다뤄야 하는 뜨거운 녹물 같은 것이죠. 둘이 어떻게 손을 마주잡느냐에 따라 커다란 배도 만들 수 있지만 징한 화상을 입을 수도 있습니다.

그러나 놀랍게도 이러한 혼인을 '잘' 공부하며 준비하는 사람은 드뭅니다. 결혼식에 대한 번뜩임과 신혼생활의 아른거림은 젊은이들

가슴팍에 회오리치나 결혼생활을 어떻게 일궈낼지 고민하는 이들은 찾아보기 어렵습니다. 그래서 결혼식이 끝나는 순간 환상이 와락 건히면서 이제 뭘 해야 할지 어칠비칠하죠.

> 내가 무슨 일을 저질러버린 건지 똑똑히 실감이 난 거야. 난 결혼을 해버린 거야. 웨딩드레스를 입고 있는 내 모습을 어릴 때부터 줄곧 상상해 왔고, 결혼에 대해서도 남들만큼은 진지하게 고민해 온 줄 알았는데, 그동안 결혼에 관한 내 고민은 온통 결혼식 자체에 쏠려 있었단 걸 깨달았어. 정작 결혼식 뒤에 하루하루 어떻게 살아야 할지는 온통 깜깜하고.
>
> 정이현, 『달콤한 나의 도시』, 284쪽

결혼하면 이제 둘이서 아침부터 밤까지 있을 수 있다는 생각에 처음엔 마냥 들뜨고 좋았으나, 막상 결혼하고 보니 눈에 띄지 않던 부스러기들이 덩어리처럼 불거지더니 걸핏하면 상대를 덮치고 자신을 넘어뜨립니다. 이러다 보면 자질구레한 트집이 드잡이가 되고 끝내 싸움이 터집니다. 잠깐이라도 눈에 안 보이면 보고 싶고 연락이 안 되면 조바심 내던 사람이 이젠 연락을 딱 끊고 눈앞에서 제발 좀 사라졌으면 하는 마음이 부풀어 커지죠. 그러나 상대는 자신의 이런 마음을 알면서도 모르는 척하는지 몰라서 그런 건지 멀뚱멀뚱하니 뾰로통해질 수밖에요.

> 직업상 각자 일에 바빠 한 집에 살지만 못 만나는 날도 있어요. 결혼 전에 3년 동안 연애를 했는데도 실제로 같이 사니까 다툼이

> 생기네요. 결혼 전에는 한 번도 안 싸웠는데 같은 공간을 활용하다 보니까 사소한 거로 부딪히게 되더라고요. 성격차이도 조금 있고요.
>
> 『까르르♡인 블로그』, 「연애할 때 한 번도 안 싸웠는데, 결혼하니」

사람이 자라 어른이 되면 낯선 남들과 관계를 맺고 새로운 모둠을 이루기 마련입니다. 자신의 색깔에 따라 그 모둠의 모습은 다르지요. 1인 가정부터 커다란 공동체까지 저마다 행복하고자 애쓰며 가정을 이뤄갑니다. 그 많은 관계들 가운데 일부일처 혼인은 수많은 젊은이들의 성욕을 풀어주고 사회가 굴러가게끔 해주는 근대 제도로 자리 잡았고, 결혼은 마땅히 해야 하는 임무처럼 되었지요.

그러나 사람의 감정과 마음은 제도로 묶어둔다고 묶이는 것도 아니며, 한 사람만을 사랑하라 들볶는다고 해바라기가 되는 것도 아닙니다. 한 사람만을 영원히 사랑하는 것은 겉보기엔 아름다워 보이지만 아이들의 상상 속에서나 있는 일입니다. 『결혼은, 미친 짓이다』의 여주인공이 "절대 들키지 않을 자신!"이라고 말하듯, 남주인공이 "우리는 열두 살 때부터 끊임없이 누군가를 좋아하거나 사랑해 왔어. 그런데 그 감성과 그 감각이 결혼하는 것으로 땡, 하고 끝난다는 건 웃기는 소리지"라고 얘기하듯 저마다 '간통'을 저지르지만 겉으론 아닌 척하는지도 모르지요. 하지만 적잖은 이들은 혼인의 빛이 들어온 한쪽만 보고 응달을 보지 않은 채 혼인을 한 뒤 가슴을 부여잡으며 괴로워합니다. 일부일처 혼인제도는 변하는 사람의 감정을 짓누르고 죄의식을 씌우려는 굴레가 되었습니다. 혼인으로 두 사람을 묶어두려고만 하고 감정 흐름에 따른 변화를 받아들이지 않으려 하니까요.

혼인해서 이룬 가정이 상처만을 주는 곳도 아니지만, 그렇다고 너럭바위처럼 단단함과 봄바람 같은 살랑거림을 주는 것도 아닙니다. 가정은 불꽃이 팍팍 튀는 싸움터가 되기도 하지만 어디보다 평화로운 쉼터로 가꿀 수도 있으니까요. 그러므로 결혼하고 싶다면 모름지기 왜 자기가 혼인하고 싶은지, 결혼생활을 둘이서 어떻게 꾸려나갈지 찬찬히 되짚고 알뜰하게 공부해야 합니다. 그럴 때 결혼은 행복이 열리는 나무가 될 테니까요.

잡동사니를 살 때도 품질보증서와 사용설명서를 속속들이 살피고 여러 모로 헤아리는데, 괭패롭게도 인생에서 가장 대수롭다는 혼인은 때가 되면 그때 만나는 사람과 하기 일쑤입니다. 차를 몰려면 운전면허 필기시험도 치르고 감독관의 도움을 받으며 손수 운전을 하면서 미리 경험과 감각을 익히는데, 결혼이라는 가장 시끄럽고 삐거덕거리는 수레를 모는데 어찌 된 일인지 수레 위에 둘이 덜컥 올라탄 뒤 알아서 끌어야 하죠. 그래서 그럴까요? 젊은 부부들의 이혼율이 자못 높습니다. 그들이 힘들게 내린 결정을 존중해야겠지만 식은 죽 먹듯 헤어지는 건 아닌가 싶네요. 맞지 않는 사람과 붙어 지내야 하는 것만큼 괴롭고 힘겨운 일도 없기에 헤어지려면 잘 헤어져야겠지만 '신상'에 뒤숭숭해지는 것처럼 홀라당 끌려서 섣부르게 혼인하듯 헤어지는 것도 덜렁 하지 않나 걱정이 듭니다. 진작 결혼하기에 앞서 꼼꼼히 서로를 더 알아가고 자신의 욕망을 매만지면서 결혼을 준비했다면 요즘처럼 헤프게 헤어지는 일은 적어질 테니까요.

아직 한국에서는 결혼교육을 받는 게 낯설지만 미국과 독일 등에선 이미 고교과정에서 가르칩니다. 가정살림을 꾸리는 방법, 버릇의 차이 이해하기, 자녀계획 세우기, 문제가 생겼을 때 풀어가는 이야기

방법, 건강과 성생활 등등 두 사람이 만나 결혼했을 때 꼭 알아야만 하는 것들을 배우고 고민하게 이바지하지요. 이런 흐름에 따라 한국에도 결혼 예비학교들이 생겨나고 있습니다. 이렇게 공부하고 준비한 부부들은 여느 사람들보다 훨씬 이혼을 안 한다고 하네요.

결혼은 '그 사람' 이 아니라 '그런 사람인 줄 안 놈년' 과 하는 거라는 우스개가 있습니다. 또 가장 사랑하는 사람과 하는 것이 아니라 나이가 찼을 때 그때 만나는 사람과 하는 거라는 씁쓸한 넋두리도 있지요. 그렇다면 결혼을 '꼭' 해야 하는 것이 아니라 '잘' 해야 하는 걸로 생각을 바꿔야 하지 않을까요? 혼인은 사랑이란 땅에 믿음과 보살핌으로 가없이 만들어가는 집이니까요. 반지르르한 결혼 '식' 을 준비할 것이 아니라 오달진 결혼 '생활' 을 준비해야 합니다. 니체는 이런 말을 합니다.

> 혼인은 더 나은 하나를 낳고자 하는 두 창조자의 의지이다. 이러한 의지를 함께 하려는 상대방에 대한 존경심을 나는 혼인이라고 부른다. (…) 그대들은 언젠가는 자신을 넘어서서 사랑해야만 한다! 그러니 우선 사랑하는 법을 배우도록 하라! 그대들이 사랑의 쓰디쓴 잔을 마셔야만 했던 것도 그 때문이다.
>
> 『차라투스트라는 이렇게 말했다』, 「아이와 결혼에 대하여」

:: 입맞춤, 그 아찔한 평화

다가갔지만 차마 딸 수 없는 흰 눈 속 붉은 열매 앞에 멈춰선 것처럼 두 입술이 따뜻하게 맞대어져 있다가 머뭇거리며 열렸다. 지오와 민기 저마다의 내부에서 보드라운 숨결이 일렁이고 있었다. 주춤거리던 민기의 긴 손가락이 가만히 지오의 목덜미를 감쌌다. 가만 가만히 숨을 쉬며 지오가 민기의 한 손을 이끌어 자신의 가슴에 가져다 댔다. 유과를 깨문 것처럼 달콤한 침이 온몸에 고여 흐를 것만 같았다. 지오의 손가락이 민기의 등뼈를 건반처럼 짚으며 따라 내려왔다. 아찔한 벼랑과 굽이치는 몸의 계곡을 돌아 나온 달콤한 바람이 이윽고 서로의 혀 끝에 올려지고, 간절해진 어린 몸들이 그 숨결을 삼켰다. 속 날개를 비비며 멜로디를 만드는 여린 목숨들처럼 뜨겁고 여린 신음이 소녀와 소년의 몸속에서 배어 나왔다.

김선우, 『캔들 플라워』, 335쪽

사람과 사람 사이엔 '거리' 가 있습니다. 자신을 남과 가름하며 다름을 지키게끔 해주는 사람관계의 빗금이라 할 수 있겠지요. 아무리 정이 두툼한 사이라도 쉬이 지나가지도, 그렇다고 자신이 넘어가기도 수월하지 않는 땅이 '사람과 사람의 사이' 입니다. 한반도의 DMZ처럼 사람의 손길이 잘 닿지 않는 곳이죠. 이 거리는 나와 남을 가르는 중요한 줄이기에 누군가 덜커덕 들어오면 달가울 수 없습니다. 좋아한다며 자기 삶에 뛰어든 사람이 예뻐 보이지 않는 까닭도 자신의 가장자리를 갑자기 넘어왔기 때문입니다. 이 거리는 정과 믿음이 쌓임에 따라 조금씩 좁혀지기에 함부로 그 거리를 건너뛰게 되면 다툼이 날 수밖에 없지요. 더구나 서해의 북방한계선처럼 좀 모호한데다 사람마다 바라는 거리가 다르고 거리를 좁히려는 방법이 달라 잘 지켜지지 않습니다. 그래서 사람 사이에서 곧잘 오해가 빚어지고 자주 불똥이 튀죠. 어떤 이는 밥에 뜸들이듯 천천히 공들이며 함께 거리를 줄이길 바라지만, 또 다른 이는 그 거리를 후딱 가로지르는 짜릿한 모험을 즐기고자 하니까요.

사람이 사람을 만나는 거리 가운데 가장 살가운 느낌을 나누려면 얼굴 길이의 깁질에서 세 곱절 정도 떨어지는 게 좋다고 합니다. 이 정도 떨어져 있으면 너무 가깝지도 아주 멀지도 않기에 다른 데에 한눈팔지 않고 자기 앞의 상대에게만 골똘할 수 있는 거리죠. '사랑의 거리' 라 이름붙이고 싶네요. 왜 연인들이 딱 그 거리에서 마주보고 앉아 눈을 못 떼겠는지요? 관계나 지위에 따라 사람과 사람 사이의 거리가 달라지는 것을 파헤치는 접근학(proxemics)에서도 사람과 사람의 친밀한 거리를 45cm에서 90cm 사이라고 주장합니다. 착 달라붙어 있으면 서로를 보지 못하고 멀찍이 떨어져 있으면 다른 것들이 눈에 들어오는 것이죠.

그렇다면 입맞춤할 때 눈을 감는 까닭은 느낌에 오롯이 자신을 맡기겠다는 뜻과 아울러 우리 사이에 거리를 없애려는 무의식 때문은 아닐까요? 사람들은 입 맞출 때 그동안 자신을 자신답게 유지하면서도 자신을 울적하게 했던 거리감이 불현듯 '거의' 사라지면서 '하나'가 되는 느낌에 푹 빠집니다. 그래서 연인들은 시도 때도 가리지 않고 뽀뽀를 합니다. 입맞춤은 가물가물한 뒤엉킴이니까요. 입 맞출 때 아찔한 평화가 찾아옵니다.

이 느낌을 누리고자 남자들은 딴에는 멋들어지게 날벼락처럼 여자에게 뽀뽀를 합니다. 서로 사랑하는 사이라면 입술을 들이밀어도 아양으로 봐주겠지만, 상대의 감정을 아직 모르는데도 얼결에 남자가 입술로 덮치는 것이죠. 여자는 놀란 토끼눈을 하면서 날마다 연습한 것처럼, 또는 자동반사처럼 자연스럽게 남자의 뺨을 찰싹 때리고는 불그스름한 얼굴로 흠칫하거나 도끼눈을 하다가 입술을 깨물고 휙 돌아서 가버리죠. 남자는 뺨을 어루만지면서 멋쩍어하거나 배시시 웃으며 좋아라 합니다.

하도 되풀이되는 장면들이라 좀 지겨운데다 남자의 잘못된 사랑 표현이 징글징글하지만, 한편으론 사랑이란 관계의 속살을 조금이나마 바르집는다는 생각도 듭니다. 그냥 아는 사이가 아니라 사랑하는 사이로 바뀌려면 고백이든 뭐든 '뛰어넘음'이 있어야 하니까요. 요즘에 사랑은 차곡차곡 쌓으면서 다져가는 예금통장이라기보다 대박을 바라며 달려드는 부동산투기나 주식투기와 닮았습니다. 여기엔 어정쩡함이란 고개 내밀지 못합니다. 모 아니면 도죠.

사랑이란 영역이 이런 판으로 짜여 있기에 기습 입맞춤은 무례하지만 남자로서 한번쯤 해봄직하다는 생각을 갖게끔 부채질합니다. 어차피 여자가 먼저 사귀자고 하지는 않기 때문에 연인이 되려면 남자인 자신이 그 여자와 여태 맺어왔던 관계를 넘어서고자 뭔가 변화를 줘야 하는데, 이때 입맞춤은 어떤 것과도 견줄 수 없을 만치 강한 인상을 남길 수 있으니까요. 수없이 되풀이되는 빤한 관계지만 연속극식 만남이 남녀관계를 드세게 움켜쥔 요즘, 남자가 이글거리는 눈으로 거칠지만 사랑을 담뿍 담아 뽀뽀를 숫제 해준다면 행복하리란 상상을 여자들이 품지 않을 수 없게끔 사회가 짜였습니다. 대중매체가 만드는 관계와 다른 만남을 꾀하기란 오지게 쩍지죠.

남자의 억지 입맞춤은 남성 우월의식이 스민 환상이자 되우 몹쓸 짓이나 현실에선 제법 솔깃한 몸짓으로 퍼집니다. 드라마 「아이리스」에서 왜 김태희가 더럭 들이댄 이병헌에게 싸대기 한 대를 치며 대뜸 사랑에 빠지겠는지요. 이병헌이 멋진 데다 좋은 느낌도 있었겠지만 그 남자다움에 끌렸기 때문입니다. 그 순간은 좀 찝찝하더라도 남자가 자신에게 걱세게 감정표현하는 걸 옹골차고 씩씩하게 느끼는 것이죠. "안 돼요, 아-ㄴ 돼요, 아- 돼요, 돼요"라는 마초들의 고얀 욕망이 아직도 배어 있으며 딴에는 통한다는 뜻입니다. 남자들이 깁작스레 뽀뽀를 하는 정치경제학은 남녀 사이에 촘촘히 스며들었습니다. 데이트를 하고 싶어도 데이트는 남자가 여자에게 신청하는 거라고 '믿으며' 먼저 만나자고 하거나 프로포즈를 자신이 할 생각은커녕 남자에게 받는 걸 여자의 권리라고 '믿고' 있는 여느 여자들에게 자신이 하고 싶지만 하지 않는(못하는) 일을 갈음해서 해주는 남자의 움직임은 고맙고 멋질 수밖에요.

두말할 것도 없이 여자의 마음에 들지 않는 남자가 뽀뽀를 한다면 미치고 팔짝 뛸 노릇이겠지요. 사실, 자신이 좋아하는 남자가 뽀뽀를 하더라도 아직 감정이 서로 무르익기에 앞서 뽀뽀를 한다면 된통 방정맞은 짓입니다. 이병헌이 아니라 제 아무리 현빈과 원빈을 합쳐놓았다 하더라도 느닷없이 입술을 들이밀면 거북할 수밖에요. 그러나 어떤 의미에서 요새 사랑은 사달이 난 상태를 가리키죠. 합리성과 정당성, 논리와 예의는 사랑이란 마당에 오면 힘을 못 씁니다. 이렇게 멍석이 깔려 있기에 남자는 한방을 노리는 노름꾼이나 사냥꾼처럼 움직입니다. 뺨을 맞고 관계가 쫑나거나 아니면 사랑을 따내거나. 따라서 이름값보단 알맹이가 중요하고 어떻게든 여자의 마음을 얻어내는 게 대수롭죠. 뺏든 훔치든 물불가리지 않게 됩니다. 영화 「말죽거리 잔혹사」의 우식(이정진)처럼 벽을 주먹으로 쳐서 '모성애'를 자극하든, 영화 「시라노 ; 연애조작단」처럼 돈을 써서 사람감정을 조작하든!

자신과 다른 주체로서 남을 배려하지 않는 남자들의 욕망이 께름칙하지만, 이런 마음가짐을 머금고 피어난 남자들의 격한 움직임이 여자들의 마음을 적이 뒤흔듭니다. 다들 엉성하게나마 성긴 거리를 유지하는 사람관계에서 왈카닥 내 안으로 들어오려고 몸부림치는 그 남자는 귀찮으면서도 따분한 자신의 삶을 들썩이게 해주는 존재죠. 상품처럼 흥정이 되는 남녀관계에서 예의바르고 깍듯한 남자는 괜찮은 물건이지만 '사랑할 만한' 최상품은 아니거든요.

남녀평등이란 말이 퍼졌지만 아직도 '남자답고' '여자다운' 남녀가 인기를 끄는 현실에서 남자는 '남자답게' 뭔가를 해내야 합니다. 열 번 찍어 안 넘어가는 나무 없다는 믿음을 갖고 밀어붙이든 번지르르한 이벤트를 하면서 돈을 쏟아붓든 '남자다움'을 보여줘야 하죠.

이런 남자들의 움직임을 본 '뒤' 여자들은 '여자답게' 튕기거나 받아들이는 꼴로 만남을 하는 게 연애의 뼈대니까요. 오늘날 연애의 모습도 이렇게 사람 사이에 거리를 두고 서로 재고 밀고 당기는 줄다리기입니다. 그렇기에 '거리감' 을 줄였다 늘였다 하는 게 가장 찌릿하면서도 재미있는 놀이죠.

그러나 밀고 당기기 때문에, 밀고 당기기를 하니까 사람 사이의 거리를 영영 좁히지 못해 외로워하는 이들이 무척 많습니다. 거리감을 지키려는 강박에 시달리다 까부라지죠. 그렇다고 거리를 무턱대고 줄이거나 가장자리를 없애면 '쉬운 여자' 나 '헤픈 남자' 로 수군거리지 않을까 하는 두려움에 사로잡힙니다. 그래서 이러지도 저러지도 못한 채 낯선 사막에 홀로 오도카니 서 있기 일쑤죠. 빗금을 그어놓고 넘어오는 족족 쳐부수겠다는 '멸공정신' 을 갖고 있는 이들도 있습니다.

하지만 내가 만나는 상대는 이래야 한다는 틀을 정한 채 야코세우며 낯선 남을 받아들이지 못하는 이들은 외로울 수밖에요. 자신이 깔아놓은 지뢰밭을 헤치고 여러 부비트랩을 피하며 그 까마득한 거리를 어느 누가 목숨을 걸고 넘어오겠는지요. 정현종 시인은 "사람들 사이에 섬이 있다 그 섬에 가고 싶나"고 노래하였죠. 그 섬이 비로 이 '거리' 라 할 수 있겠습니다. 이 거리를 지나가야만 누군가에게 건너갈 수 있고, 마찬가지로 상대도 이 땅을 거쳐서만 자신에게로 넘어올 수 있습니다. '우리의 소원은 통일' 이란 노랫말은 나라 정치뿐 아니라 사람살이에도 잘 들어맞네요.

:: 왜 사랑에 목매는 걸까?

어머니가 내게 물려준 가장 큰 유산은 자신을 연민하지 않는 법이었다. 어머니는 내게 미안해하지도, 나를 가여워하지도 않았다. 그래서 나는 어머니가 고마웠다. 나는 알고 있었다. 내게 '괜찮냐' 고 물어보는 사람들이 정말로 물어오는 것은 자신의 안부라는 것을.

김애란, 『달려라, 아비』, 「달려라, 아비」, 16쪽

왜 오늘날 내남없이 다들 사랑에 목매는 걸까요? '진짜 이야기'를 하고 싶기 때문은 아닐까요? 서로 거리를 어설프게 지키는 사회관계를 하다 보면 아쉬움이 늘 걸쭉하게 남지요. 그래서 자신의 속살을 내보일 수 있는 사이를 그리워합니다. 누군가가 곁에 있으면서 자신의 부르틈을 보듬어주고 사람살이를 함께 해나가길 절절히 바라죠. 그리하여 사이버 채팅방이라든지 고민상담이 사뭇 늘어납니다. 자기 둘레엔 이야기 나눌 사람이 마땅치 않으니 인터넷이란 드넓은 바다

에 자기 이야기를 담은 병을 흘려보내는 것이죠. 누군가는 이 병을 주어서 마개를 따주고 읽어줄 거란 기대로 병을 하루에도 몇 개씩 띄워 보냅니다.

정신과 상담이 용오름 솟구치듯 늘어난 까닭도 이런 사회 흐름과 맞물려 있겠죠. 잘 알려져 있다시피 사람들은 자신의 가장 후미진 곳을 보여줄 때 가까운 사람보다 처음 보는 낯선 사람을 훨씬 편하게 느낍니다. 가까운 사람들과 탈을 쓰고 만나왔던지라 여리고 무르고 달떠하고 아파하는 자신의 속내를 열어보이기 두렵지요. 하루아침에 관계가 버그러질 수 있으니까요. 저마다 써왔던 탈을 쓰고 '딱딱하게' 살아갑니다. 자신이 바라지 않더라도.

사람들은 넘치지만 대화할 사람은 적고, 대화란 것도 깊이와 재미가 산뜻하지 못하기에 나날이 외롭습니다. 가방끈도 길고 외우란 것도 잘 외운 사람들이지만 사람들과 무엇을 이야기하고 어떻게 마음을 열어가야 할지 모르니까요. 어제 재잘거린 이야기를 또 꺼내고 시긴 때우기에 썩 나쁘지 않은 재테크와 연애 이야기, 드라마와 연예인 이야기로 노닥거리며 비싼 찻값을 치릅니다. 모든 커뮤니케이션이 미스커뮤니케이션이라는 쌀쌀한 뇌까림만 철렁입니다.

애잔하지요. 자신의 삶에 끼어들 수 없는, 자신과 아예 딴 세계에 있는 낯선 이에게만 마음의 자물쇠를 여니까요. 가까운 사람일수록 더 살갑고 더 잘 알아야 하건만 가까운 사람들과는 '그 가까움'을 지키고자 가까운 사람들과 할 수 있는 얘기를 하지 못합니다. 이제 가깝단 뜻은 상품을 사고 써버릴 때 옆에 있다는 얘기입니다. 그래서 가까운 사람들이 늘어날수록 알망궂게도 사람들은 허전하고 스산해집니다. 가까움이란 말에 슬픔이나 고통을 함께 나눈다는 말이 쏙 빠져버렸으니까요. 그 가까운 사람들과 '참으로' 가까워지고 싶은 마음이 옴씰 일어나지만, 그랬다가 찜찜하게 되지 않을까 지레 마음의 창을 닫아버리기 일쑤죠. 관계를 행복하게 맺고 있는 사람이 흔치 않습니다. 그렇게 가깝다고 믿었던 사람들과 다시 멀어지고 또 다른 사람들과 새로 가까워지지만 허전함이란 아궁이는 여전히 뻥 뚫려 있죠.

이때 자신의 아궁이를 메워주며 자기 삶을 달궈줄 거 같은 도깨비불을 쫓기 일쑤입니다. 그 불빛이 달달하게 꼬드기기에 홀리기 십상이죠. 그래서 그런지 도깨비들이 깔아주는 빛바랜 틀 안에 자신을 끼워 맞추려들죠. 청순가련한 여성, 거칠지만 나만 좋아해주는 사내, 애틋한 추억의 장소들, 산드러진 배경음악, 닭살 돋는 대사 등등을 베낍니다. 그렇게 했는데 서로 죽이 잘 맞아서 사랑넝쿨이 통째로 매끄럽게 굴러들어올 수도 있겠지요. 그러나 대부분 설렘, 들뜸, 아슬아슬함을 즐기다가 어안이 벙벙합니다. 감정은 식어가는데 딱히 둘 사이에서 무언가를 새롭게 빚어내질 못하니까요. 뽀뽀도 하루 이틀이지요. 똑같은 얘기를 하품 나도록 종알거리며 김빠진 데이트를 되풀이하다가 끝내 질려서 뜸해집니다. 그러다 보면 콩깍지가 벗겨져서 짝꿍의 반짝임보다 허술함이 보이기 시작하고, 자기 또한 서투르고 모자란 사람이란 걸 잊은 채 언제나 상대의 구멍만 큼직하게 여기면서 실랑이가 벌어지죠.

그렇다면 어찌 해야 외로움을 넘어서고 사랑을 해낼 수 있을까요? 먼저 외로움이 무엇인지 따져 물어야겠지요. 외로움이 뭔지 알아야 외로움을 줄일 수 있을 테니까요. 외로움은 '맞닿음이 없는 형편' 입니다. 자신의 몸이란 테두리를 넘어서 남에게로 나아가지 못하고 나를 열어 남을 받아들이지 못함이 외로움이죠. 인간(人間)이란 말과 한자 사람(人)에서도 알 수 있듯 사람은 사람 사이에 있을 때만, 서로 기댈 때만 비로소 사람으로 살 수 있습니다. 그러므로 외로운 까닭은 사람 사이에 있지 않기 때문이고, 사람과 사람이 서로 부축하지 않고 밀어내기 때문이겠지요.

겉보기엔 말쑥하게 차려입은 사람들이 많아지고 아는 거 많은 잘난 사람들이 수두룩해져도 사람 '사이'가 끈끈해지고 곰살궂어지진 않는 듯해요. 번쩍거리는 불빛들이 암만 도시의 밤을 즐기라는 낚싯밥을 풀더라도 결코 행복할 수 없듯 사람은 모름지기 참 만남을 바라니까요. 마음 맞는 사람 만나기가 어렵다는 징징거림이 입 속에서 맴돕니다. 그래서 얘기가 통하는 사람을 만나면 눈에 불꽃이 켜지고 훌러덩 빠져들죠. 평소에 얼마나 진짜 이야기를 나누고 싶었는지 알 수 있는 대목입니다. 사람은 저마다 자기 신호를 우주로 내쏘면서 누군가와 통하기를 절절하게 기다립니다.

이렇게 소통하고 싶어 하는 까닭은 소통이 안 되기 때문입니다. 서구처럼 근대화하겠다는 삽질 아래 모든 관계가 부서진 뒤 '재개발' 되었는데, 겉보기만 훤칠하지 그 안은 텅 빕니다. 사람과 사람 사이를 엮어주는 정과 믿음이 없기 때문에 사람관계는 엉성하기 짝이 없고 삼풍백화점처럼 난데없이 무너집니다. 저마다 자기 개성을 내세우는 것은 좋지만 적어도 그 다름을 존중하며 함께 하려는 마음이 숙지근해졌습니다. 다들 잘 나가고자 발버둥치지만 마음속 구멍에서 불어오는 샛바람에 밤이면 비틀거립니다. 자신의 마음을 열어보이는 걸 두려워하고, 누군가 자신에게로 들어오는 걸 무서워합니다. 사람 사이 마음 이어지는 길이 꺼졌죠. 진득한 건 싫다고 누군가 다가오면 손사래를 치지만 뒤돌아서면 빽빽한 두 눈을 무릎에 파묻고 훌쩍입니다. 자기 마음을 알아주는 사람을 찾아 헤매지만 누가 자기 마음 알아주기만을 바랄 뿐 남의 마음은 알려고 애쓰지 않습니다. 이에 외로움은 차츰 다락같아지며 삶을 옥죄는 집값처럼 되어버렸죠.

그러다 보니 자신의 외로움을 가시게 하고자 숱한 사람들은 추억이란 꽃가루를 뿌리며 틈날 때마다 그때가 좋았다며 친구들을 만나거나 술에 취할 때면 주억거리고 한 얘기를 또 하고 또 합니다. 지나간 첫사랑에 방부제를 듬뿍 뿌려 간직하고, 추억에 청승이란 고명을 얹으며 알록달록 꾸미려 하죠. 지난날에 아련히 잠겨 체루가스를 뿌려댑니다. 이들은 지난날만 바라보다가 맥이 풀린 나머지 지금 사랑할 힘이 없어 빌빌거립니다. 예쁜 추억들을 꼬불쳐 두었다가 잠깐이나마 토닥임을 받습니다. 빙글빙글 돌아가는 회전목마에 다소곳이 앉아 '과거의 낭만' 에 틀어박힌 꼴이죠.

사람은 누구나 사랑이 남기고 간 외로움이란 얼음가시를 안고 살아가기에 그 가시가 아파 자꾸 그 가시를 얘기할 수밖에 없으며, 아픔을 핑계 삼아 스토커로 변하기도 하고 죽고 싶은 마음도 들기 일쑤입니다. 그렇다고 이 가시를 두남둘 수는 없습니다. 그 가시는 자신의 앙가슴을 후벼파는 데서 그치지 않고 둘레 사람들까지 찌르면서 모두를 쓰라리게 만드니까요. 따라서 아파하지만 말고 가시를 뽑고 새살을 만들어야 하지 않을까요? 얼음가시는 사랑의 손길로만 녹습니다. 그렇다면 자신의 외로움을 썰매삼아 상대의 외로움이란 겨울나라로 들어가야 하지 않을까요? 아니면 스스로를 사랑해야 하지 않을까요?

사랑을 지피려면 자신의 대화방법과 상대를 헤아리는 마음가짐이 어떠한지, 자신이 바라는 소통과 만남은 어떤 모습인지 되짚어야 하겠죠. 처음부터 마음을 잘 주고받는 사람은 없습니다. 수없는 고민과 돌아봄을 머금고 대화란 꽃은 가까스로 피어나니까요. 누군가와 함께 있음을 느낄 때 얼마나 고소하고 고즈넉한지요. 남과 만나 말길을 이어낼 때 포근하면서도 즐겁게 웃을 수 있습니다. 만남은 단지 사람의 몸과 몸이 같은 때 같은 곳에 놓여 있음이 아니라 주체와 주체가 어우러져 이야기 꾸러미를 끄르는 일이죠. 따라서 대화는 마음의 나눔이자 껴안음입니다. 사람과 사람을 이어주는 무지개가 이야기 나누기지요.

"쓸쓸해요. 몸서리치게 외로워요. 마음 나눌 사람이 그리워요. 사랑을 하고 싶어요. 한데 두려워요. 아플까봐. 더욱 외롭게 될까봐 … 어찌 해야 할지 모르겠어요 … ." 많은 사람들의 입술에 이런 하소연이 감돌지요. 이소라의 노랫말처럼 "잘 지내라는 인사도 없이 치러진" 이별에 목이 메었던 기억은 다시 사랑할 용기를 누르지만, 다시 상처받으려는 마음가짐을 다져야겠지요. 사랑과 호젓함은 한 켤레입니다. 사랑할 줄 아는 사람은 호젓함이란 배를 잘 저을 줄 아는 뱃사공입니다. 부디 처음 사랑에 빠진 소녀소남처럼 기꺼이 상처받을 마음으로 용기 있게 사랑이란 강물로 나아가시길.

:: 사랑을 공부하자

나는 늘 왜, 라고 묻는 습관을 갖고 있다. 나는 왜 너를 만났는가. 나는 왜 네게 빠져들어 갔는가. 나는 왜 너를 이쁘다고 생각하는가. 아, 나는 왜 불과 같이, 너를 갖고 싶었던가. 사랑하기 때문이라고 말하면 모든 게 끝나버릴 질문이겠지. 사람들은 사랑하기 때문에, 사랑하기 때문에, 라고 설명한다. 나는 그 말을 믿지 못하겠다. 네가 알아듣기 편하도록 쉽게 설명하자면, 사랑을 본 적도 만진 적도 없어서 나는 그 말, 사랑을 믿지 못한다.

박범신, 『은교』, 91쪽

누군가를 알기란 얼마나 어려운지요. "네가 나를 모르는데 난들 너를 알겠는냐"며 김국환이 노래하듯 '너'를 알기란 알쏭하고 이따금 힘겹다는 느낌에 빠지기도 하지요. 온몸으로 기어가며 손을 내뻗어도 도저히 잡히지 않는 너!

그래서 다들 퉁명스레 그럭저럭한 사이로 지내는지도 모르겠습니다. '너'를 알기엔 개어야 할 먹구름이 많고 치러야 할 수고가 수북하니까요. 상대도 마찬가지죠. 상대에게 '너'는 '나'일 테니까요. 그렇게 사람들은 서로서로 외롭게 부대끼며 살아갑니다. 서먹한 웃음을 지어주는 그 정도의 상냥함조차 그리울 지경이죠. 누군가와 자주 만난다고 하더라도 시간을 오래 보냈기에 친하다고 '믿을 뿐', 한 꺼풀 그들의 속마음을 들추면 서로 잘 모르기는 매한가지입니다.

속 깊은 이야기 나누기가 뜸하고 마음이 오가는 관계가 듬성듬성한 시대입니다. '사이버 일촌'은 차고 넘치는데 그렇다고 사는 맛이 쏠쏠하지는 않습니다. 그렇다면 '사이비 일촌'을 맺었기 때문은 아닐까요? 그렇게 알던 '너'가 그 '너'가 아닌 모습으로 나타날 때마다 얼마나 헉하며 자지러지기를 되풀이하는지요. 옆 사람을 돌아보며 이렇게 중얼거렸던 적은 없는지요. 넌 누구니?

많은 사람들이 연애문제로 턱을 괴고 머리를 쥐어뜯으며 날밤을 지새웁니다. 연애를 해도 걱정 안 해도 걱정입니다. 연애는 술렁임과 일렁임으로 내 삶 안에 드리워진 낯선 녀석입니다. 연애를 달차근하게 해나가는 사람이라 하더라도 휘청댑니다. 이 감정이 참말 사랑인 건지, 아니면 성욕에 취한 건지, 사랑이라 되뇌며 믿으려는 건지, 틈날 때마다 이마를 짚고 헛침을 삼키기 일쑤입니다. 알다가도 모를 저 사람의 마음, 아, 진짜로 그대는 날 사랑하나요? 아무리 묻고 들어도 속 시원하지 않은 물음을 웅얼거릴 수밖에 없지요. 연애를 하지 못하면 남들은 다 하는데 내게 무슨 문제가 있는 건 아닐까? 생김이 잘못이라 다시 태어나야 하나? 외로워 죽겠는데 연애할 짝은 당최 언제 나타나는 걸까? 좀 뻘줌하지만 결혼정보회사에 도움 받을까? 그때 그 사람은 어찌 지낼까? 별별 생각들이 밤하늘에 별똥별처럼 나타나 자기 머릿속에 떨어지며 삶을 싱숭생숭하게 합니다.

친구들을 만나 미주알고주알 터놓지만 다들 고만고만하죠. 뻔한 만남과 헤어짐을 되풀이하면서 딴에는 즐거움을 누리고 깨달음도 얻지만 누구를 만나든 얼마나 사랑을 하든 대부분 세월을 외롭게 써버립니다. 경험이 더 쌓이면 보다 슬기롭게 사랑할 수 있을까라는 한 가닥 바람을 가져보지만, 나이 들어서도 고의춤을 아무렇게나 풀어제치는 중년들을 보면서 도리질을 할 수밖에요. 사랑은 아무나 할 수 있지만 누구나 잘하는 건 아니니까요.

사랑을 본능처럼 사부자기 여기지만 사실 사랑은 낯설고 놀라운 사건이자 애먹는 노동입니다. 울리히 벡의 말마따나 "사랑은 지독한, 그러나 너무나 정상적인 혼란"입니다. 사랑이란 물살을 즐기며 자맥질하는 사람이 얼마나 있는지요? 사랑이란 바다에서 헤엄치는데 대개 젬병입니다. 맵시를 뽐내며 선수랍시고 콧대 세우다가 물먹는 일이 숱합니다.

그래서 사랑을 공부해야 합니다. 허접한 연애상담이나 여러 경험 늘어놓으면서 몇 마디 귀띔해주는 오지랖을 떨쳐내고 '인문학'이란 널찍한 틀로써 어떻게 사람을 만나고 마주하며 지내야 하는지 어려서부터 배우고 생각했다면 지금 더 행복하게 사랑할 수 있겠지요. 불어닥치는 하늬바람과 내 안에서 부글부글 끓는 어찌할 수 없는 기운을 더 슬기롭게 마주치고 엮어갈 수 있을 테니까 말이죠. 인문학과 더불어 자연과학이란 안경으로 사랑을 바라보고 생각하는 방법을 익혔다면 사랑 때문에 마음이 접질려 뒤흔들리는 고통이 덜할 수 있을 성싶네요.

아무리 들춰봐도 몇 년 전에 나온 책의 판박이 같은 자기계발서는 장대비 내리듯 쏟아지는데 지금 나를 가장 쩔쩔매게 만드는 사랑과 절절하게 바라는 사람관계를 깊이 다룬 책은 가물었습니다. 어쭙잖은 얘기를 씨불이며 그렇게만 따라하면 연애가 잘 될 거라는 알량한 '연애전문가들' 나불거림에 휘둘려 많은 이들이 뒤뚱거리고 끙끙대며 나풀거립니다. 10대들을 연예인이랍시고 벗겨놓고 즐기다가 연예인이 아닌 청소년들이 아이돌들을 따라하면 날라리라며 호들갑을 떨고, 20-30대들은 초식남 건어물녀가 되어서 연애하지 못한 채 깡말라 갑니다. 조금 사랑할 짬이 있는 중년들은 여관을 들락날락거리며 헛기침만 뱉어대죠. 어디서도 성과 사랑 덕분에 자기 삶이 함함하고 튼튼하다고 이야기하지 않습니다. 허리 아래는 얘기하지 말자고 치뜨기만 하죠.

성기운을 초라하게 싸대는 게 아니라 사랑을 해야겠지요. 사랑은 누군가를 잘 만나기만 하면 한방에 다 잘 풀리고 재깍 행복이 피어나는 복권이 아닙니다. 그런데 많은 사람들은 사랑이란 놀이에서 상대란 공이 잘못 되었기에 자신이 헛발질한다고 믿으며 이상형이 코빼기도 안 보이지만 언젠가 짠 나타날 거라며 스스로를 달랩니다. 그 사람이 나쁜 놈이니 못된 년이있기 때문에 사랑이 깨졌다고 자신을 속이죠. 그러나 따 부러지게 자신을 들여다봐야 해요. 누가 우격으로 그 사람을 만나라고 하지 않았으니까요. 그렇다면 남 탓이 아니라 나에게 물어야 하는 문제지요. 홀로 설 수 없는 사람은 남과 마주 설 수 없습니다.

> 누군가와 더불어 행복해지고 싶었다면 그 누군가가 다가오기 전에 스스로 행복해질 준비가 되어 있어야 했다. 재능에 대한 미련

> 을 버릴 수가 없었다면 그것을 버리지 말았어야 했다. 모욕을 감당할 수 없었다면 그녀 자신의 말대로 누구도 자신을 발닦개처럼 밟고 가도록 만들지 말아야 했다.
>
> 공지영, 『무소의 뿔처럼 혼자서 가라』, 290쪽

사람은 무소의 뿔처럼 혼자서 가야 하고, 그때 또 다른 무소를 만나 사랑을 피워냅니다. 깜보를 맺으려면 자신부터 옹글게 건사할 줄 알아야 해요. 그래야 꿈에도 그리던 진한 사랑을 이룰 수 있겠지요. 자기 삶을 얽어매는 것들을 털어내고 벗어나고자 한 발짝 내딛어야 합니다. 그러는 순간 자신은 달라집니다. 자신의 몸이 바뀌고 삶이 움직이고 자신의 선 자리가 달라집니다. 이 일은 오직 자기 스스로 품을 내어서 해내야 하는 몫이에요. 그때 영혼의 짝이 나타나겠지요. '소울메이트'를 만나고 싶다면 자신이 그런 소울메이트여야 합니다.

자신의 반쪽을 만나면 사랑이 생기는 게 아니라 자기 안에 곰작거리던 기운이 용솟음칠 때 사랑이라는 사건을 만들 수 있습니다. 그렇기에 반쪽이를 찾아서 헤맬 게 아니라 '지금 이 순간' 자기 스스로 사랑함직한 사람이어야 하는 것이죠. 그러한 사람을 만날 수 있는 사람이 되어서 사랑이란 판을 깔 수 있어야 사랑이 꽃망울을 터뜨립니다. 운명은 만드는 것이니까요. 사랑은 운명과 짝을 이룹니다. 그런 깜냥이 갖춰져야 운명 같은 사랑을 할 수 있지요.

결혼정보회사를 뻔질나게 들락거리지 말고 재고 따진 만남을 덜떨어지게 여겨야 하는 판을 갖춰야겠지요. 흥정하듯 자신의 몸과 상대의 마음을 저울질하면서 행복하다면 그게 더 기막힌 일 아닐까요? 감정을 밑천 삼아 무언가를 하려고 해선 죽도 밥도 안 됩니다. 사랑은 낙원으로 가는 차표가 아니라 스스로 움직이는 낙원 그 자체입니다. 사랑이란 용솟음은 자신을 새로운 사람으로 만들어주죠. 마치 태양과 같은 힘이죠. 해님은 자신을 더워하지 않습니다. 어마어마한 불길이 치솟지만 되레 여태껏 듣도 보도 못한 잔잔함이 해님에겐 어려 있습니다. 이와 비슷하게 참사랑에 빠진 사람은 이글거림에 도자기가 타지 않고 단단히 구워지듯이 뜨거우면서도 아늑하게 사랑의 도가니를 만듭니다. 상대방도 거듭나고 자신도 자라면서 서로 공부하고 함께 기뻐하는 사랑을 하면 얼마나 함초롬하고 아름다울까요? 이런 사랑은 두 물줄기가 흘러가다 만나 같이 흘러간다는 뜻에서 '두물머리 만남' 또는 '길손사랑' 이겠지요.

봄이 가면 여름이 오고 여름이 지나면 가을이 오듯이 사랑도, 삶도 흐릅니다. 그런 점에서 사랑은 영원하다는 몽달이를 던져버려야 해요. 두 사람이 오래오래 행복하기만 하다는 생각은 자신의 삶을 갉아먹는 어둑서니입니다. 삶과 삶이 만나 함께 견디며 서로에게 울긋불긋 물들어 가는 사랑을 해야겠지요. 지난날의 자취들은 얼음가시가 되어 가슴패기에 박히지만 사랑은 그 가시를 끌어안으면서 녹여냅니다. 삶은 상처를 무릅쓰면서 가시밭길 나아가기이고, 삶에 맞닥드리며 생겨나는 상처에서 사랑이 자랍니다.

사랑을 배워야 합니다. 학교에서는 물의 화학분자는 어떻게 이뤄지는지, 목성에 위성이 몇 개인지 외우게 하고 수열과 미적분을 가르치지만 어찌 된 일인지 정작 삶의 알짬인 사랑을 알려주지 않습니다. 몸과 마음으로 사랑하는 방법을 배우고, 인류역사에서 사랑이 어떻게 바뀌어 왔고 오늘날에 사랑은 어떻게 뜻매김했으며, 어떻게 사랑을 하고 만들어갈 건지 '같이' 공부해야 해요. 이렇게 뚝배기를 갖춘 사람만이 사랑이란 이글거림을 잘 담아내어 어여쁘고 뜨끈하게 '맛있는 사랑' 을 할 수 있습니다. 사랑이란 감정을 잘 배우고 익힌 사람은 연애를 할 때 온 힘을 다하겠지요. 사랑의 쓴맛, 단맛, 신맛, 떫은맛, 매운맛을 몽글게 겪으면서 고즈넉한 삶의 울림을 기꺼이 누릴 테니까요.

참으로 한 사람을 사랑한 사람은 그 사람을 통해서 세상을 참으로 사랑하는 방법을 배웁니다. 많은 사람들이 사랑을 배우고 공부했더라면, 사랑을 자기 삶의 벼리로 삼았더라면 보다 많은 사람들이 더 반반하고 진하게 사랑하며 행복하게 살아갈 텐데, 이 사회가 더 푸르싱싱할 텐데라는 아쉬움이 드네요. 사랑을 그리워하고 어떻게 연애한 번 해볼까 곁눈질하며 어정쩡하게 여기저기 얼쩡거리지만 정작 사랑 가까이 얼씬도 못하는 사람들이 적잖은 듯싶으니까요.

스스로 아름다운 사람이 되어 향기로움과 참 행복한 삶을 일궈가야 하겠죠. 온몸으로 공부하고 온 생애를 걸어서 사랑하며 싱그러운 삶을 누리시길 바랍니다. 사랑을 하면 삶이 쌩쌩합니다. 그렇기에 누구나 자기 나이에 걸맞게 젊음을 자아내야 하고 사랑으로 초롱초롱해야 합니다. 한 번도 상처받지 않은 것처럼 사랑하시길!

대학을 생각하다

한국 교육의 모든 문제들을 한마디로 요약한다면, 교육이 인간성의 자기실현이 아니라 한갓 권력투쟁의 과정으로 전락한 것이라 할 수 있다. 한국 사회에서 교육이란 권력을 불평등하게 배분하고 그에 따라 사회적 불평등을 소란 없이 재생산하고 유지하는 장치이다. 그런데 여기서 한국 사회가 보여주는 두드러진 특징은 사회적 부와 권력이 개인의 학력에 따라 차등배분되는 것이 아니라 개인이 속한 학벌에 따라 집단적으로 차등배분된다는 데 있다. 그리하여 한국 교육은 학교의 차별적 서열화를 통해 사회적 차별과 불평등을 재생산하는 것이다.

김상봉, 『학벌사회』, 376쪽

:: 김연아도 학벌을

전문대를 졸업했지만 능력이 뒤진다고는 생각지 않는다. 관광경영을 전공했고, 영어회화도 중급 이상이다. 토익도 이따금 900점을 넘었다. 교내 스포츠 댄스 동아리의 회장이었다. 아니 나는, 뭐든 할 수 있다. 그런 정신자세가, 되어 있다. 건강하고, 공병 출신이어서 막일도 훤하다. 억울하단 얘기는 아니지만—즉 내 말은, 적어도 일흔세 곳에서 고배를 마실 정도는 아니란 얘기다. 누가 뭐래도 나는 그렇게 생각했다. 과연 그럴까? 그렇다니까. 실은 그래서, 나도 심란했다. 일할 곳과 쉴 곳이, 그래서 동시에 필요했다.

박민규, 『카스테라』, 「아, 하세요 펠리컨」, 128쪽

"안녕하세요. 김연아입니다. 수업에 늦게 들어와서 죄송합니다."

언론에 따르면 김연아가 2010년 4월 6일(3월이 아닙니다), 강의실에 들어가면서 한 말이라고 합니다. 고려대 체육교육과 '대학생' 김연아는 스포츠 심리학 수업에 들어가면서 쑥스럽게 지각인사를 하지

요. 김연아라고 해도 늦을 수 있겠지만, 김연아는 차를 타고 고려대 본관에 와 이기수 총장을 비롯해 교수진과 '환담'을 나누다가 수업에 들어갔으며, 10분 남짓 강의를 들은 뒤 건강검진을 받고자 고대 안암병원으로 가서 2010년 '처음이자 마지막 등교'를 끝냈다는 사실 앞에서 화들짝 놀랄 수밖에 없습니다. 대학생 맞아?

한마디로 김연아는 대학교에 이름을 올렸을 뿐이지 대학생이 아닙니다. 수업을 '10분' 들으면서 '대학의 맛'을 살짝 느끼지만, 김연아는 '수업을 듣는 대학생'이 아니라 총장이 기다리는 '유명인사'로서 고려대를 찾아간 것일 따름입니다. '10분' 동안 강의를 들어 무엇을 얼마나 얻었는지 모르겠지만, 왔다갔다 하는 시간에 집에서 스포츠 심리학 책을 보거나 인터넷 강의를 듣는 게 더 낫지 않을까 싶네요. 김연아에게 지청구하는 게 아니라 김연아가 대학생이라는 신분을 껍데기로나마 유지한다는 건 한국에서만 일어나는 얄망궂은 일이라는 겁니다. 한국이란 학벌사회는 김연아든 박태환이든 구태여 대학에 들어가 학점을 따지 않아도 되는 예체능인들이나 대학에 다닌다 해도 제대로 학교생활을 할 수 없는 연예인들을 죄다 빨아들입니다. 김연아가 '고려대'에 들어가 아주 가끔씩 얼굴도장을 찍는 일은 학벌사회가 아니면 설명이 안 됩니다.

한국에선 20대 젊은이라면 으레 대학에 가야 한다는 말뚝이 보이지 않게 박혀 있고, 어느 대학에 다니느냐에 따라 그 젊은이의 몸값이 달라집니다. 말도 안 되는 일이지만 다들 그렇게 살아가고 있기에 아무도 물음표를 피워내지 않습니다. 다 대학생활을 하기에 가지 않으면 밀쳐진다는 걱정과 철렁임만 삶을 덮칠 뿐, 왜 그렇게 돈뭉치를 뜯기면서까지 대학에 다녀야 하는지 이 사회는 가르쳐주지 않고 젊은이들은 묻질 않습니다. 물론, 공부를 더 하고 싶은 사람은 대학에 들어가 사람들을 만나서 박터지게 배워야 하겠죠. 그러나 모든 사람이 공부를 하고 싶어 하지는 않습니다. 저마다 사정이 다르고 가진 재주가 다르니 그에 맞게 하고 싶은 걸 사회에서 해나가면 되죠. 대학에 꼭 들어가지 않더라도 사회에서 얼마든지 더 배울 수 있고 사람들을 만날 수 있습니다. 모든 이들이 졸업장을 따고자 이렇게 돈과 시간을 쏟아붓는 건 여러 모로 아까울 수밖에 없습니다.

솔직히 툭 까놓아 보죠. 왜 한반도 남쪽에 있는 모든 사람들이 대학입시에 헐렁이 노릇을 하고 학부모들이 사교육에 돈다발을 꼬라박으면서 자식들을 대학에 보내고자 속 태울까요? 남과 함께 사람답게 살고자 대학에 가는 걸까요? 대학 간판대로 인생이 판가름나기 때문입니다. 어느 대학이냐가 그 사람 인생을 쥐락펴락합니다. 대학 이름에 따라 대우가 달라지는 건 꽤나 어리둥절한 일이지만 사람들은 덤덤히 차별을 받아들입니다. 모쪼록 위에 있는 대학에 들어가 업신여김을 덜 받고자 할 따름이죠. 서울대 1학년생이나 지방대 1학년생이나 세상을 바라보는 눈이나 사람 대하는 몸놀림은 어금버금하건만 대접은 극과 극입니다. 수능성적보다 대학교 4년 동안 얼마나 공부하고 앞으로 어떻게 살아갈지가 훨씬 중요하건만 대학이 어디냐에 따라 그 사람의 값어치는 물론이고 됨성부름까지 정해지죠. 대학이 사람의 몸값 매기는 전당포입니다. 사람들이 대학에 들어가고자 발싸심하는 까닭도 대학을 나오지 않으면 허름하고 꾀죄죄하게 비치기 때문입니다. 입시경쟁은 어느 대학을 나왔느냐에 따라 쉽사리 사람을 에누리하는 섬뜩한 한국에서 살아남고자 하는 바동거림이지요. 서울에 있는 한 대학에 편입한 젊은이는 이렇게 털어놓습니다.

학벌은 죽을 때까지 따라붙잖아요. 아이가 아빠, 대학 어디 나왔어, 어 … ××대학 … ××대학이 어디야, 아빠 공부 못 했구나. 이런 거 생각하면 골치 아프고 사회생활할 때도 학교 어디세요? 자주 묻잖아요. 그럴 때마다 어 … 벙어리 돼요. 이런 게 너무 싫었어요.

『꺄르르♡인 블로그』, 「동대문에서도 학벌 따져요」

요새 대학은 대학(大㱿) 또는 대학(大虐)입니다. 무지하게 구역질나거나 선뜩하게 소름 돋는 곳이죠. 소비자본주의를 달구는 불쏘시개로 사람들이 쓰이기에 한국 교육은 대학의 이념이 무엇인지, 사람답게 사는 게 뭔지 더 이상 고민하지 않습니다. 그저 더 활활 타오를 수 있도록 꼬치꼬치 마른 땔감으로 찍어내느라 바쁘지요. 아는 사람끼리 속닥이는 '갸륵한 지식들' 을 찍어내면서 대학의 정신을 수련대니 머쓱합니다. 가방끈을 늘려주거나 장신구 몇 개를 치렁치렁 달아주는 가게가 우쭐대니 얼마나 남세스러운지요. 가방끈만 늘린 채 빠대는 뭇사람들 가운데 흐뭇하게 대학을 다닌 이가 드뭅니다. 오늘날 대학은 서민들을 해마다 내리찍는 도끼날입니다. 그 많고 많은 학교들은 '지성인' 을 키우는 데가 아니라 '인적 자원' 을 개발하는 인간공장이 되어버렸습니다.

인간재료를 찍어내는 인간공장을 거친 젊은이들이 거친 바다로 나아가 자기 꿈을 이루고자 애쓰는 돌고래가 될 리 없지요. 방부제로 범벅된 밀가루같이 됩니다. 허연 낯으로 라면이 되기만을 기다리죠. 요리법에 대한 불만도 요리사에 대한 생각도 없이 그저 이 사회의 한

끼가 되고, 그것을 멍하니 받아들입니다. 누가 조금 더 비싼 라면이 될 수 있지만 다들 '좋지 않은 먹거리'란 점은 똑같습니다. 이러니 꿈을 꿀 수도 행복할 수도 없지요. 머릿속이 닳은 대학생들과 등골이 휜 부모들 사이에서 대학의 위기가 펄럭입니다.

이런 곳에 김연아가 발을 담글 까닭이 없습니다. 김연아는 어차피 이름만 대학생이지 '평범한 대학생활'은 하기 어렵습니다. 그렇다면 더 넓은 세상으로 나아가야 하지 않을까요? 운동선수로서 훌륭한 일들을 거두었고 예술가로서 더 뻗어나가야 할 김연아가 대학생이란 신분에 얽매일 까닭이 없습니다. 김연아는 '국민세뇌기관'으로 변한 요즘 대학에서 별로 얻을 게 없을 뿐더러 대학 바깥에서 훨씬 더 많은 것들을 얻을 수 있습니다.

학벌로 떡하니 포달을 부리는 21세기 한국입니다. 왜 이런 일이 벌어지는지 아무도 묻지도 따지지도 않습니다. 대학의 이념은 박살나 버렸지만 그동안 학벌경쟁에 익숙해진 나머지 대학의 짜부라짐에 사람들은 심드렁해합니다. 알아도 눈 감고 귀 닫고 코 막으면서 딴청 부리죠. 마치 몸을 함부로 놀리고 굴려서 병에 걸렸지만 스스로 잘 모르거나 자기 몸을 내팽개친 사람처럼 안에서부터 문드러져서 곪아 터진 것들이 밖으로 나오는데 다들 시큰둥합니다. 몸이 안 좋긴 한데 왜 안 좋은지 잘 모르다가 한참 뒤에 암 말기라는 걸 알고 눈을 질끈 감듯, 한국 사회에도 썩은 내가 나는데 어디서 나는지 잘 모르다가 굼뜨게 후회하는 건 아닐까요? 어서 학벌사회란 암세포가 한국 사회를 갉아먹고 있다는 사실을 깨닫고 고치려고 다함께 나서야 하지 않을까요?

:: 서울대학교, 그 욕망의 떡밥

> 아무 대학교 학생이나 받아들여서는 안 된다는 거예요. 아무 대학교 학생이나 오는 대로 받아들이게 되면 진짜로 '자유의 나무' 회원이 되고 싶은 명문대학교 학생들은 오지 않아요. 우리가 끌어들이고 싶어도 3류가 득시글거리는 곳에 그들은 오질 않아요. 3류 대학교 애들이 끼지 못하는 진짜 명문 대학생들로만 이루어진 모임이라야 명문 대학생들이 허영을 가지고 '자유의 나무' 로 몰려들죠. 그래야 똥 찌꺼기들이 대한민국을 점령하는 것도 막을 수 있어요.
>
> 장정일, 『구월의 이틀』, 246-247쪽

한 토론회에서 서울대 농경제사회학부 최영찬 교수는 수업시간에 학생들에게 창업하고 싶거나 뭔가 새로운 도전을 하고픈지 물으면 단 한 사람도 그런 뜻을 갖고 있지 않다며 안타까워했습니다. 그럼 뭐 하고 싶냐고 물으면 대부분 공무원 시험을 보거나 금융기관에 들어가겠다고 하죠. 요즘 학생들은 청년정신을 잃은 채 스펙 쌓느라 세상일에 관심이 없다며, 가장 뛰어나다는 젊은이들이 모인 서울대학에서 새로운 일을 해보고 싶어 하는 사람이 단 한 사람도 없는데 어떻게 한국의 앞날이 밝겠느냐며 최 교수는 걱정하더군요.

여러 토론회에서 20대들을 비판하고 혼 좀 내달라고 최 교수를 부른다고 합니다. 며칠 내다놓은 나물반찬처럼 요즘 젊은이들이 시들시들해졌다고 여기니까요. 그러나 최 교수는 가지 않습니다. 왜냐하면 지금 젊은이들을 이렇게 만든 게 자기세대인데 어찌 꾸중할 수 있냐는 거죠. 아이들을 보면 정말 마음이 아프다며 기성세대들이 진짜 많이 고민해야 한다고 최 교수는 기성세대를 타박합니다. 최 교수는 젊은이들이 도전하지 못하도록 그들의 푸르른 마음을 세상이 끌어내린다며 목청을 높였습니다.

지구동네에서 가장 끔찍한 학벌체제를 갖고 있는 한국 사회에서 서울대란 딱지는 욕망의 떡밥입니다. 서울대의 여러 학과들이 있는데 막상 그 학과공부를 하고 싶어서 들어간 학생보다 서울대란 댕기를 달고자 점수에 맞춰 들어간 이들이 더 많은 형편입니다. 그러다 보니 서울대학생이라 할지라도 비인기학과에서는 전공공부가 제대로 이뤄질 턱이 없지요. 고시에 청춘을 꼬라박는 이들이 많아집니다. 법을 공부하고 싶으면 서울대가 아니더라도 다른 대학에 가서 법공부를 하면 될 텐데 많은 젊은이들이 곧 죽어도 서울대를 가려고 합니다. 간판 때문에 자기가 바라지도 않는 학과에 들어간 뒤 고시에 기웃거리죠. 한국에서 우러르는 서울대가 이 꼴인데 다른 대학의 비인기학과 학생들은 어떨까요? 자신이 배우고 싶어서 그 학과에 들어간 이들은 얼마나 될까요?

학벌체제에선 어느 누구도 탐탁할 수 없습니다. 대다수 사람들은 왠지 자신이 초라하게 느껴지고 유명대학생들을 부러워하며 열등감에 시달리지만, 유명대학에 들어간 이들은 뻣뻣하게 목을 쳐들다가도 안절부절못해하며 언제 굴러 떨어질지 몰라 조마조마해합니다. 거기다 이른바 '꼭대기' 에서도 봉우리마다 값어치가 다릅니다. 연고대나 멀쩡한 대학에 들어간 학생들이 반수를 하고, 서울대에서조차 '낮은 학과' 에 들어간 이들은 전공 밝히기를 삼갑니다. 많은 새내기들이 1학기까지는 학교에 적을 두면서 비빌 언덕을 마련해놓은 뒤 학과공부는 제쳐두고 수능과목을 공부하다가 2학기 때 휴학을 하고 수능을 다시 치르는 까닭은 자신이 하고 싶은 공부를 하고자 대학에 가는 게 아니라 '어느' 대학에 다니는지가 대수롭기 때문입니다.

> 세칭 일류 대학이라 부르는 건 그냥 두루뭉수리로 뭉뚱그리고 싸잡아서 하는 말이고, 거기에는 엄연하고 분명한 차이가 있었다. 저 올림픽 경기들을 보라. 0.01초 차이로 금메달 · 은메달 · 동메달로 운명과 희비가 엇갈리지 않던가. 일류 대학 사이에 엄존하는 커트라인 3-4점의 차이를 올림픽 식으로 세분해 보라. 그 차이가 얼마나 어마어마하고 무지무지한가. 그렇게 보면 자신이 나온 대학은 최일류 범털이고, 윤 실장이 나온 대학은 범일류 곰털일 뿐이었다.
>
> **조정래, 『허수아비춤』, 33쪽**

서울대를 꼭짓점삼아 지어진 피라미드 사회에서 대학은 공부하러 가는 데가 아니라 자기 등급을 매기는 푸줏간입니다. 이러니 수많은 지방대학생들은 학교에서 부지런히 배움에 파고들 생각보단 자신의 등급을 올리겠다며 영어점수를 따 다른 대학에 껴들어 가려고 합니다. 해마다 서울 바깥의 대학들은 편입시험으로 썰물처럼 빠져나가는 학생들을 보면서 몸살을 호되게 앓지요. 이 안에서 학생들은 우정을 쌓기는커녕 끝없는 편가르기에 지쳐 있고 고달픈 나머지 정치사회에 눈 감습니다.

이렇게 서울대를 겨냥점 삼아 이판사판 활 쏘는 까닭은 대다수 애들을 버리더라도 똘똘한 애들 몇몇을 가려내고자 함입니다. 하지만 그렇게 뽑힌 서울대생이 지방대생들보다 탱탱하지 않기는 매한가지입니다. 외려 서울대생이 지방대생보다 젊은이로서 팔팔함이 적을 수도 있습니다. 가엾게도 유명대생들은 청소년기에 겪어내야 할 '펄떡거림'을 놓치는 수가 많으니까요. 그야말로 '지옥'이 따로 없다는 줄 세우기 입시교육을 청소년들이 받는데, 유명대생들은 그 '교육이란 이름의 고삐'에 더 매이다 보니 청소년기의 싱싱함이 삭아버리죠. 체제에 길들여져서 하란 대로 잘 해왔을 따름이지 유명대생의 됨됨이나 싹수가 또래 젊은이보다 낫다 할 수 없습니다. 서울대생이 지방대생보다 쪼금 더 많이 외웠고 입시문제집을 더 많이 풀었을 수 있지만, 차분히 따지면 피장파장입니다. 한 해에 수천 명의 서울대 졸업생이 왕창 나옵니다. 예전처럼 서울대란 학벌은 어려움을 무릅쓰더라도 지성인으로서 살아가겠다는 두둑한 밑천이 아니라 일감을 건질 때 신는 키높이 구두일 뿐입니다.

이러한 학벌체제가 돌아가는 밑바닥엔 시험 '신화'가 깔려 있습니다. 모든 사람들이 시험에 두드러기를 일으키는 가운데 시험 잘 친 이는 '자뻑'하고 못 친 이는 고개를 들지 못합니다. 요리책을 달달 외운다고 요리를 맛깔스레 하는 게 아니듯 운전면허 시험에 나올 만한 문제를 다 맞혔지만 차를 개판으로 모는 이들이 많듯 정답 맞추는 솜씨가 좋다고 훌륭하게 사는 건 아닌데, 한국에선 시험성적으로 그 사람의 인생을 판가름지어 버립니다. 중고등학교 때 시험에 나올 것들만 들입다 외운 사람이 남들 위에 올라가 거드럭거리도록 내버려 둡니다. 더구나 사회의 부란 그 사회 사람들이 다함께 땀 흘려 일군 열매들인데 학벌체제에 따라 한 움큼의 인간들이 몽땅 쓸어가도 다들 그러려니 합니다.

더 소름끼치는 건 제도권을 거친 대다수의 사람들이 스스로를 깔보고 업신여긴다는 점입니다. 마치 구정물을 먹으면 몇 명의 비위 좋은 이들만 빼고 죄다 배탈이 나듯 입시교육을 받은 이들은 하나같이 마음에 상처가 있고 치유하지 못한 채 식은땀을 흘리며 편생을 살아갑니다. 한국 사람들 대다수는 학벌체제가 낳은 '루저' 들이기 때문에 푸대접받는 데 익숙하고 '자신이 바라지' 않아도 자신을 낮잡게 됩니다. 사람들 가슴 후미진 곳에는 학벌과 성적에 따른 응어리가 고여 있고, 학벌체제가 이어지는 한 쉬이 풀리지 않습니다. 그러다 보니 "그래도 쟤보다는 내가 낫다"는 '서글픈 자위' 를 하고자 서로가 서로를 틈만 나면 깎아내리고자 안달을 하고, 그에 따라 남들의 불행에 기생하는 '불행한 인간들' 이 넘쳐나게 되었습니다. 샐그러진 사회규칙이 자신도 모르게 내 안에 심어지고, 그에 따라 사람들은 무람없이 사람들을 밀쳐내고 밟으면서 신분사회가 돌아갑니다.

학벌에 따른 신분사회다 보니 한국의 부모들은 자식들의 졸업장에 자신의 인생을 겁니다. 자식들 꾸미는 데 집안 기둥뿌리를 뽑아 뒷바라지합니다. 부모들이 밀어주는 연장들을 건네받은 아이들은 '배틀로얄' 을 벌여 더 강한 아이들이 서울대를 비롯하여 유명대학에 차례로 들어갑니다. 수능날이면 누가 더 센지 온 국민의 관심이 쏠리고, 유명대학에 들어간 '악바리'들이 이렇게 많다며 고등학교 교문엔 알림막이 내걸립니다.

어렸을 때는 얘기만 들었죠. 설마 그 정도일까 싶었는데 이제 취업할 나이가 되니까 일단 서류전형부터 통과를 못해요. 아무리 대학성적이 좋고 과탑을 해도 어김없이 서류전형에서 미역국이에요. 아예 입사원서 창구에서 학교별로 나뉜대요. 그리고 유명대학 출신이 아니면 그냥 버려진다고 하더라고요. 대학시절에 정말 열심히 공부한 사람과 유명대학 들어가서 논 사람 가운데 회사는 유명대학 출신을 뽑고, 열심히 한 사람을 버린다는 거죠.

아직까지 우리나라는 학연을 봐요. 어떤 재능이 있는지, 무슨 잠재력이 있는지 보기 전에 우선 학벌을 보는 거죠. 그렇게 학벌로 추려진 애들 중에서 무슨 능력 있나 보는 거예요. 여전히 고등학교나 무슨 동네 가면 '축 서울대 합격' 이런 현수막이 걸리잖아요. 드라마 소재로도 많이 나오고요. 서울대 가면 곧 사회에서 성공한다는 공식이 있는 거죠. 우리는 다 그걸 믿고 있고요.

『꺄르르♡인 블로그』, 「학벌사회, 3류대학은 명함도 못 내밀어」

젊은이들의 꿈을 앗아간 '적들' 가운데 모지락스러운 학벌사회가 있습니다. 꿈을 빼앗은 뒤 한국 사회는 얌전하게 말 잘 들으면 '언젠가' 당근을 주겠다며 징그럽게 채찍질을 합니다. 무엇이 젊은이들을 이리도 볼품없게 만들고 서울대를 향한 사람들의 욕망을 부풀리게 하는 걸까요?

일그러진 교육광신이 드셀수록 참 공부와 멀어지고 사람은 사람답게 살지 못합니다. 학벌체제가 파놓은 덫에 사람들이 걸렸습니다. 가정경제를 절뚝이게 하는 사교육이란 거머리부터 삶의 즐거움을 키우기는커녕 휘우뚱하게 하는 어학연수, 인턴경력, 영어성적까지 갈고리에 걸려 버둥대며 괴로워합니다. 하지만 이보다 더 으스스한 현실은 아무도 이걸 왜 하는지 물어보지 않는다는 거죠. 그 누구도 이런 '미친 꼴'에 더듬이를 세우지 않습니다. 이게 더 소스라칠 일이지요. 명문대 독재세력이 되고자 뭇사람들이 휘뚜루마뚜루 주먹다짐을 해대는 통에 세상은 삐걱삐걱 신음소리를 내며 굴러갑니다. 그 결과 대학은 정치사회를 헤아리고 비판하는 자신의 임무를 잊어버리고, 대학생들은 스펙 쌓느라 머리를 싸매고 이리저리 바삐 돌아다닙니다. 대학에서조차 '살아남아야' 한다며 격하게 몰아닥치는 출렁임에 젊은이들은 쩔쩔맵니다. 그렇게 하여 남는 건 달랑 졸업장과 이력서에 들어갈 몇 줄입니다.

:: 학벌이란 도깨비가 휘두르는 방망이

어느 날 운동권의 리더들이 모두 일류대 소속이라는 사실을 알게 되었다. 혁명에 있어서도 소속이 중요했던 것이다. 꽤 복잡한 기분이 들었지만 소속의 두려움을 누구보다 잘 아는 나는 다시 학업에 전념하기 시작했다. 혁명의 세계에도 지층은 존재하고 있었다!

박민규, 『삼미슈퍼스타즈의 마지막 팬클럽』, 137-138쪽

지난 1987년, 민주화가 이뤄졌습니다. 이른바 '87년 체제' 죠. 그러나 차갑게 말하면 정치영역에서만 민주화 틀을 갖췄을 뿐입니다. 사람들의 의식이나 문화생활, 경제영역에선 민주화가 이뤄지지 않았죠. 이제 사람들은 눈높이를 가지런하게 맞추지 못합니다. 별 차이가 없는 물건이라 하더라도 상표에 따라 백화점 1층에 놔둬지느냐 저기 귀퉁이에서 껴주는 덤이 되느냐 갈리듯 어느 대학을 나왔는지에 따라 사람의 값어치가 다르니까요. 사람들은 '몸값' 에 따라 홍정을 하고 자기 몸값에 맞는 사람과만 어울리고 만납니다. 자신의 몸값을 저

마다 잘 알고 있어서 '싸구려'는 어련히 움츠리고 '명품'들은 보란 듯 거드름을 피웁니다. 신분사회로 돌아간 셈이죠. 녹색성장이라면서 강을 두 동강 내며 삽질하듯 자유민주주의란 탈을 쓴 채 뻔뻔하게 봉건질서를 짭니다. 한국 교육은 윗계급의 게걸을 역성들며 면죄부를 팔아치우는 중세 가톨릭입니다.

군인들만 뱃살 내놓고 떵떵거리며 사는 게 배 아픈 나머지 민주화 운동을 했던 사람들은 군인들을 몰아낸 뒤 냉큼 보수로 넘어가 허리띠를 풀어버렸습니다. 자신들도 배불리 살아보겠다며 교육을 싸움터로 만듭니다. 젊은 시절에 계급투쟁을 하겠다던 사람들이 어느덧 중년이 되어 자식들 학벌투쟁을 하는 셈이죠. 여기엔 진보고 나발이고 없습니다. 정치, 사회, 문화에선 진보랍시고 곧은 소리를 내던 이들도 자녀의 학벌엔 팔 걷어붙이고 자녀를 윽박질러댔죠. 한국에서 자식 잘 키우는 일은 진보나 보수 다 뒤엉킵니다. 애오라지 유명대학에 집어넣어야만 '자식 잘 키운 부모'가 되니까요.

입시가 지옥처럼 미쳐버린 까닭입니다. 군사독재를 무너뜨리고 민주화를 이뤘다고 하나 '명문대 독재'는 고스란히 살아남았습니다. '명문대 민주화 운동가들'은 자신들 머릿속까지 스민 대학에 따른 권위의식을 돌아보지 못했습니다. 명문대생들은 '민주화'란 깃발을 휘날리며 양아치들과 뜨겁게 싸웠지만, 그들이 그렇게 피나게 덤빈 까닭은 어쩌면 자신들이 있을 자리에 '군바리'들이 올라가 설치는 꼴이 마뜩잖았기 때문인지도 모릅니다. 그리하여 혁명을 외치던 사람들이 '학벌'은 굳게 지킵니다. 민중들을 위한답시고 학벌 있는 놈들만 설레발치고 까불 수 있는 사회를 만들어놓았지요. 민주와 민중을 들먹이던 '명문대생'들 가운데 적잖은 이들은 학벌사회 꼭대기로 올라가 건방떨며 '새로운 세계'를 즐깁니다. 학벌이 없는 사람들은 사회의 주인이라는 '민주공화국'이란 번드레한 다독임을 받지만 '사회 밑바닥'에서 악다구니를 벌여야 먹고 사는 건 옛날이랑 비슷합니다. 그러나 세상이 이렇게 좋아진 건 자기들 때문이라며 유명대 상표를 가슴에 딱 붙인 이들은 오늘도 흥얼거리며 시시덕거립니다.

이런 판이니 유명대학을 나왔거나 돈 많은 집안의 부모들은 자기 자식이 유명대학에 못 들어가는 걸 꿈에도 생각하지 않습니다. 일류대학에 들어가지 못할 거 같으면 냉큼 외국으로 보내버리죠. '진짜' 공부하고자 외국으로 나간 학생들도 많겠지만, 자기 아이의 대학등급을 참아낼 수 없는 부모들이 자기 자식을 외국으로 보내 대학 이름을 사는 경우가 수두룩합니다. 강남으로 대표되는 특권층들이 자신의 계급을 대물림하는 데 학벌이 쓰이고 있으며, 교육은 학벌을 따내는 잠자리채처럼 쓰입니다. '조기교육'이란 말이 유행처럼 번지고, 이왕이면 싸움을 일찌감치 시키자고 초등학생들도 일제고사를 보게 합니다. 교육이 어느 때보다 살차게 돌아갑니다. 이제 교육은 사람을 키운다는 뜻이 아니라 유명대에 많이 보내겠다는 뜻입니다. 학벌은 썩어문드러진 도깨비처럼 능글맞게 교육이란 방망이를 휘두르며 사람들을 잡아먹고 있죠.

그렇게 학벌따내기 전쟁을 치른 뒤 대학교부터는 새로운 공부가 펼쳐지는가? 20대는 취직을 위한 스펙 쌓기가 시작됩니다. 대학에는 넌덕스러운 입씨름도, 두방망이질하는 소통도 찾아볼 수 없어요. 대학생들은 취직준비에 가진 걸 바치고 소비의 그물에 걸려 낑낑대며 노후대책에 끙끙댑니다. 청년이라 하기엔 멋쩍은 구닥다리들이 되어버리죠. 참다운 삶을 살기 위한 공부는 어디에도 없습니다. 어려서부터 몸소 생각의 등줄기를 곧추세우는 일을 해 버릇해야 하는데, 한국에서 그런 일은 거의 일어나지 않습니다. 많은 이들이 종처럼 위에서 일러주는 걸 달달 외우고 그걸 생각이랍시고 지껄이죠. 스스로 생각하고 남들과 더불어 살 줄 아는 사람을 키워야 하건만 한국 교육은 싱싱함이라곤 눈곱만큼도 찾기 힘든 '컵라면 같은 인간들'을 찍어내니까요. 화학 조미료로 온통 범벅되고 똑같은 맛을 지녀 복제를 한 게 아닌가 갸웃거리게 하는 인간들을!

군사독재정권도 으스러지고 세상은 달라졌는데 학교는 배움터가 아니라 여전히 암기를 날리는 싸움터입니다. 죽기 아니면 까무러치기로 달려들어야 앞에 있는 놈 끌어내릴 수 있지요. 살아남아야 한다며 갖은 꼼수를 다 씁니다. 교육의 민주화는커녕 학교교육은 날로, 부모들이 자기 자식만 챙길수록 더한층 끔찍해졌습니다. 486으로 일컬어지는 민주화 세력들은 자신들이 대학물을 먹어보니 유명대학을 나오면 거저 얻는 콩고물이 으리으리하다는 것을 압니다. 그렇기에 "다 너를 위한 거라며" 자기 자식들을 더더욱 죄어쳤고, 나머지 대다수 사람들은 그동안 내동댕이쳐진 찬밥이었기 때문에 "내 자식만은 나 같은 설움 당하지 않게 하겠다"며 학벌투쟁에 뛰어듭니다. 치맛바람이 사회를 싸늘하게 휘감습니다.

'내 새끼 중심주의'를 버리라고 글로도 썼어요. 남의 새끼 잘 안 되면 자기 새끼는 잘 될 거 같냐고요. 남 새끼 안 되면 자기 새끼도 안 돼요. 그런 거죠. 뭐든지 무지하다고 욕하는 요즘 20대들은 자기 새끼가 아니고 남의 20대들이라는 거잖아요. 내 자식만 잘 되라는 이기주의가 세대내 경쟁을 이렇게 만들었고 끝내, 공멸에

이를 거라고 생각해요. 이전 세대의 내새끼주의는 정말정말정말 너무 끔찍해요. '남의 새끼도 같이 기르자' 로 갔으면 좋겠어요.

『꺄르르♡인 블로그』, 「내새끼주의, 정말정말 끔찍해요」

이 모든 게 학벌체제 때문입니다. 유명대학 나오지 못한 대부분 사람들을 깔봐도 되는 흐름이 한국에 일렁입니다. 이러니 자기 자녀를 유명대학에 들여보내 준다면 몇 억이 들더라도 안 쓸 어버이가 없습니다. 자녀가 유명대학에 못 가면 '루저' 가 되지 않을까 하는 두려움이 한국 사회에 출렁대니까요. 이런 사회에서 학벌을 갖지 않고 번듯하게 살기란 낙타가 바늘구멍 들어가는 일보다 버겁습니다. 다짜고짜 어느 대학 나왔는지 묻는 첫인사부터 대학을 저울삼아 사람의 됨됨이를 재는 일이 허다합니다. 신분으로서 학벌이 똬리 튼 셈이죠. 어느 누가 코를 납작 눌리고 싶겠는지요? 아무도 없습니다. 그러므로 모두가 학벌전쟁에 뛰어들고, 그럴수록 학벌이란 지옥의 숲은 우거지고 사람들은 우라지고 우그러집니다.

대학을 나오지 않더라도 차별받지 않고 얼마든지 자신의 솜씨를 살리면서 서로 치켜세우는 사회여야 하는데 모조리 입시지옥의 아가리로 뛰어듭니다. 그런 진흙탕 개싸움을 하더라도 연꽃을 피워내면 모를까, 오늘날엔 99%가 루저로 낙인찍힌 채 개뼈다귀가 되어 사회 바닥을 구릅니다. 대부분 사람들은 주홍글씨처럼 새겨진 '어느 대학 다녔는지' 를 꼭꼭 숨긴 채 찔끔하며 삽니다.

학벌이란 무두질에 괴로움을 겪은 사람들은 학벌을 없애야 한다고 생각하지만 학벌개혁은 자못 쩍집니다. 이미 딱딱하게 굳어진 학벌체제는 사람들을 가르는 신분질서로 자리매김했으니까요. 사람들 머릿속에 '걔는 무슨 대학', '걔는 어느 대학'이 깊숙이 인두질되었습니다. 학벌에 따라 사람 대하는 몸가짐이 자동반사처럼 달라지는 한국입니다. 동문끼리 으밀아밀 끌어주고, 자기 학교 나온 사람을 뽑으려 꿍꿍이셈을 부리고, 잘 알지도 못하는 사람이지만 같은 대학이라고 하면 더럭 언니-동생, 형님-아우가 되어 패거리를 짓습니다.

사람답게 살려는 움직임을 거들떠보지 않고 속절없이 묻히는 시대, 사람들의 눈과 귀를 헐벗은 연예인들과 광고들이 도배를 하고 학벌이란 얼개로 사람들을 쪼개고 갈라버린 오늘날, 남과 더불어 살려고 한다면 오히려 그런 마음가짐 때문에 그는 외톨박이가 됩니다. 이 사회가 뿌려놓은 사카린에 취한 사람들이 눈을 흘기면서 저 큼직한 길을 놔두고 왜 조붓한 길을 가냐면서 뒤에서 수군거리고 깎아내린 뒤 어느 날 학벌이란 도깨비방망이로 퍽치기와 새치기를 하기 때문이지요.

대학은 사회변화를 위한 디딤돌이기보단 걸림돌이 되어갑니다. 대학생들이 들고 일어나 대학제도와 학벌체제를 고쳐야 합니다. 배우고 싶은 사람이라면 누구나 대학에 들어가서 삶을 불사르며 공부하게끔 거들되, 참말 올바로 배우고 알차게 공부한 사람만 졸업시키는 쪽으로 대학제도를 바꿔야 합니다. 또한 대학등급을 깨뜨려야 해요. 어느 대학에 휘둘리지 말고 자신이 공부하고 싶은 바를 청소년 시절에 가늠하여 그에 걸맞은 선생을 찾아가 배우는 문화와 제도가 갖춰져야 합니다. 공부가 싫다면 대학을 가지 않더라도 얼마든지 사람답게 살 수 있는 사회를 이뤄야 하고요. 학벌에 후련한 사회를 만들지 않는 한 사교육비 문제나 교육개혁은 말짱 도루묵이 될 수밖에 없습니다.

:: 요즘 아이들은 어떻게 자라고 있나

수정이 그런 모멸적인 훈련에 열광한 것은 수정이 수용소의 인간이기 때문이다. 그녀는 좁은 은색 철장을 가득 채운 작고 부드러운 하얀 쥐의 인간이며, 똑같은 색깔을 하고 좁은 공간에서 맛없는 것을 먹으며 딱딱한 곳에서 자는 삶을 사는 인간이며, 다시 말해 완벽하게 체제순응적인 인간이다. 도시는 점점 더 수용소의 담장을 높이 쌓아가고 있으며 수정은 그런 세계에서 빠져나가고 싶은 생각이 전혀 없다. 그저 빨리 세계의 가장 높은 곳으로 기어올라가서 아무도 자신을 함부로 여길 수 없을 만큼 높이 올라가서 모두를 함부로 여기는 사람이 되고 싶다. 그녀는 발밑에다 대고 너는 여기에 들어올 수 없다고 외치는 사람이 되고 싶다. 그러기 위해서 수용소는 계속해서 수용소다워야 하며 학교는 계속해서 지옥의 입술처럼 붉고 뜨거워야 한다. 선생들은 학생들에게 계속해서 복종과 순응의 미덕을 가르쳐야 한다. 세상은 계속해서 무릎을 꿇는 자와 무릎을 꿇리는 자를 갈라내고, 그것을 육성하고 권장하고 보호하며 홍보해야 한다.

김사과, 『미나』, 72쪽

영화나 텔레비전을 보면 1등 하는 아이를 밥맛없게 그리죠. 아닌 게 아니라 현실에서 공부를 잘한다는 아이들을 보면 된바람이 몰아치는 한겨울 같습니다. 기분이 좋지 않으면서도 애살스럽습니다. 이 아이들은 또래 애들보다 아는 것이 살짝 더 많을 순 있어도 오로지 머리로만 글자를 외우고 눈금을 쟀을 뿐, 진짜 몸소 해내야 하는 공부를 하지 않았습니다. 이러다 보니 성적은 그 아이의 됨됨이와 따로 놀거나 도리어 반비례할 때가 심심찮습니다.

학생들은 자신의 가슴을 쿵쾅거리게 하거나 아무도 생각하지 못한 생생한 생각들을 키우기보다 서울대에 들어가고자 용씁니다. 도마 위에 올려야 하는 건더기는 그렇게 잡도리를 해서 대학에 들어갔다손 치더라도 통통 튀는 생각을 키워내지 못 하는 현실입니다. '스펙' 을 쌓느라 또 정신을 못 차리니까요. 이러니 세계 다른 나라 젊은이들의 탱글탱글함에 견주면 확 쭈글쭈글해집니다.

나밖에 모르는 인간으로 길러졌기 때문인지 젊은이들 가운데 사회모순에 칩뜨는 사람이 그리 많지 않습니다. 청춘이라면 부리부리하고 짱짱해야 하건만 쭈뼛거리며 별 생각 없이 멀뚱멀뚱한 이들이 드물지 않아요. 이들은 아직도 누군가 자신을 끌어주고 챙겨주고 도와주기를 바라지요. 입시지옥을 거치며 부모의 뒷바라지에 길들여진 나머지 홀로 서는 법을 까먹은 젊은이들은 자기 앞에 닥치는 인생이란 물살에 허우적거리기 일쑤입니다. 어려서부터 부모에게 옴짝달싹 못하고 학원에 붙들려 있던 사람이 불현듯이 스스로 자신의 삶을 열어가는 건 닭장 속에 갇혔던 병아리가 느닷없이 하늘을 나는 일과 비슷합니다. 승냥이들의 이빨에 짓눌려 제때 삐약삐약거리지 못하면 나중에 꼬끼오 하지 못합니다.

이렇게 아이들의 정신을 작살내는 교육을 하다 보니 '콩가루 교실' 이 되었습니다. '동영상 시대' 를 맞아 눈앞에 펼쳐지는 교실의 맨 얼굴은 똘망똘망한 눈빛들로 총총한 배움의 마당이기는커녕 말 그대로 짐승들이 깽판치는 밀림으로 변했습니다.

> 그애가 공중목욕탕에 가지 않겠다고 두 손을 부들부들 떨었을 때 이상하게 여긴 아버지는 방에 들어가 완력으로 동생의 옷을 벗겼고, 방에서 나오자마자 엄마와 함께 경찰서로 갔다. 잡혀온 애들은 자기들이 상인이를 고문하기 위한 '기구' 까지 발명했다고 순순히 털어놓았다.
>
> 정한아, 『나를 위해 웃다』, 「댄스댄스」, 156-157쪽

한 교사는 김지하 시인의 「타는 목마름으로」를 학생들에게 가르쳐주고 이어서 영화 「화려한 휴가」를 보여주었습니다. "민주주의여 만세", 오늘날에는 좀 멀게 느껴지는 외침이 시대를 조금만 거스르면 얼마나 절절한 바람이었는지 느끼게 해주고 싶었지요. 영화를 보여준 뒤 교사는 학생들에게 물었습니다. 1. 인상깊었던 장면은 어떤 장면? 이유는? 2. 내가 이 시대 광주시민이었다면 어떻게 할 것인가? 3. 내가 이 시대 작전명을 받은 계엄군이었다면 어떻게 할 것인가? 4. 내가 김지하 시인처럼 그 시대를 사는 시인이었다면 어떤 시를 썼을까?

경쟁에 길들여진 나머지 성적에 들어간다고 해야 솔깃해하는 학생들인지라 교사는 감상문을 수행평가에 넣는다고 하자 모든 학생들이 재깍 알맞은 길이로 감상문을 냈죠. 하지만 그 글들을 읽어내려갈수록 교사의 마음은 헝클어지고 허물어졌습니다. 감상문을 낸 105

명의 학생들 가운데 자신이 그때 광주시민이었다면 나가서 함께 싸우겠다거나 자신이 계엄군이라면 광주시민에게 총을 쏘지 않겠다고 말한 아이들이 20명밖에 없었으니까요. 막상 그런 때가 되면 설사 오므라들지 몰라도 말이라도 정의를 지켜야 한다는 대답이 '교과서의 가르침' 일 텐데, 경쟁이란 올무에 걸린 10대들은 형식상의 도덕마저 저버리고 어릿어릿하게 옆에 있는 또래 친구들 깔아뭉갤 생각에만 골똘합니다.

교사는 아이들의 글들을 읽으면서 몹시 안쓰러운 마음이 들었지만 한편으론 몸서리쳐지는 두려움이 스멀스멀 번져갑니다. 세상을 바꾸지는 못할지언정 어른으로 커가면서 부닥치는 부조리들을 생각하고 사회와 자신의 관계를 고민하며 자신의 삶에 두려움이 일어날 때 어떻게 마주할 것인지 생각하기를 바랐는데, 많은 10대 학생들은 '고민의 끈' 을 놓은 채 '살아남기' 와 '남에게 뒤처지지 않기' 만을 뇌까리니까요. 그나마 반갑게도, 놀랍게도 '정의' 를 지키겠다고 한 20명의 학생들은 성적이 바닥에서 기는 '웬수들' 이었습니다. 옆 친구들을 적으로 여기고 학창시절 내내 다툼을 벌이는 '범생이들' 가운데는 단 한 명의 학생도 사회 부조리에 맞장 뜨겠다고 하지 않았습니다. 오늘날 한국 사회가 아이들에게 시키는 '외우기' 는 자기밖에 모르는 '힘센 짐승들' 을 길러내는 것과 다를 바 없네요.

> 지긋지긋해 이런 거. 이런 건 정상적인 삶이 아니야. 학원. 집. 학교. 시험. 학교. 학원. 숙제. 과외. 학원. 집. 과외. 학원. 집. 학교. 다시 학원. 다시 과외. 다시 시험 다시 숙제 다시 학교 다시 학교 다시 학교. 집. 학원. 도대체 이게 정상적이라고 생각해? 미친 거

야. 다들 미친 거야. 견딜 수가 없어. 더 이상. 이런 거. 이건 지옥이야. 지옥이야. 지옥이야. 그래서 지예가 죽은 거야. 나는 이해할 수 있어. 너는 이해 못하지?

김사과, 『미나』, 157쪽

지옥에서 살아가는 아이들은 지옥에서 '벗어나고자' 죽어'나가고' 있습니다. 수많은 아이들이 자살하거나 정신병에 걸리죠. 10대 '돌아이들'이 저지르는 짓거리들이 사람들 입에 오르내리자 사람들은 놀라는데, 차갑게 따져 물으면 단지 몇몇이 미치광이라기보다는 그들은 한국 사회가 앞으로 어떻게 될지 알려주는 냄새 고약한 방구입니다. 섬뜩한 입시지옥에서 서로가 서로를 찔러대고 밀쳐내며 드잡이하다가 간신히 살아남은 10대들이 '살/쌀' 세상은 어떤 꼴일까요?

아주 으슬으슬한 일 하나 더! 한 학원교사가 아이들에게 꿈을 물었더니 한 아이가 사채업자가 되겠다고 합니다. 어이없음을 애써 누르며 왜 사채업자가 되고 싶냐고 묻자 그 아이는 돈을 많이 벌기 때문이라고 눈을 지릅뜹니다. 더 오싹한 건 그 다음부터입니다. 사채업자 가운데는 살똥스러운 이자놀이를 하면서 돈 빌린 사람을 힘들게 한다고 학원교사가 귀띔하자, 다른 아이들까지 덩달아 나서면서 돈이면 다 된다면서 오히려 학원교사를 되술래잡습니다. 교사가 세상을 잘 모른다고 초등학생들이 호통을 치는데, 고개를 돌리면 어디서나 쉬이 만날 수 있는 아이들입니다. 한두 아이들만 돈에 군침을 흘리는 게 아닙니다. 조금 더 신경 써서 아이들과 이야기를 해보면 초등학교 교실에 이런 아이들이 얼마나 많은지 모릅니다. 아이들이 이런 생각을 하는 까닭은 이 사회가 게걸로 구조화되었으니까요. 한국 사회라는 거푸집에서 아이들을 개차반들로 찍어냅니다. 어렸을 때부터 아이들은 돈맛에 길들여졌고 피냄새에 취해 있습니다.

입시교육이 아이들의 마음가짐을 쑥대밭으로 만들고 있습니다. 대통령, 과학자, 소방관 등을 장래희망으로 적던 아이들은 호랑이가 어무이를 외치며 멧돼지를 물어다 놓던 시절 얘기입니다. 오늘날엔 돈 되는 직업이 아니면 안 된다고 아이들은 스스로 이빨을 뾰족하게 갈면서 눈을 부릅뜹니다. 이렇게 자란 아이들이 나중에 어른이 되었을 때 한국 사회는 어떻게 될까요?

> 사실 문제아와 왕따는 종이 한 장 차이다. 문제아도 지속적으로 문제를 일으키지 않으면, 혹은 곧잘 마주하게 되는 기싸움을 버텨내지 못하면 곧장 왕따의 짜리로 추락할 위험이 있기 때문이다. 그것도 보통 왕따들보다 심하게, 평소 쌓여 있던 아이들의 복수심까지 가중되어 처절한 따돌림 생활을 버텨내야 한다. 내가 계속 사고를 치는 이유도 다 그 때문이다. 말하자면, 나름대로 살아남기 위한 영역표시의 의미랄까.
>
> 전아리, 『직녀의 일기장』, 41쪽

외국인들은 한국 아이들의 꽉 짜인 시간표를 보고 눈을 똥그랗게 홉뜨고 넌더리를 냅니다. 아침부터 밤늦게까지 숨 막히는 울타리에 갇힌 아이들이 동물원 원숭이와 무엇이 다를까요? 이렇게 헉헉대는 아이들에게 잠깐이나마 짬이 나면 전자오락이나 TV에 자신을 내던지며 해롱댈 수밖에요. 그것이 가장 아무 생각 없이 짜릿함을 얻는 방법일 테니까요. 자신의 시간을 어떻게 꾸리고 꾀해야 할지 배우지 못한 사람에게 대중문화의 꼬드김은 너무나 답니다. 이런 사회에선 몸소 주인의식을 갖고 자기 시간을 부리며 살 수 없습니다. 쾌락의 늪에 빠져들 수밖에요.

반드시 대학에 보내지 않더라도 사람답게 살고 서로 도우며 살아야 하건만 모든 사람이 유명대학만 바라보고 있어요. 학벌서열에 온 사회가 휩쓸리며 뭇따래기를 만들어내고 있는 셈이죠. 아이들은 기성세대가 만들어놓은 질서에 덩달아 휘둘립니다. SKY대학을 마음에 두지 않은 아이가 없죠. 이러니 초중고 교육은 자기 삶을 일궈가는 사람으로 키우기보다 한 줄로 쭉 늘어선 대학순위에 맞춰 아이들 욱여넣기나 다름없고, 입시지옥은 끔찍해지죠. 제도권 교육이 엉덩방아를 찧고 뭉그러져 입시학원처럼 되어버렸고, 해마다 수많은 아이들이 죽고 있어요. 이런 판에서는 학교를 마다하며 '탈학교' 하거나 교사의 회초리를 참으며 '날탕으로 사는 법' 을 외워야 합니다. 그렇게 먹물을 들이마시며 앵무새처럼 쫑알대다가 먹통이 되어버리죠.

교육을 올바로 해야 한다는 말을 귀에 딱지가 앉힐 정도로 들었지만 현실에서 이뤄지지 않은 것이기에 되풀이해서 요구해야 하는 말입니다. 성적을 올리기 위해서거나 돈을 많이 벌기 위해서라면 서슴지 않고 끄나풀이 되고, 자기 잇속을 위해서라면 연장을 가리지 않는 망나니들이 된통 늘어났습니다. 사회에 어마어마한 해살을 끼치는 화이트칼라 범죄는 이미 학교에서 모내기를 하는 듯합니다. 2009년에 있었던 강남에 살고자 자신의 집에 불을 질러 보험금을 타내려 했던 청소년을 잊지 말아야 합니다. 부모를 죽여서라도 '강남'에 살고 싶다는 그 청소년은 오늘날 한국이 아이들게 무엇을 가르치는지 선보이니까요.

∷ 학번과 나이에 붙잡힌 젊은이들

어쨌거나 나는 대학생이 된 것이다. 그래도 대학을 가야 한 이유를 말하자면 아마도 이런 것이 아닐까 싶다. 다시 일을 할까 싶어서요. 아, 그래 합격은 했고? 예. 어느 대학? ××대요. 음, 하고 복잡한 미소를 머금던 주임의 얼굴이 생각난다. 그리고 곧바로 다음 주부터 나와, 알았어...요?라고 했다. 매우 이상한 이유이긴 하지만,

그

요

때문에 나는 대학을 간 것이라 말할 수 있다.

박민규, 『죽은 왕녀를 위한 파반느』, 195-196쪽

한국에서 살면서 툭하면 듣는 물음입니다. 학번이 어떻게 되세요? 그 사람을 더 알고 싶어서 학번이나 나이를 물을 수 있겠죠. 나이를 물어보는 것이 실례라는 생각 때문에 학번을 물음으로써 상대방의

연령대를 헤아리고자 할 수도 있겠습니다. 그렇다 해도 학번을 덜컥 묻는 건 또 하나의 연령주의이자 패거리짓기입니다. 인사처럼 학번을 물었을 때 학번이 없는 사람은 얼마나 거북할지 학번을 묻는 사람들은 별 생각이 없습니다. 고등학교 졸업생 열 명 가운데 여덟 명이 대학에 간다고 하지만 학번은 여전히 대학에 가지 않은 사람들에겐 '넘을 수 없는 4차원의 벽' 입니다. 예전만큼은 아니더라도 학번은 아직도 사람들을 위아래로 나눕니다. 학번이 없다고 대꾸했을 때 썰렁해지는 분위기를 어떻게 풀 수 있을까요? 그러나 윤똑똑이들은 자신의 잘못은 생각지 못한 채 언죽번죽 학번 없는 사람을 위아래로 훑으면서 사람의 마음을 구깁니다.

지구동네 어디에서도 처음 만나는 사람에게 냅다 학번을 묻지 않습니다. 대학 일을 한다면 행정일 때문에 학번을 묻고 쓸 수 있죠. 그러나 여느 사람관계에서, 더군다나 대학 밖에서까지 사람들은 학번을 아무렇지 않게 묻고 대답하며 그 숫자를 자신의 이마에 붙이고 한살이 다닙니다. 그만큼 신분위계 사회입니다. 학벌이 쓸데없는 운동경기 감독들이나 사회운동가, 심지어는 승려들에게도 학번을 그 사람의 꽁무니에 달아 붙입니다. 어느 곳에 있든 학번이 따라붙으며 사람들을 위아래로 재고 따지는 데 쓰입니다. 학번을 몰라도 괜찮은 데도 굳이 밝히는 무의식엔 그 숫자를 가지지 못한 사람을 차별하려는 욕망이 도사립니다.

해마다 대학 새내기들이 생깁니다. 이들은 새터에 가고 여러 모임을 치르면서 서로 얼굴을 트지요. 여기서 잠깐! 자기소개는 왜 빼다 박았을까요? 저는 몇 학번 아무개입니다! 어쩌고저쩌고 … 인사의 첫머리는 늘 몇 학번이란 말이 나옵니다. 대학교가 숫자로 자신을 나타내는 교도소나 신병훈련소인가요? 왜 대학생들은 하나같이 이름 앞에 학번이라는 숫자를 '꼭' 달아서 자기를 알리는 걸까요? 학번은 바로 입학연도를 말하는데, 이 숫자가 자신을 알릴 때 맨 앞에 나올 만큼 으뜸으로 중요한가요?

학생들은 자라오면서 걸핏하면 매를 맞고, 조금만 길어도 머리를 깎이고, 이름표를 가슴에 붙이고 다니면서 위에서 하란 대로 하는 소시민으로 길들여졌습니다. 자신의 정보가 다 드러나는 주민등록번호에 데면데면하죠. 위에서 실뜨기하는 대로 자신의 몸과 머릿속이 만들어졌기 때문에 대학생이라고 학번에 대해서 깊게 생각지 않습니다. 또 하나의 숫자일 뿐이죠. 이 숫자를 통해서 사람관계도 맺어지지만 그만큼 숫자를 가지지 못한 사람들을 밀쳐낸다는 걸 느끼지 못합니다. 이 숫자를 가지고 싶어도 가질 수 없는 수많은 동무들이 대학 밖에서 푼돈을 받으며 일하고 있지만 대학생들 눈엔 들어오지 않습니다. 그렇게 대학에 들어가 예비 청년실업자가 되고 부모의 시름을 얹혀줍니다.

대학생들은 자신들이 뒤에서 그렇게 침을 뱉던 꼰대들의 권위질서를 그대로 되풀이합니다. 대학생들이 학번을 미리 이르는 건 자신이 선 자리를 알렸으니 알아서 기라는 신호입니다. 학번에 맞게 대우를 받고 그에 따라 대접하겠다는 알림이죠. 내 위에 있는 사람들은 깍듯이 모실 테니 자기 아래에 있는 사람들은 자신을 잘 모시라는 욕망이 질척하게 '학번 밝히기'에 담겨 있습니다. '대학 꼰대들'이죠. 겉으론 기존 학교교육을 비웃지만 대학에 가서도 자신들만의 새로운 터를 만들기보다 조폭 흉내 내는 '일진'들처럼 굽니다.

기성세대들이 답답하고 권위주의에 사로잡혀 있다는 대학생들의 푸념은 결코 자신의 말과 움직임에 대한 돌아봄으로 이어지지 않습니다. 입만 열면 청춘이 어쩌고저쩌고 하며 젊음은 이러쿵저러쿵 떠벌리는 대학생들이 숫자에 자신을 끼워맞추려 안달복달하죠. 아래학번이라고 뜬금없이 말을 놓질 않나, 위학번이라고 슬슬 기질 않나, 참말 좀스럽습니다. 대학은 자유롭게 생각하고 삶의 가치를 빚어내는 곳입니다. 대학에서 공부하는 사람이라면 자신의 말과 몸짓에 덕지덕지 붙어 있는 권위질서를 떼어내어 지성인으로 거듭나야 합니다.

어떤 이는 학번을 '까고' 반말을 해야 얼른 친해진다며 뭘 모른다고 되술래잡을 수도 있겠죠. 그러나 말을 놓는다고 사이가 가까워지진 않습니다. 사이가 살가워졌기 때문에 말을 놓는 것이죠. 원인과 결과를 헷갈리면 안 됩니다. 정작 말 놓은 이들과 '정말' 가깝게 지내고 있나요?

또한 말을 서로 높여도 얼마든지 깊은 사이가 될 수 있습니다. 말도 중요하지만 놓치지 말아야 하는 건 자신을 돌아보고 상대를 헤아리는 마음가짐이니까요. 그렇기에 말은 서로 가지런해야 합니다. 존대에는 존대를 하고 반말을 할 땐 더불어 반말을 해야 하죠. 존대말이 거추장스럽다면 함께 말을 놓으면 됩니다. '재수는 친구, 삼수부터는 형, 언니'라는 어줍은 속셈으로 서로 쭈뼛거리지 말고 나이란 걸림돌을 넘고 학번이란 가두리를 벗어던지며 열린 만남을 해야 합니다. 대학에서도 가지런하게 사람을 만나지 못하면 사회에서는 더더욱 할 수 없습니다.

이미 사회에서 나이에 따라 사람을 위아래로 워낙 나눠대기에 학번은 아무렇지 않게 사회 바깥에서도 쓰입니다. 학번은 나이에 따른 사람 가르기의 대학교 판이죠. 여태껏 실례지만 나이가 어떻게 되세요? 몇년 생이세요? 같은 물음들을 얼마나 많이 묻고 들어왔는지요? 참말 나이가 궁금해서 물을 수도 있겠습니다. 그러나 많은 경우 상대방이 자신보다 어리다고 생각하고 나이로 밀어붙이고자 할 때 이러한 물음들이 튀어나옵니다. 밥 몇 술 더 먹었다는 것만으로 상대 위에 올라서고자 하는 지배욕망이 잔뜩 묻어나오죠. 나이는 권력과 잇닿아 있으니까요. 주어진 '숫자'를 견주어본 뒤 더 높다고 판가름난 사람에게 주도권이 넘어갑니다. 말투가 싹 바뀌죠. 말을 놓아도 된다는 합의를 하진 않았지만 대뜸 반말을 합니다. 언제나 이렇게 관계를 시작하기 때문인지 이러한 서열짓기를 팽패로이 여기는 사람도 별로 없죠. 한국 사람들의 관계맺기는 '민증까기'에서 비롯하니까요. 한국 문화는 나이가 많고 적음만으로 위아래를 정하고 금세 형, 동생합니다. 이것은 핏줄주의와 가족관계가 사회로까지 뻗어나간 꼴이죠. 형, 동생을 쉽게 한다고 해서 정다워지는 것도 아니에요. 처음 만나자마자 형님 먼저, 아우 먼저라면서 너스레를 떨던 사람들 가운데 평생을 함께할 동무는 얼마 없습니다.

그렇다면 왜 이리도 형아우를 따질까요? 패거리를 지으려 하기 때문이죠. 사회관계를 형과 동생 같은 가족관계로 맺어 끈끈함을 얻으려는 꿍꿍이셈입니다. 이렇게 자기들끼리 강강술래를 하는 사람들은 자기 바깥에 있는 사람들을 내치기 일쑤입니다. 이러한 끼리끼리에 들어가지 않는 사람만 밀리는 한국에선 후딱 '짝퉁 가족관계'를 맺고 새로운 패거리를 만들어 자기 뱃살을 지키려 합니다. 때문에 지연, 학연, 학벌, 핏줄, 결혼, 연고주의, 사돈에 팔촌, 동창회 등등 패거리주의가 한국에 들끓습니다. 다른 이들의 이기주의엔 핏대를 세우면서도 자신이 속한 패거리엔 입을 꾹 다무는 이들로 뒤채입니다. 형과 아우로서 관계를 맺었으니까요. 형의 일에 꾸짖지 못하고 아우의 일엔 눈감아줍니다. 짬짜미죠.

그러나 사회는 함께 살아가는 마당이기 때문에 사회관계를 가짜 가족관계로 맺거나 위아래로 맺을 까닭이 없습니다. 사람과 사람으로서 만나야 하죠. 높낮이가 생겨나는 순간 대화란 이뤄지지 않습니다. 시킴과 굽실거림만 있을 뿐이죠. 한국에서 대화와 소통이 이뤄지지 않는 까닭은 사람들이 관계를 가지런하게 맺는 데 손방이기 때문입니다. 같이 존중하며 상대의 생각에 귀 기울이고 자기 안뜰을 밝히면서 이야기꽃을 피우는 일이 얼마나 드문지요. 이러구러 나이 많은 사람이 입을 열면 나이 적은 사람이 고개를 내리까는 게 예쁘장한 그림처럼 자리 잡았습니다. '형'이 해야 할 일과 '동생'이 해야 할 일을 정해놓고 그 노릇에 자신을 끼워맞추려 할 뿐이죠.

나이만으로 형, 동생이 되어 나이 많은 사람은 반말하고 나이 적은 사람은 존대말을 쓰는 한국식 관계맺기에 대들어야 합니다. 이러한 연령주의가 전통도 아니네요. 유교도덕이 넘실거렸던 조선시대에 노 이 차이가 얼마 안 나면 형, 동생이 아닌 벗으로서 만나는 게 자연스러웠죠. 평민들은 말할 것도 없이 두루 어울리며 동무로 지냈고, 양반이라 하더라도 거의 10년 터울끼리 친구로 지내는 평교(平交)가 있었습니다. 나이를 빼개고 모두 맞먹자는 게 아니라 나이만 많다고 아랫사람을 함부로 깔보지 않겠다는 뜻이죠. 이황이 자신보다 26살이나 어린 기대승을 깍듯이 대하며 글씨름을 벌였던 것이 좋은 보기입니다. 선비라면 으레 갖춰야 하는 마음가짐이었습니다.

일제강점기만 하더라도 홍명희(洪命憙) 선생은 장가를 일찍 들어 큰 아들 홍기문과 열여덟 살 차이였다. 그래서 홍명희와 말을 트고 지내는 친구가 홍기문과도 말을 놓고 지내 여럿이 모인 자리에 가면 부자지간에 다 친구들이었다고 한다. 이런 분위기는 적어도 1950년대까지 이어져 당시 회고록을 보면 6-7살 차이가 나는 사람들을 친구로 부르는 경우를 쉽게 찾아볼 수 있다.

한홍구, 『대한민국사』 2권, 281쪽

그렇다면 왜 오늘날엔 쌍둥이조차 위아래로 가를까요? 사람 사이가 군사독재를 거치면서 빡빡해지고 살천스러워졌기 때문이지요. 사회를 군대처럼 만들려고 한 독재자들은 한국을 병참화하였죠. 1달 선임이라도 조아려야 하는 군대처럼 1살 차이도 받들어 모시지 않으면 안 되게 사회를 내리족쳤습니다. 병영국가의 탄생! 군사독재가 무너진 지 20년이 넘었건만 그들이 심어놓은 군사문화 찌꺼기들은 오늘날까지 살아남아 사람들을 병장과 이등병으로 가릅니다.

대학생은 어른입니다. 생일이 몇 달 빠르니까 형으로 불러야 한다고 우기는 유치원생이 아니죠. 높일 때는 같이 높이고 반말을 하고 싶을 때는 더불어 낮추는 원칙만 지켜도 대학문화는 사뭇 바뀔 듯해요. 서로 존중은 도자기 빚는 일 같아서 무던히 힘이 듭니다. 한 손만 애써선 결코 귀한 도자기를 빚어낼 수 없듯 같은 눈높이에서 함께 높일 때 비로소 빚어지는 몸가짐이 존중입니다. 하찮아진 상대를 존중하기란 싫은 사람을 사랑하는 것만큼이나 쩍진 일입니다.

사람은 누구나 진실한 관계를 바랍니다. 한갓된 욕망들 틈바구니에서 참된 만남을 바랄 수밖에 없죠. 여기서 안타까움이 솟구쳐 오릅니다. 사람 사이의 깊이는 위계질서에서 결코 나올 수 없으니까요.

함께 일구는 시간과 생각의 마주침에서 울림이 나오죠. 티격태격하면서도 같이 삶을 '누리려면' 서로에 대한 애정이 깔려 있어야 하는데, 존중 없는 관계는 뿌리가 얕아 금세 뽑혀버립니다. 같은 학번 안에서도 이야기 나눌 벗들이 없다는 외로운 대학생들, 자신을 둘러싸고 있는 '매트릭스'에 대해 생각해 봤으면 합니다.

:: 김예슬 선언, 당신은 왜 대학에 왔습니까?

어찌 보면 인생은 졸업과 졸업의 연속이다. 나는 지극히 평범했다. 초등학교를 졸업하니까 중학교가 기다렸고, 중학교를 졸업하니까 고등학교가 기다렸다. 대학교까지 졸업하니 사회가 블랙홀처럼 나를 덮쳤다. 아버지는 늘 "사람은 소속이 중요하다"고 강조했고, 나는 그 말에 떠밀리듯 아무 구멍이나 찾아 들어갔다. 그 결과 직장을 일곱 번이나 옮겼다. 그럼에도 불구하고 나는 졸업 이후 나를 설명할 만한 소속을 잃어버린 느낌이 든다. 가장 심각한 것은 영혼의 영양실조였다.

윤고은, 『무중력증후군』, 72쪽

김예슬이 이른바 '선언'을 하자 여러 움직임이 샘솟았으면 했지만, 바다에 돌멩이 하나를 던지면 잠깐 퐁- 하고 소리를 내다가 언제 그랬냐는 듯 숙지근해졌습니다. 나이 든 이들은 크게 술렁였으나 젊은 세대는 입술을 실룩거리며 팔짱을 끼었습니다. 언론의 호들갑에 차갑게 실쭉거리면서 한편으론 김예슬의 뒤를 캐내려 했지요. 자퇴하면서 뭔가를 얻으려는 건 아닐까? 쟤는 인생 배린 거 아니야? 얼마나 잘 사는지 두고 보겠다! 등등 어떤 이들은 편집증을 드러내 보였죠. 오랜 시간 등수대로 사람을 가르고 성적에 따라 자존감이 꺾이고 상처받은 젊은이들은 고려대로 상징되는 기득권을 김예슬이 내놓겠다고 하자 곧이곧대로 믿지 않았습니다. 한국 교육이 어떠한지 뽀록나는 순간이었습니다.

물론, 김예슬은 고려대생이었기 때문에 더 눈길을 받은 게 사실입니다. 모두를 '쥐경쟁' 시켜 한 줄로 세운 뒤 앞쪽에 있는 사람만 겨우 들어갈 수 있는 대학을 스스로 나왔으니 사람들이 놀랄 수밖에요. 남들이 들어가고 싶어 하는 대학을 박차고 나왔으니 사회에 충격이 더 컸습니다. 그러나 '고려대' 가 대학 관두기를 돋보이게 꾸며주었을지언정 이 사건의 고갱이는 '고려대' 가 아닙니다. 김예슬이 놀라운 건 고려대생이어서가 아니라 젊은이들이 누구를 '적' 으로 삼아야 하며 그 적들에 덤비지 않았던 젊은이들의 책임을 드러냈나는 짐입니다. 문드러진 대학의 속살을 들춰내면서 남들이 가고 싶어 하는 대학도 별로 다를 바 없다는 걸 알린 김예슬 선언은 배움이 무엇이고 오늘날 대학이 어떤 꼴인지 자꾸만 보지 않고 싶은 '현실' 을 생각할 수밖에 없게 판을 열어준 '사건' 입니다.

대학을 '일류대', '이류대', '삼류대' 로 나누지만 정작 대학생들은 엇비슷합니다. 어디 대학에 다니는지가 대수로운 게 아니라 앞으로 얼마나 공부하느냐가 중요한데 한국은 이 점을 늘 깜박합니다. 대학은 지성인을 기르는 곳이 아니라 푸줏간으로 변한지 오래고, 대학생은 '행동하는 지성' 이 아니라 '이 사회의 값싼 한 끼' 일 뿐입니다.

그럼에도 기어코 대학에 들어가 등록금이란 삥을 뜯기며 골탕 먹고, 힘들게 졸업하자마자 학자금 대출에 빚쟁이가 되는 현실에 젊은이들이 뻥해합니다. 권력자들이 그렇게 좋아하는 시장원리에 따르더라도 학력에 따른 기대수익률이 곤두박았습니다. 주판알을 아무리 튕겨도 대학이란 '비싼 교육'은 차츰 별 쓰임새가 없죠.

그러므로 이제 대학 가는 일에 '젊은이들이' 나서서 딴죽 걸어야 합니다. 학벌문제뿐 아니라 대학진학률은 사회를 아수라장으로 만듭니다. 비금비금한 대학교육을 받은 젊은이들은 고만고만한 일거리를 찾으려 북새통을 이룹니다. 대학생들은 넘쳐나는데 일감은 적으니 박터질 수밖에요. 대학물 먹은 사람들은 눈높이와 도도함은 지나치게 높아졌고, 몸으로 하는 노동을 낮잡는 사회 흐름을 크게 부추겼습니다. 팔팔하게 사회비판하고 꿈을 키워나간 옛 대학생들과 달리 곪아버린 대학물을 들이킨 젊은이들은 알게 모르게 마구 써버림을 곁눈질하고 유한계급을 따라합니다. 이러다 보니 21세기 대학생들은 기업들의 봉일 따름이죠. 터무니없는 돈을 치르면서 왜 죄다 대학에 가야 하는지 숫제 물음을 꺼내야 해요. 대학이란 어떤 곳인지, 대학을 왜 가고픈지 돌아보지 않은 채 남들 간다고 무턱대고 들어간 대학은 자기 부모의 얼굴을 궂기게 하고 허리만 휘게 만드니까요.

물론, 높은 대학진학률이 사회에 도움이 될 때도 있었죠. 대학생들이 경제몸집의 커짐과 민주화에 이바지했으니까요. 그러나 산업화 시대는 끝났습니다. 1960-1970년대에야 회사에서 입 다물고 말 잘 듣는 '풀빵 같은 대학졸업자'들을 바랐고, 한국 교육은 산업계의 요구에 맞춰 학생들을 그렇게 찍어냈죠. 한마디로 학벌체제는 '빨리빨리 근대화'의 결과입니다. 사람들을 갈라서 발바투 뽑고자 했던 초기

산업사회에서 통했던 사회문화이죠. 그러나 21세기는 뭇사람들의 번뜩이는 생각과 반짝이는 몸짓들이 사회를 이끄는데, 한국은 여전히 젊은이들을 한 줄을 쭉 세우더니 점수대로 서울대부터 차례대로 들어가라고 을러댑니다. 대학은 여태껏 사람을 갈라치기하는 부지깽이로써 남아 있습니다. 졸업장의 약발은 떨어졌고 대학은 빛바래 가는데 한국 사회는 쥐라기 공룡처럼 퍼져버린 대학을 어떻게 해야 할지 몰라 하네요. 지난날 나름대로 쓸모 있었던 학벌체제는 오늘날 이 사회의 앞날을 찌푸리게 합니다.

그 유명하다는 대학을 나온 사람들 가운데 사회의식은커녕 자기 삶도 가누지 못해 허우적거리는 이들이 수두룩합니다. 대학 이름을 자기의 값어치라고 그릇되게 생각하며 콧대만 세웠지, 왜 대학에 다니는지 생각하지 않았기 때문이죠. 대학은 더 이상 지성인을 길러내는 곳이 아닙니다. 취업학원입니다. 그러나 이젠 그마저도 못합니다. 대학교육이 일자리 얻는 데 별 도움이 안 된다고 대졸 구직자들은 쟁쟁댑니다. 그렇다면 대학은 어떤 곳일까요? 초중고란 하청기업을 서치면서 올라온 제품들에 브랜드를 붙이는 인간공장입니다.

생게망게한 등록금을 낮추는 건 마땅하고, 이에 한발 더 나아가 과연 대학을 다녀야 하는지 얘기가 터져나와야 합니다. 지구동네에서 가장 높은 대학진학률은 대견함이 아니라 어떤 증상이니까요. 학벌에 따라 직업이 달라지고 그로 말미암아 임금이 가파르게 벌어지기 때문에 학벌에 모든 걸 꼬라박는데 학벌다툼을 앙칼지게 꼭 해야 하는지, 대학을 다니지 않고도 저마다 하고 싶은 걸 하면서 살아야 하지 않는지 정치, 사회, 경제, 문화에서 따지고 바꿔가야 해요. 하여 노동들 사이 위아래로 굳어진 임금체계와 사회의식을 뜯어고쳐야 합니다. 이것들이 학벌체제를 재생산하니까요. 소방원과 법조원의 버는 돈 차이가 비탈질수록 그 사회는 난지락거립니다.

등록금의 무게로 젊은이들이 헉헉대며 대학을 다니는데, 휜 등줄기도 필 겸 잠깐 멈춰서 김예슬의 물음에 답해야 합니다. 김예슬의 대학 그만두기는 젊은이들의 생각에 날개를 달아줄 기회입니다. 당신은 대학에 왜 왔습니까? 대학에서 청춘은 무엇을 배워야 할까요? "여전히 나는 학교 주변이나 맴도는 강아지였다"고 웅얼거리는 『부코스키가 간다』의 주인공처럼 왜 대학을 나오고도 많은 젊은이들이 '서른 살 소년' 들이 되어버리는 걸까요?

대학진학률 낮추는 게 말처럼 쉽진 않겠지요. 한국처럼 학벌차별이 대놓고 오지게 이뤄지는 사회에서 대학을 가지 않겠다는 건 불가촉천민이 되겠다는 '추락선언' 이니까요. 아무도 남에게 얕잡히며 살고 싶진 않기 때문에 대학을 가지 말라고 할 수도 없습니다. 그럼에도 이른바 유명대학에 가지 않으면 '어차피' 짓밟히는 샐그러진 한국입니다. 그렇다면 쑥대밭이 된 제도 안에서 애씀과 더불어 제도 자체에 물음표를 띄우며 틀을 깨부수고 바깥으로 나가는 젊은이들이 많이 생겨나야 합니다. 그럴 때 학벌이란 비릿비릿한 신분제를 갈아엎을 수 있으니까요.

그러므로 김예슬의 대학 그만두기는 사회변화의 소중한 첫걸음입니다. 인간공장에서 빠져나와 사람답게 살겠다는 외침이었으며, 대학에 왜 가야 하는지 모른 채 대학에 끌려가는 젊은이들을 깨우는 종소리이자 '이대로' 를 되뇌며 입시지옥은 싫지만 자기 자식만은 '유명대학' 에 들여보내려는 기성세대의 이중성을 따끔하게 내려치는 죽비소리입니다. 또한 김예슬은 대학이 병을 앓고 있다는 걸 알리는 재채기이자 젊은이들의 맨얼굴을 비추는 거울입니다. 입을 가린다고 기침이 멈춰지지 않듯, 아무리 '뽀샵'을 해도 자신의 바탕이 바뀌지 않듯 대학문제는 쉬쉬하거나 덮으려 해도 감춰지지 않습니다. 김예슬처럼 나서지 않았을 뿐, 대학에 고개를 돌리고 잠잠히 떠났거나 아직 짐을 꾸리지 못했을 뿐 변두리를 감도는 젊은이들이 와글와글합니다. 자신이 있어야 하는 목적을 잃어버렸고 자신의 몫을 다하지 않기에 대학이 위기를 맞았습니다. 앞으로도 수많은 젊은이들이 대학우리를 뚫고 나갈 것이고, 또 그래야 합니다.

오늘 나는 대학을 그만둔다, 아니 거부한다

오늘 나는 대학을 그만둔다. G세대로 '빛나거나' 88만 원 세대로 '빚내거나', 그 양극화의 틈새에서 불안한 줄타기를 하는 20대. 그저 무언가 잘못된 것 같지만 어쩔 수 없다는 불안과 좌절감에 앞만 보고 달려야 하는 20대. 그 20대의 한가운데에서 다른 길은 이것밖에 없다는 마지막 남은 믿음으로.

이제 나의 이야기를 시작하겠다.

이것은 나의 이야기이지만 나만의 이야기는 아닐 것이다. 나는 25년 동안 경주마처럼 길고 긴 트랙을 질주해 왔다. 우수한 경주마로, 함께 트랙을 질주하는 무수한 친구들을 제치고 넘어뜨린 것을 기뻐하면서. 나를 앞질러 달려가는 친구들 때문에 불안해하면서. 그렇게 소위 '명문대 입학'이라는 첫 관문을 통과했다.

그런데 이상하다. 더 거세게 나를 채찍질해 봐도 다리 힘이 빠지고 심장이 뛰지 않는다. 지금 나는 멈춰서서 이 경주 트랙을 바라보고 있다. 저 끝에는 무엇이 있을까? '취업'이라는 두 번째 관문을 통과시켜 줄 자격증 꾸러미가 보인다. 너의 자격증 앞에 나의 자격증이 우월하고 또 다른 너의 자격증 앞에 나의 자격증이 무력하고, 그리하여 새로운 자격증을 향한 경쟁 질주가 다시 시작될 것이다. 이제서야 나는 알아차렸다. 내가 달리고 있는 곳이 끝이 없는 트랙임을. 앞서 간다 해도 영원히 초원으로는 도달할 수 없는 트랙임을.

「김예슬 선언」에서

:: 대학생들이 힘을 모아

나를 기다리고 있는 미래를 생각하면 가슴이 답답해져. 대학에 진학하고 취직하고 혹은 결혼을 하고, 그러다가 자식 낳고 늙어가다가 어느 날 죽겠지. 그렇게 정해진 궤도를 벗어날 수는 없을 거야. 그 생각을 하면 갑자기 미칠 듯이 답답해. 때로 이불을 뒤집어 쓴 채 그 속에서 소리내어 울기도 하거든. 나는 나를 둘러싼 가족, 친구들, 그 모든 것의 위선에 질식할 것만 같아. 남의 눈에 보이는 사랑과 행복이란 것이 얼마나 위선에 가득 차 있는지 너는 모를 거야. 요즘 늘 내 머릿속을 차지하고 있는 단어는 환멸이야.

은희경, 『마이너리그』, 38쪽

큰 배움(大學)은 그럴싸한 건물 안에 앉아 있다고 이뤄지지 않습니다. 해마다 1,000만 원을 치른 뒤 졸업장을 받았다고 지성인이 되는 것도 아닙니다. 오히려 대학이 젊은이들의 파릇파릇함을 잡아먹고 있습니다. 대학을 다녀도 많은 이들이 자기 인생 추스르지도 못한 채 허둥지둥하며 머리털 쥐어뜯어 곳곳에 머리털이 수북하니까요. 죄송합니다, 귀하 같은 인재는 넘쳐나서 필요없다며 이 사회는 젊은이들을 패대기칩니다.

한국 교육은 자유인으로서 남과 더불어 살겠다는 주체성을 가르치지 않습니다. 자신의 몸 결정권을 자신이 갖지 못하고, 바깥에서 불어오는 입김에 따라 자기 머리카락을 자르고 입으란 대로 옷을 입습니다. 한국 공교육은 시민으로서 이웃들과 함께 어울리며 행복하게 살아가는 방법을 가르치지 않습니다. 민주시민이 없는 민주사회에서 민주주의가 무너지는 건 어쩌면 자연스럽죠. 머리길이와 옷차림, 살고 싶은 곳과 하고 싶은 일까지 죄다 어금버금한 한국 사회는 자유민주주의가 얼마나 가냘프게 깔렸는지, 자유민주주의가 얼마나 허울인지 똑똑히 보여줍니다.

이런 바닥에서 젊은이들은 자기 삶을 제대로 돌아보고 행복함을 꾸려낼 수 있는 '생각' 을 하지 못하였죠. 대학에 왜 가야 하는지, 대학에선 어떤 공부를 하고 싶은지 별로 '고민' 하지 않았습니다. 가야 하는 줄만 알고 큰돈을 내면서 대학에 끌려가죠. 많은 대학생들이 대학에 들어가서 가슴을 부여잡습니다. 자신의 재주와 학과가 안 맞는 것이죠. 그러나 가슴을 두드린다고 자기 삶의 새로운 길은 수월하게 나오지 않으니 젊은이들은 핼쑥한 얼굴로 떠돕니다. 옆 친구를 눌러야 한다고 암기경쟁만 시킨 사회에서 자란 젊은이들은 드넓게 펼쳐진 인생 앞에 어떤 답을 써야 할지 주뼛거릴 수밖에 없어요. 자신의 생각을 갖기보다 부모 말대로, 교사들 가리키는 대로 고분고분했으니까요. 권력에 길들여진 젊은이들은 스스로 걸어가는 법을 알지 못합니다.

젊은이들이 이렇게 어려운 상황에 있다고 얘기하면 또 응석이냐, 이제 지겹다며 사람들은 귀를 막습니다. 아무리 잘못되었다고 따져도 경찰들 시켜서 끌고 가면 그만이죠. 어처구니를 엿 바꿔먹은 기성세대는 쯧쯧- 불쌍한 세대야, 한마디를 내싸지르고 자기 뱃구레를 채우러 갑니다. 그래, 너희가 고생이 많다, 같이 바꿔나가자며 나서는 기성세대를 본 적이 있는지요? 그런데 어쩌라고, 툭 내뱉고 다들 마구잡이로 사대고 골프를 칩니다. 우린 땐 밥도 못 먹었어, 편한 줄 알아 이것들아!

2009년 3월 9일, 한 고려대 학생이 한강에 뛰어들어 죽었습니다. 등록금에 짓눌려 학교를 그만두었다가 다시 돈을 모아 학교에 다니다 또 다시 자퇴를 하며 힘겹게 20대를 견뎌야 했던 그의 미니홈피엔 "내 인생, 나, 어쩌다 요모양 요꼴"이란 글이 남았습니다. 이런 현실에 아랑곳하지 않고 이기수 고려대 총장은 2010년 1월 한국대학교육협의회 회장이 되면서 "(한국 대학은) 교육의 질에 비하면 등록금은 아주 싼 편"이라고 하여 대학생들의 생채기 난 가슴에 소금을 뿌렸습니다. 이따위 세상을 만들어놓고 '젊은이들이여, 꿈을 가지라' 고 떠드는 기성세대들 때문에 수많은 청년들의 꿈이 박살났지요. 보다 못한 이명박 대통령은 눈높이를 낮추라고 라디오 연설을 할 정도입니다. 누구보다 제도권 안에서 말 잘 들으며 학교 다녔던 젊은이들은 울컥할 수밖에요. 어디를 봐도 빛이 안 보입니다. 오직 살 길은 앞에 있는 놈 끌어내려서 자신이 거기로 들어가는 거라고 믿을 수밖에요.

이 사회가 지금 젊은이들에게 주어야 하는 건 따뜻한 감싸이 아니라 도리어 버거운 책임이 아닐까 싶습니다. 새로운 길을 만들어낼 힘이 젊은이들에게 '이미' 있으니까요. 따라서 벼랑에 선 그들에게 줄을 던져주는 '빤한 친절' 보다 외려 밀어버리는 '강한 배려' 가 있어야 하지 않을까요? '눈먼-파랑새' 라는 대학생의 편지를 받고 나서 얼마든지 대학생들이 슬기롭게 어깨동무를 해서 지금의 어려움을 가로지르고 뒤집어엎을 수 있으리란 생각이 들었기 때문입니다. 촘촘하면서도 꼼꼼하게 세운 그의 계획을 보면서 어려움이 사람을 더 강하고 깊이 있게 한다는 '진리' 를 새삼 느꼈습니다. 긴 편지를 간추려서 앞대목을 싣습니다.

얼마 전 한국의 대학등록금이 교육의 질에 비해 싼 편이라고 이기수 고대총장이 말해 화제가 되고 있다. 한국의 GDP가 2,120만 원인데, 2009 OECD 교육지표에 근거한 사립대학 연간 평균 등록금은 988만 2,040원이다. 대학생이 1,235시간, 123일, 4개월을 매일 10시간 이상 일해야 한 학기 등록금을 벌 수 있다. 일 년 등록금은? 2,470시간, 243일, 8개월 매일 10시간 이상 일해야 일 년치 등록금을 벌 수 있다.

대학교들이 등록금을 올리는 작태는 도둑질의 차원을 넘어서 협박과 징수, 그리고 착취다. 굳이 함께 수업을 듣고 밥을 먹고 날마다 얼굴을 맞대는 학생들 가운데 새벽 인력시장에 나가 막노동을 하고 수업에 들어오고, 수업이 끝나자마자 알바 장소로 뛰어가고, 충당할 수 없는 학비 때문에 유흥업소에서 등록금을 마련하는 학생들이 있다는 것을, 또한 대학등록금이 학교운영에 푼돈으로 여겨진다는 시사 프로그램의 고발도 굳이 여기에선 자세히 적지 않겠다.

모두가 대학교 등록금이 비싸다는 것을 안다. 그런데 어째서 지금까지 해결되지 않은 것인가? 여태 대학 학생회는 대학생들에게 투쟁참여를 독려하고 외부에 해결을 계속 요구해 왔지만 스스로 해결할 자센 모자랐다. "정치권이 문제가 있다. 그러나 투표하지 않는다"는 구도와 판박이다.

많은 수의 대학생들이 등록금 투쟁에 두 발 벗고 나서지 않는 것은 참여해도 크게 달라지지 않을 거 같은 대학등록금 체계, 학생회 조직에 자신의 행동이 강제되기 싫다는 마음, 부모에 대한 의존감, 아직은 내가 나서지 않아도 될 것 같다는 막연한 생각, 게다가 어떻게 저항하고 행동해야 할지 모르기 때문, 움직였을 때도 그리 효과가 있을 것 같지 않고, 자신이나 자신의 앞날에 피해가 올 수 있기 때문이라는 점을 더할 수 있겠다.

글쓴이가 제안하고 싶은 방법은 '휴학투쟁'이다. 많은 수의 대학생들에게 등록금에 대한 공감대를 통해 휴학을 이끌어낼 수 있다. 휴학을 통한 저항방식은 학생에게 큰 희생이나 피해를 요구하지 않는 동시에 대학교에게는 등록금에 관련하여 타격을(그들에게는 작은 흠집일지라도 많은 수의 학생들이 행동했다는 것에 의미가 크다), 사회에는 등록금 문제에 대해 강력한 문제제기를 일으킬 수 있다.

이제 휴학은 대학생에게 있어 옵션이 아니라 반드시 전략을 갖고 해야 하는 것이 된지 오래다. 어차피 한번 해야 할 휴학을 다른 학생들과 동시에 휴학하기만 하면 된다는 매우 간단한 투쟁방식을 거부할 이유가 없을 것이다. 오히려 휴학기간을 통해 취업과 유학에 요구되는 영어공부를 할 수도 있고, 군대에 가야 하는 사람은 갈 수도 있고, 여행을 가고 싶은 사람은 여행을, 아르바이트를 통해 학비를 벌어야 하는 학생은 일을 할 수 있는 것이다. 하지만 정말로 중요한 것은 대학생들의 비판지성을 공부할 수 있는 모임이 활성화할 수 있는 계기가 될 수 있다는 점이다. 진짜 공부할 데가 많다.

문제는 이러한 투쟁의 결과에 앞서 회의감을 어떻게 사라지게 할 수 있는가 하는 점이다. 그래서 연대가 중요하다. 하나의 대학만이 '휴학투쟁' 을 하는 것이 아니라 수십 개의 대학이 함께 행동해야 한다. 이에 더해서 대학원생들과의 연대도 도움이 될 수 있다. 대학신문과 대학방송국의 도움과 연대 또한 꼭 있어야 한다. 학생회 없는 학생과 학생 없는 학생회 문제를 그 전에 해결해야 한다. 그리고 대학강사들에 대한 대학교의 착취 철폐를 주장하며 강사들과도 힘을 합쳐야 한다.

『꺄르르♡인 블로그』, 「대학생 친구들이여, 모두 같이 휴학합시다」

대학등록금 문제는 더 이상 쉬쉬할 수 없습니다. 오죽하면 개그콘서트의 '동혁이형' 이 나서서 '샤우팅' 했겠습니까. 20대 젊은이들에게 몇천만 원 빚지게 만드는 사회가 정신 반듯이 박혔다고 할 수 있을까요? 등록금은 깎지 않고 상환제란 제도 하나 덜렁 만들어놓고 정치꾼들은 덜렁거리며 슬슬 손을 놓습니다.

이제 참을 만큼 참지 않았나요? 기성세대들은 혀를 끌끌 찰 뿐 꼼짝도 하지 않습니다. 대학생들이 스스로 나서야 합니다. 역사를 봐도 나이 든 사람들이 나서서 젊은이들이 걸린 돌부리를 치워준 적은 단 한 번도 없어요. 오로지 젊은이들이 힘을 모아 곡괭이질을 해서 뽑았습니다. 턱없는 돈을 내면서 공부도 제대로 하기 어려운 대학의 밑바탕부터 짚어봐야 합니다. 대학은 왜 이 꼴이고 왜 이렇게 다녀야 하는 걸까?

사람에게 투자해야 한다면서 돈 있는 사람만 대학에 갈 수 있는 한국, 수십 조를 쌓아두었으면서도 대학등록금만 끝간 데 없이 올리며 행짜를 부리는 대학, 대학생들이 일어나야 합니다. 돌을 던질 필요도 없어요. 같이 힘을 모아서 발칙하게 맞서면 됩니다. 대학생들이 움직이면 사회가 달라져요. 함께 움직이면 길이 열립니다.

홈 따라 흘러오다가 그 파임 밖으로 나가는 건 아주 버거운 일이지요. 그럼에도 자신이 행복하려면, 자기 삶의 주인이라면 자신을 가두는 테두리들을 찢고 나가야 합니다. 한번뿐인 인생, 다시는 오지 않는 청춘, 젊은이들이 용기를 내야 할 때네요. 사랑과 자유, 만남과 행복은 모두 용기를 머금고 피어나니까요. 대학이란 이름의 인간공장을 바꿔야 자신의 삶을 얻을 수 있습니다. 당신이 움직이면 모두 움직입니다.

나의 꿈, 우리의 꿈

네그리는 맑스를 통해 맑스를 넘어서 나아간다. 우리 역시 네그리에 의지하면서 그를 넘어서 나아가야 한다. 이것은 인류의 삶이 계속되는 한 필연적이고 또 자연스러운 것이다. 이 세계의 모든 곳에서 인류의 집단적 자율의 꿈, 코뮤니즘의 꿈은 끊이지 않고 계속된다.
자율은 영원하다.

조정환, 『아우또노미아』, 415-416쪽

:: 행복하려면

> 나는 먼 우주에서 외계인을 상대로 우스갯소리를 늘어놓던 개그맨이 내게 엽서를 쓰는 장면을 상상했다. 그가 죽었다는 것도, 내가 서른아홉이라는 것도 믿기지 않는 지금 실감나는 것이라곤 트레일러를 달구는 저 빛들뿐. 내 피부, 내 입술, 혀와 점막과 늑골 속으로 들어온 빛이 심장을 톡톡 두드린다. 내가 두근거리기 시작한 것은 오 년 전 그가 내 이름을 종이에 새겨넣은 바로 그 순간부터일 것이다. 나는 그네를 높이 밀어내는 아이처럼 앉은 채로 발을 쭉 뻗었다.
>
> 김성중, 『2010 제1회 젊은작가상 수상작품집』, 「개그맨」, 283쪽

삶의 목적은 무엇일까요? 굳이 목적을 꼽으라면 '잘' 사는 것이고, 꼭 밟아야 할 '정토'란 건 없지만 정토를 만들어가는 '삶'은 있습니다. 사람들이 무던히 애끓으면서 아등바등 성공하려는 까닭도 행복해지고 싶기 때문입니다. 행복한 삶이 '잘' 사는 삶일 테니까요.

한국에서는 유난히 Happy란 말이 동네방네 붙어 있습니다. 조금만 둘러보면 해피가 헤피 쓰여서 이제는 한국말 같기도 하고 좀 떨떠름하기까지 하죠. 행복이란 말이 요모조모에서 튀어나온다는 건 그만큼 행복해지고 싶다는 바람이 억세다는 걸 어림잡을 수 있습니다. 한국 사람들은 국내총생산(GDP)이 올라가면 행복해질 거라며 허리띠를 졸랐고, 수출을 하려고 애면글면했으며, 밤새워 일을 했고 돈벌이라면 눈에 불을 켜고 뛰어들었습니다. 그래서 넉넉해진 오늘날 행복해졌을까요? 어떻게 된 일인지 불행한 사람들이 차고 넘칩니다. 표정에서 드러나죠. 아무리 매무새가 깔밋하고 꾸밈새가 반지르르하여도 닮고 싶고 같이 어울리고 싶은 얼굴은 무척 드뭅니다. 부자는 쌔고쌨지만 행복한 사람은 만나기가 왜 이리 어려울까요? 행복이 어렵다며 한숨을 쉬고 입술만 물어뜯으면서 가는 세월을 바라만 보고 있는 이들이 적잖습니다.

턱을 괴고 찬찬히 따져봅니다. 행복한 길을 알고 있는데 일부러 구렁에서 구르는 사람은 없습니다. 자신이 불행하다면 불행한 앎을 갖고 있기 때문입니다. 이날껏 가슴을 치며 후회하게 만들었던 수많은 일들이 그러하듯 지금의 '나'를 옭아매는 시름과 일렁임 또한 자신의 '잘못된 지식'에서 비롯합니다. 자신의 삶을 이끌고 있는 널따란 아파트, 외제차, 부동산 따위가 정말 사람을 행복하게 해줄 수 있을까요? 2만 불이든 4만 불이든 돈으로 행복을 살 수 있을 거란 생각은 사람들을 능갈치는 엉터리입니다.

서늘하게 파고들면 자신이 언제 행복한지, 행복이란 뭔지 스스로 생각한 적이 없다는 사실과 맞닥뜨립니다. 언제부터 자신을 꼬드기는 미끼들을 욕망했는지, 또 그 욕망이 행복과 어떤 관계가 있는지는 손수 묻고 고민하고 답을 찾지 않았습니다. 사회에서 집어등 켜놓은 쪽으로 다들 '자신도 모르게' 달려왔을 따름이지요. 이런 모습은 종교와 비슷하죠. 행복은 믿음의 대상으로 사람들에게 서물거립니다.

이렇게 책을 읽고 평소에 생각지 못하던 것들을 생각하는 까닭은 이러한 '어리석음'에서 벗어나기 위함입니다. 영영 잡히지 않는 그림자를 쫓기보다 지금 여기에서 빛을 찾아야 하고, 빛이 없다면 스스로 반딧불이어야 하기 때문이지요. 그것이 자기계몽의 첫걸음입니다. 자신의 나래를 펴려면 둥지 밖으로 나와야 합니다. 익숙한 곳에서 벗어나 낯섦이 자기 안으로 들어올 때 비로소 생각이 움트죠. 행복하고자 애태워도 정작 행복하지 않은 까닭은 자신이 언제 행복한지 모르기 때문이며 행복이 뭔지 따져들지 않았기 때문입니다. 자신에게 주어진 불행에만 툴툴대면서 사회에 불어닥치는 고통에 뒷짐졌던 사람이 행복을 마련할 수 있을까요?

고개를 돌려 인생이란 여행길을 생각해 봅니다. 인생은 얼마나 여행과 닮았나요? 가없이 새로운 일들이 벌어지고 모든 것이 변하고 자신도 시간이 지남에 따라 달라지니 말이죠. 삶은 여행입니다. 삶을 허투루 살자는 게 아니라 '지금 자신의 현실'을 너무 무겁게 생각한 나머지 짓눌리지 말자는 얘기죠. 묵직하고 고이 여기되 생생히 즐겁게 살자는 뜻입니다. 말똥말똥한 눈으로 세상을 바라보며 느긋 걸음을 하지만 자신이 가야 할 바를 잘 알고 있는 나그네처럼 산다면 하루하루가 얼마나 환할까요?!

여행하는 사람의 눈으로 현실을 보면 얼토당토하지 않는 것들이 들통납니다. 군사독재 시절, 한국인들은 "민족중흥의 목적을 갖고 태어났다"며 사람들을 칠뜨기발푼이로 만들고자 했었지만 어느 누가 민족중흥의 목적을 갖고 태어나나요? 능구렁이들이 사람들의 정신을 재우고자 자장가를 부르며 들씌운 거죠. 마찬가지로 오늘날 자본독재로 말미암아 빚어진 돈의 자장 안에서 모든 사람들은 옴짝달싹 못하기 십습니다. 자본주의는 두리번거리며 자유로워야 할 삶을 틀어막으며 불행한 현실을 허십스레기로 감쪽같이 꾸미려 합니다. 자본주의가 뿜어내는 화폐욕망이라는 쇠고랑에 차이면 마음은 꽁해지고 삶은 뒤죽박죽 꼬입니다.

그러나 자본주의가 내뿜는 강력한 중력에서 벗어나기란 만만치 않습니다. 뭔가 잘못되었다는 생각이 들더라도 뭐가 잘못되었는지 실마리가 안 보이고, 어제처럼 살기 싫어하면서도 똑같은 하루하루를 보내게 됩니다. 자신의 삶이지만 자본이 바라는 대로 사는 것이죠. 짜증과 벅참으로 득실대는 나날이 이어집니다. 야로가 이미 자기에게 녹아 있다는 걸 알아도 그 자리에 죽치고 있으면 왜 이렇게 되었는지, 어떻게 해야 하는지 알 수 없습니다. 자기 마음조차 자기가 모를 때가 얼마나 잦은지요. 자신을 에워싼 거짓부렁에 어깃장 놓지 않고 두루뭉술하게 감싸기를 한다면 삶과 온골은 통째로 뭉크러집니다.

그래서 사람들은 훌훌 떠나죠. 비실대는 자신을 혼내고 일깨우고 싶으니까요. 여전히 서투른 자신을 매만지려면 다시 홀가분하게 떠나야 합니다. 민들레 홀씨처럼 떠나보면 인생이란 여행길엔 생각보다 많은 게 필요하지 않다는 걸 깨닫습니다. 가방에 많은 걸 담을수록 낑낑거릴 수밖에 없지요. 모쪼록 거벼운 몸과 선선한 얼이어야 합니다. 반쯤은 비어 있는 마음과 눈부신 풍경에 아! 하고 소리낼 감수성만 있으면 되죠. 자기 스스로 가뿐하면서도 깊이가 있어야만 삶이 뿌듯하고 보람찹니다. 거기에 찐하게 사랑하고 더불어 아파하는 마음씨까지 보태진다면 더할 나위가 없겠지요. 비록 꾸린 것도 많고, 마음도 뚱뚱하고, 감수성은 버석버석하고, 사랑할 낙낙함도 없고, 얼얼함을 피하고만 싶다 해도 괜찮습니다. 이렇게 책을 보며 걷고 있는 게 중요하죠. 걷다보면 하나둘씩 짐을 나눠주게 될 테고, 번들거리는 기름기는 빠질 것이며, 감수성은 촉촉해지고, 사랑은 봄비처럼 찾아올 테니까요. 쉬엄쉬엄이라도 걷는 게 중요합니다. 자신이 있던 곳을 떠나 길 위로 나선 것만으로 대단한 일이죠. 둘러보세요. 사람들이 싱그러운 빛깔로 총총합니다. 그들과 어울리다 보면 시나브로 웅숭깊은 가슴이 생기고, 싱긋 웃어줄 수 있는 보조개가 생기며, 먼저 내밀 수 있는 손이 자랍니다.

그러다 보면 하나둘 알게 되지 않을까요? 내달리는 사람은 시간에 쫓기며 오로지 저 멀리만을 쫓지만 걷는 사람은 시간을 들이며 가는 길 모두를 예쁘게 여긴다는 걸, 인생길이란 홀로 털레털레 걸어가는 것이 아니라 길손들과 삶을 섞으며 함께 가는 것임을, 행복이란 서 멀리 우물에 있는 게 아니라 이 순간 온 마음을 다할 때 가슴에서 샘솟음이라는 걸, 죽음을 피할 수 없듯 삶을 등질 수 없다는 걸, 어디로 달아날 수 없다면 똑바로 살아내야 하고 길이 없다면 길을 만들어야 한다는 걸!

이렇게 삶을 산뜻하게 느낀다면 하루하루가 살맛납니다. 자신을 잘 아는 사람은 무엇을 손에 쥐어야 행복해질 거라는 귀신 씻나락 까먹는 소리에 휘말리지 않습니다. 행복은 목적지에서 다다라야 주는 자격증이 아니라 출발하는 순간 피어오르는 먼지이며 길을 걸을 때 솟아나는 땀방울이니까요. 행복한 사람은 걸어가면서 이미 웃습니다. 지금 웃고 있지 않다면 자신의 자리가 홀로 죽어가는 불행한 감옥이라는 뜻입니다. 밖으로 나와야죠. 감옥 안에서 아무리 행복하다고 주문을 외워봤자 행복할 수 없습니다.

그러나 여기서 그쳐서는 안 됩니다. 고깃집에 가면 탄 냄새가 옷에 배듯이 개인 혼자 아무리 행복하고자 살뜰해도 사회가 꿀꿀하면 돼지가 될 수밖에 없습니다. 눈물로 강을 이루는 곳에서 혼자 환히 헤헤거리면 꺼벙이거나 날강도니까요. 따라서 행복하려면 사회를 청소해야 합니다. 살 만한 세상이어야 즐겁게 살 수 있지 몽니로 즐거울 순 없으니까요. 전염병이 도는 곳에선 자기 혼자 손발 고루 씻는다고 건강할 수 없습니다. 먼지를 털어내고 곰팡이를 닦아내고 걸레질로 박박 문질러 정갈한 사회를 만들어야죠.

세상은 더불어 살아가는 곳입니다. 맑게 웃으려면 얼굴의 근육을 스스로 움직일 수 있어야 하고, 옆사람도 웃어야 하는 법입니다. 최면을 걸거나 시치미 잡아뗀다고 행복은 느껴지지 않습니다. 행복은 사람들과 맺는 관계니까요. 행복하게 살고 싶은 사람이라면 세상의 외로움과 괴로움에 맞장뜰 수밖에 없습니다. 행복하기를 바라는 사람은 사람들을 불행하게 만드는 인습이나 권력에 힘차게 거스를 수밖에 없습니다. 그래야만 행복해질 수 있으니까요. 사람들의 삶을 서글프게 하고 자기 삶에도 그림자를 드리우는 잘못된 정치관습이나 경제체제에 온몸으로 겨뤄대고 바꿔내려고 애쓸 수밖에요. 이런 사람들이 늘어나야 알짜배기 행복들이 일어나고 행복한 지구동네를 만들고자 몸소 나서는 일이 자연스럽게 깔리겠지요.

지구고을의 검댕을 덜어내는 과정에서 사람들은 '함께' 행복해집니다. 많은 이들이 나눔과 봉사를 발 벗고 나서서 하는 까닭은 누군가를 도울 때 자신이 행복하기 때문입니다. 물질만을 추어올리는 자본주의가 이악스러울수록 사람들이 남을 돕고 서로 돌보며 함께 어우러져 살아가려는 까닭은 물질만으로 행복하지 못하기 때문입니다. 너의 웃음 없이 나는 결코 행복할 수 없습니다. 따라서 '뭘 하지 않으면 안 된다' 고 팔뚝질하기보다 무엇이 더 행복한지 맛볼 수 있는 사회여건을 갖춰야 합니다. 해야 한다는 도덕명령만으로는 사람이 줄기차게 움직이지 않습니다. 처음엔 대단해 보이고 거룩해 보여서 어떤 일에 끼어들 수 있을지 모르나 그 일이 알짜로 행복하지 않으면 얼마 못 가 꽁무니를 감추고 스리슬쩍 내빼기 일쑤입니다. 지더라도 맞서 싸워야 할 때가 있지만 붙더라도 즐겁게 물고 늘어질 수 있어야 이겨낼 수 있습니다.

불행하기를 바라는 사람은 없습니다. 누구나 더 행복해지고 싶어 하지요. 행복이란 감정이 소시민들의 욕망이라고 어떤 이는 삿대질할지 모르나 행복은 모두가 누리고 싶은 감정입니다. 자기 스스로 행복할 줄 모르는 사람이 어찌 세상의 눈물을 닦아줄 수 있겠는지요. 행복에서 시작해야 합니다. 사람살이에서 생겨나는 괴로움과 외로움은 자신을 가라앉게 하지만 그 스산함마저 새로운 여행을 떠나기 위한 정거장입니다. 그 여행이 자기 삶에 어룽지고, 그렇게 생겨난 무늬들이 이어져 새로운 그림을 낳죠. 그리고 어느 사늘한 저녁에 자신을 감싸줄 복숭아 노을이 되어줍니다.

난 언제 가장 행복하지? 지금 난 행복한가? 행복하지 않다면 그 이유는 무엇인가 자신과 사회를 되짚으며 생각해야 합니다. 행복은 거저 주거나 기성세대에게 비럭질한다고 주어지지 않으니까요. 세상의 그늘이 자기에게 드리워졌음을 잘 알고 남들과 더불어 바꿔가려는 마음가짐에서 행복은 자랍니다. 세상이 물크러졌다면 부딪혀 바꿔야겠지요. 행복하지 않다면 자신이 달라져야겠지요. 자신을 넘어 세상으로 나아가겠다는 꿈만이 자기 삶을 행복으로 이끌어가는 힘입니다.

＊추신 : 알몸시위를 정말 할 거야? 그렇다면 여기서도 지원자를 모아볼게. 우리 마을에 드나드는 여행자들 중엔 백만 명의 사람들이 한꺼번에 촛불을 든 한국을 궁금해하는 사람들이 많아졌어. 내가 찍어온 사진들을 도서관 갤러리에 전시해 두었거든. 그들 중엔 강과 숲을 사랑하고 살리는 일에 동참하고 싶어하는 사람들이 많으니까, 결정되는 대로 연락주길 바라. 레인보우의 여신들도 알몸으로 달려가겠대.

모두에게 사랑을 전하며

김선우, 『캔들플라워』, 368쪽

사회가 야릇하게 뜨개질되었고 권력의 입김에 젊은이들이 들썩입니다. 이러다 보니 젊은이들을 권력자들이 같잖게 여기죠. 그 가운데 인상 깊은 거 하나를 싣습니다. 2008년 5월 30일 《한겨레21》 712호에 실린 문화부 홍보지원국 소속 공무원들이 교육받은 파워포인트

자료를 보면 자지러질 수밖에요.

> 이해찬 세대의 문제는 그야말로 아무 생각도 없고 원칙도 없다는 것이다. 학력이 떨어지니 직업전선에 더욱 급급하고, 하다 안 되면 언제든 허공에 주먹질할 것이다. 최루단 3발이면 금방 엉엉 울 애들이지만 막상 헤게모니를 가진 집단이 부리기엔 아주 유리하다.

> 다양해진 미디어를 꼼꼼하게 접하고 이해해야 한다. (인터넷) 게시판은 가난하고 외로운 사람들의 한풀이 공간이지만 정성스런 답변에 감동하기도 한다. 멍청한 대중은 비판적 사유가 부족하므로 몇 가지 기술을 걸면 의외로 쉽게 꼬드길 수 있다. 붉은 악마처럼 그럴 듯한 감성적 레토릭과 애국적 장엄함을 섞으면 더욱 확실하다.

무슨 생각이 드나요? 기분이 나빠 발끈할 수 있지만 가만가만 생각해 봅니다. 정부의 분석이 맞고 틀리고를 떠나 아주 뜨끔한 귀띔입니다. 권력자들에게 저렇게 보이고 있구나, 저들 말대로 이대로 있으면 부려먹기에 쉬운 사람들이 되겠구나, 선뜩하게 느껴야 합니다. 바꿔 말하면, 저렇게 안 되려면 젊은이들이 같이 깨어나고 힘을 합쳐야 합니다. 쉽게 꼬드겨도 자빠지지 않게, 최루탄 3발에도 두 손 들지 않게 두둑한 배짱과 든든한 미립을 지닌 이 사회의 주인들로서 살아가야 합니다.

지배권력이 갈수록 포달을 부리며 짓궂어지자 젊은이들이 사회에 관심을 가져야 한다지만 정작 젊은이들은 그럴 겨를이 없었습니다. 기성세대들이 만들어놓은 '퍼뜩퍼뜩 세상'에서 살아남아야 하니까요. 자신들이 키운 젊은이들에게 생각도 없고 풋풋함도 없다며 혀를 차지만 정작 청년세대는 그런 거에 대꾸할 틈도 없었습니다. '정치맹추'로 몰아가는 사회 흐름에 휩쓸려 젊은이들도 거의 정치에 아랑곳하지 않고 살아가지요. 이에 걱정 어린 마음으로 20대들이 투표해야 한다는 목소리가 울려퍼집니다. 선거참여가 꼭 정치의식을 끌어올리진 않겠지만 그럼에도 차갑게 톺으면 젊은 사람들의 투표율이 좀 옴팡지게 낮긴 합니다. 세대로 나누어 투표율을 살펴보면 20대는 늘 꼴찌였습니다. 투표율을 빌미삼아 어떤 사람들은 20대들이 머리가 비었다며 손가락질을 해댑니다. 20대들이 선거의 중요성도 모르고 '진보개혁'에게 투표를 하지 않아 한국 사회를 보수화시킨다는 논리죠.

그들의 말마따나 정치를 잘 모르고 선거를 하지 않는 젊은이들이 많긴 하죠. 그러나 이건 나이 든 세대도 마찬가지입니다. 정치가 무엇인지 고민하기보단 지역주의에 따라 사람을 뽑고, 진보와 보수의 정책을 짚어보기보단 TV에 자주 비치는 사람 찍는 일은 윗세대들에서 더 벌어집니다. 민주주의 나라에서 시민이라면 적어도 갖춰야 하는 민주주의 상식을 갈음하여 뒤틀린 정치의식이 윗세대들에게 깔려있죠. 윗물이 흐린데 어찌 아랫물보고 맑으라고 하는지 아리송합니다. 아랫세대들도 민주주의 의식이 엉성한 까닭은 가정이나 학교, 그밖에 여러 기구들을 통해 기성세대의 엉망이 대물림되었기 때문입니다.

요즘 젊은 것들은 IMF 위기를 거치고 무한도전이 아닌 무한경쟁, 몽땅 시장에 떠밭긴 사회에서 자랐습니다. 좌우파나 보수나 진보는 잘 몰라도 자신의 욕망과 이해를 차근차근 따지는 개인주의자들이죠. 따라서 보수우파들이 게먹으며 풍기는 전체주의 냄새엔 손사래를 칩니다. 아직도 20세기 한국전쟁에 사로잡혀서 오락가락하는 사람들을 보면 손발이 오그라드니까요. 합리성을 몸에 새겨넣은 20대들은 보수정당에 투표를 하지 않습니다. 그렇다고 신보에 솔깃해하지도 않습니다. 보수와 별로 다른 점 찾기 어려운 자신들이 남우세스러운 줄 모르고 젊은이들에게 표를 달라고 손을 벌리니까 말이죠. 이명박 정권의 삽질은 민주개혁 세력에겐 좋은 일 같지만 반드시 그렇지도 않습니다. 지난 10년을 거치면서 겪어본 민주화 정권도 보수와 그다지 다른 게 없다는 생각이 한국 사회에 퍼져 있습니다. 요모조모 속속들이 따지면 다른 것들이 보이겠지만 멀리서 보면 도토리 키재기죠. 그 놈이나 저 놈이나.

그러므로 기성 정치판에 기대기보다 젊은 세대들은 자기들 안에서 정치의식을 '새롭게' 만들어내야 합니다. 정당으로 테두리짓는 정치에 자신을 가두지 말고 젊은이들이 자기들 안의 '정치성'을 꺼내야 하겠지요. 사람의 삶은 그 사회와 포개져 있습니다. 자신은 이미, 노상, 내내, 정치 안에서 살고 있습니다. 한국은 민주공화국이라는데, 민주주의나 공화주의는 말할 것도 없고 정치에 정자도 잘 모른다면 자기 밑지는 일이지요. 오늘날 이다지도 사회가 우중충한 까닭은 역사마다 뿜어져 나왔던 젊은이들의 싱싱한 정치의식이 느슨해졌기 때문입니다.

솔직히 말해서 투표 안 하는 20대는 정말 한심해요. 회사에서 그런 20대는 안 뽑는다고 당당히 말할 수 있어요. 그런 애들이 취업 못하는 거 당연해요. 누가 무식한 사람을 뽑겠어요. 혼자 사는 세상이 아니잖아요. 취직해서 정치 좋아하는 고객들 만나면 거기에 맞춰야죠. 그게 인간관계인데, 불평불만만 투덜대고 정치가 싫다고만 하고, 사회에 관심 없으면 당연히 안 뽑죠. 공부 잘하고 대화가 통하고 사회 돌아가는 걸 볼 줄 아는 애들은 다 뽑혀요. 물론, 지금이 취직 못한 것을 그 사람 탓으로 돌리기엔 경제가 어려운 상황이지만 불평불만만 주장하지 말고 공부하고 사회참여하면서 비판을 하란 말이에요. 정치에 무관심하면 무관심할수록 자기에게 마이너스에요. 정치가 잘못되었고 다 똑같은 놈이라고 하는데, 그러니까 투표를 하라고요. 자기가 투표해서 바꾸면 되잖아요. 나중에 그 결과가 자기에게 돌아온다고요.

『꺄르르♡인 블로그』, 「래퍼가 국회의원 선거에 나갔던 까닭」

역사마다 늘 화끈했던 젊은이들을 이 사회가 얼마나 쥐어짜고 쪽쪽 빨아먹었는지 다들 쪼글쪼글하고 밍밍해져 버렸네요. 그렇기 때문에 더욱 젊은이들이 정치를 삶의 지평으로 불러들이고 움직여야 합니다. 젊은이들의 즐거움을 한국의 기성정치가 덜어내고 빼앗으니까요. 자신의 행복과 즐거움을 위해서도 이제 정치에 눈을 돌릴 수밖에 없는 판입니다. 오늘날 젊은이들은 민주화란 그루터기에서 맺힌 열매들을 먹으며 자란 세대들이기 때문에 무엇이 더 맛있는지, 어떤게 더 말이 되는지 윗세대들보다 더 또렷하게 느낍니다. 감각이 윗세대와 다르죠. 왜 촛불시위 때 10대들이 먼저 나왔겠는지요?

젊은이들이 정치의 정자도 모른다고 나이 든 사람들은 돌팔매질하지만 사실 젊은이들은 정치를 잘 압니다. 더 실실이 살피면, 기성세대의 마뜩찮음에 주먹감자를 날려버릴 만치 푸르면서도 후끈 달아오른 젊은이들의 입김이 자욱합니다. 헌내기들은 요새 젊은이들이 자기밖에 모른다며 하잘것없다고 혀를 끌끌 차지만 그들이 높다란 곳에 있기에 보지 못할 따름이죠. 기성세대가 빗금 그어놓은 정치가 아름답지 못하기에 젊은이들은 그것을 바라지 않습니다. 좁은 뜻의 정치는 젊은이들에게 '즐거움'을 주지 않기에 거기에 힘을 쏟지 않을 뿐입니다. 비릿한 정치를 뚫어져라 쳐다보면서 함께 하기란 꽤나 께름칙하거든요. 그러니 국회로 대표되는 '정치'에 시큰둥하죠. 좀 조용하다 싶으면 아니나 다를까 구린내를 내니 떫을 수밖에요. 한국은 민주주의 원리로 제대로 세워진 나라가 아닙니다. 국가기구 안에서 행정부만 살그머니 민주화했지 삶에 민주주의가 뿌리내리지 못했습니다. 지난 10년의 민주정권이 기울자마자 기업, 언론, 교육, 종교, 금융, 통신, 유통, 법률 등등은 민주화가 안 되었기에 곧바로 '민주주의 위기'란 말이 불거질 수밖에 없었죠.

진실은 본디 꺼림칙하고 거북합니다. 수많은 진실 가운데 오늘날 한국 사회가 피하고 싶은 진실은 한국이 끔찍한 곳이라는 점입니다. 겉으론 G20이다, 경제덩치가 10위다, 어쩌다 하면서 모두의 자랑이라고 법석이지만 이런 왁자함은 '윗분들만의 뻐김'이죠. 사실 보수우파의 틀에 갇혀 얼빠지지만 않으면 한국의 품안에 들어가지 않는 수많은 사람들이 헐떡이며 가장자리에 나동그라져 있는 걸 알 수 있습니다. 이런 사회에서 뜬구름 잡는 소리만 윙윙대는 의회정치에 즐거움을 느낀다면 그게 더 야릇하지 않을까요? 젊은이들은 자신들의 바람에 따라 생활에서 벌어지는 '정치'에서 번뜩이는 감각을 드러냅니다. 밑바닥에선 꿈틀대며 가치를 일구고 꿈을 키워가는 젊은이들로 부글부글 끓습니다.

사회를 더 낫게 바꾸는 건 언제나 젊은이들의 몫입니다. 젊은이들에게 정치는 얼어붙은 땅이었는데, 서로 손을 마주잡고 녹여내야 하지요. 마치 사춘기를 맞은 것처럼 처음엔 쭈뼛거리면서 서먹할 수 있지요. 정치의식에 눈을 뜨는 건 어린 시절 내내 억눌렸던 성에 다시 눈을 뜨는 청소년과 비슷하니까요. 성이란 금기를 알아가고 가로지르면서 어른으로 자라듯 정치란 금기를 알고 온몸으로 살아낼 때 진짜 어른이 됩니다. 한심한 놈들이라며 세상이 손가락질할 때 이따위 세상 만들어 놓고 무슨 소리냐며 발칙하게 대들어야 합니다. 젊은이들이 제2의 사춘기를 된통 아프게 앓을 때 '진짜 정치'가 이 사회에 다시 열립니다.

:: 먹거리와 술문화

다섯 바퀴째 돌자 개는 입에 거품을 물고 있어. 줄에 걸린 목에서 피가 흘러. 목이 아파 낑낑대며 개는 질질 끌리며 달려. 여섯 바퀴째, 개는 입으로 검붉은 피를 토해. 목에서도, 입에서도 피가 흘러. 거품 섞인 피, 번쩍이는 두 눈을 나는 꼿꼿이 서서 지켜봐. 일곱 바퀴째 나타날 녀석을 기다리고 있을 때, 축 늘어진 녀석을 오토바이 뒤에 실은 아버지가 보여. 녀석의 덜렁거리는 네 다리, 눈꺼풀이 열린, 핏물이 고인 눈을 나는 보고 있어.

한강, 『채식주의자』, 53쪽

간달프, 스파이더맨, 배트맨, X파일 멀더 요원의 공통점은 무엇일까요? 얼핏 생각해서 따로 놀 거 같은 그들의 밑절미엔 채식이 있습니다. 젊고 건강한 몸을 유지해야 하는 헐리웃 스타들은 채식을 합니다. 외려 채식을 안 하는 스타를 찾기가 어려울 정도지요. 이들이 쓸데없이 채식을 할까요? 얼마를 들어도 아랑곳하지 않고 가장 좋은 걸 몸에 쏟는 스타들입니다. 그들이 왜 채식을 할까요?

마돈나, 나오미 왓츠, 리브 타일러, 브룩 쉴즈, 케이티 홈즈, 나탈리 포트만, 카메론 디아즈, 리즈 위더스푼, 케이트 윈슬렛, 기네스 펠트로, 페넬로페 크루즈, 킴 베이싱어, 파멜라 앤더슨, 애슐리 쥬드, 앤 헤서웨이 … .

고기를 먹어야 근육을 키울 수 있다고 믿는 사람이 있다면 아래 남자배우들의 이름을 찬찬히 읽어보세요. 이미 내로라하는 헐리웃 몸짱들은 다들 채식을 하며 근육질 몸매로 으쓱해하죠.

폴 뉴먼, 리처드 기어, 알렉 볼드윈, 브래드 피트, 탐 크루즈, 크리스찬 베일, 토비 맥과이어, 레오나드로 디카프리오, 스티븐 시걸, 조쉬 하트넷, 이안 데이비드 듀코프니(X-file 멀더 요원), 안소니 홉킨스, 더스틴 호프만, 마이클 J. 폭스, 맥켈런(반지의 제왕 '간달프') … .

배우들만 채식하는 건 아니지요. 몸과 마음은 둘이 아니기에 예술활동을 하거나 머리를 쓰거나 마음을 끌어모아 운동하는 사람들도 채식을 하면서 엄청난 결과들을 이뤄냅니다.

밥 딜런, 마이클 잭슨, 프린스, 마이클 볼튼, 저스틴 팀버레이크, 올리비아 뉴튼 존, 폴 매카트니, 링고 스타, 조지 해리슨, 플라톤, 소크라테스, 디오게네스, 피타고라스, 플루타르크, 볼테르, 몽테뉴, 프란츠 카프카, 마크 트웨인, 헤르만 헤세, 톨스토이, 조니 버나드 쇼, 타고르, 니체, 쇼펜하우어, 레오나르도 다빈치, 에디슨, 뉴턴, 슈바이처, 아인슈타인, 반 고호, 다윈, 스티븐 스필버그, 가우디, 이사도라 던컨, 스티브 잡스, 헨리 포드, 간디, 마틴 루터 킹, 아웅산 수지, 틱낫한, 행크 아론, 칼 루이스 … .

이 가운데 토비 맥과이어 이야기를 나누고자 합니다. 스파이더맨으로 잘 알려진 그는 1992년, “햄이 든 치즈버거를 먹고 있었는데 치즈버거에 들어간 동물들이 보였다. 그래서 다시는 어리석은 치즈버거를 먹을 수 없었다”며 채식을 다짐합니다. 그때 나이가 17살이었습니다. 이런 마음맺음은 어마어마한 물결을 삶에 일으키죠. 2년 뒤 자신의 꿈과 앞날을 위해 술과 담배도 끊으면서 “나는 결정해야만 했다. 온갖 어리석은 짓을 하며 어울려 다니는 십대가 되든지, 아니면 연기에 집중하든지 해야 했다”고 털어놓습니다. 채식을 하면서 삶에 군더더기를 덜어내고 힘을 모아 자신의 앞날을 열어간 것이죠.

헐리웃 스타들과 위인들은 ‘이미 오랫동안’ 채식을 하고 있습니다. 채식을 하면서 젊음과 건강, 마음모음과 넉넉함을 얻지요. 꼭 연예인이 아니더라도 한국 밖을 나가본 사람들은 이미 지구동네 구석구석 채식이 살림의 꼴로 자리 잡았음을 압니다. 그들이 푼수거나 잘못된 앎에 속아 채식을 하는 걸까요? 지금 자신의 목구멍으로 넘어가는 것들은 여태 먹어왔기에 먹습니다. 자신의 입으로 들어가는 것들이 어떻게 만들어지고 어디서 오는지 알고 먹는 이들은 드뭅니다. 자신이 자신의 주인이라면 마땅히 내가 무엇을 왜 먹는지 생각하고 알아야 하지 않을까요? 먹는 것들이 내 몸을 이룰 테니까 말이죠.

이렇게 먹거리를 차분히 따지다 보면 술이란 장벽이 나옵니다. 하루 또 하루 새로운 마음으로 빨래하지 않으면 인생은 질펀해지는데, 마구 마셔대는 한국의 술문화 안에서는 추레해질 수밖에 없지요. 삐끗한 정치, 사회, 문화에 회초리를 드는 지식인들조차 술 마시며 불콰해지기 일쑤라, 술문화에 대한 돌아봄이나 살핌은 거의 찾아보기 쉽지 않은 터입니다. 물론, 술이 사람과 사람 사이를 이어주며 들썩이는 노릇도 해주죠. 평소에 보이지 않던 자신의 뒤란으로 사람들을 불러들이기도 하면서 누군가와 친해지는 기회로 삼을 수도 있습니다. 또한 술을 마시면 알딸딸해진 나머지 말라붙은 나날을 마치 벗어나는 기분도 들죠. 이것저것 재고 따지며 피로하고 지친 삶과 다르게 술잔이 오가면 정이 오가는 거 같고, 술기운에 괜히 들뜨니 어둑어둑해지면 자연스레 술집으로 발걸음을 놀려 술잔을 기울이고 싶지요. 이런 멍석이 사회에 깔려 있기에 곤드레만드레 술을 마셔도 너그럽기 그지없습니다. 오히려 그만큼 찍지게 살아왔다는 걸 드러내어 사람들의 토닥임을 받거나 아니면 술 잘 먹는다고 추켜세움을 받죠.

그러나 오늘날의 술은 낭만을 자아내며 살가움을 나누는 마실거리라기보다 자본주의의 쳇바퀴를 구르게 하는 기름 구실을 합니다. 술은 이미 자본이란 외곬그물에 단단히 붙들려 있습니다. 술에 낭만이 묻어나고 특별한 뭔가가 있는 거 같아도 주머니가 빈 사람에게 술 주는 곳은 이제 그 어디에도 없고, 술값 없는 사람과 술자리 가질 사람은 아무도 없습니다. 자본주의 상품들과 다르게 술엔 뭔가 유난스러움이 있다고 믿고 싶겠지만 현실은 그렇지 않지요.

> 그러나 우리 시대의 술은 이미 생활의 양식이며 문화이고, 산업이며 체계이기도 하다. 이러한 현실을 살아가는 인문주의자가 깨단해야 할 사실은, 내 생각과 의도 속의 술만큼은 제 아무리 지고지순(至高至順)할지라도, 내 삶의 양식이 지닌 완강함에 틈입한 술은 어느 순간 자본주의적 체계를 키우고 빛나게(!) 한다는 점이다. 술을 자본제적 체계의 양식과 별개로 논의하려는 개인주의적/낭만주의적 태도는 이미 그것 자체가 자본제적 체계가 술과 인간을 이떻게 처리하고 있는지를 보어주는 증후적 현상으로 여겨져야

한다.

김영민, 『김영민의 공부론』, 229쪽

한국 사회는 술을 너무 자주 그리고 왕창 마십니다. 사람과 사람이 모일 때 기분을 띄우며 보다 부드럽게 만나게끔 거드는 노릇을 한다기보다 술이 그 모임의 이유이자 주인공입니다. 사람을 만나고자 술을 마시는 건지, 술 마시고자 사람을 부른 건지 알쏭달쏭한 지경입니다. 사람이 술을 먹는지 술이 사람을 먹는지 갸우뚱하죠.

술은 입으로 들어와 몸에 스며들었다가 오줌으로 빠져나가는 단순한 마실거리가 아닙니다. 한 사람의 굳어버린 삶을 뒤흔들어 새로움으로 나아가게 하기보다 생각과 사람살이의 등성이를 딱 긋고 그 안에서 홀짝이고 훌쩍이게 만들지요. 그러므로 술을 무턱대고 좋아라하기보다 술병들을 늘어놓을 수밖에 없는 사람들의 생활모습과 한국 사회의 산업구조를 매섭게 따져야 합니다. 자신이 왜 술을 마시는지, 여태 데면데면하게 지나쳤지만 술을 머금고 피어나는 '악의 꽃들' 이 어떠한지 돌아보고 새로운 즐거움을 꿈꿔야 하겠죠.

요즘 젊은이들은 예전만큼 이판사판으로 술을 몸에 들이붓지 않더라도 윗세대가 파놓은 술길 따라 기성세대의 술판으로 흘러들어가기 십상입니다. 기성세대와 따로 놀고 싶으면서도 기성세대에게 인정받고 싶어 하며 그들의 욕망을 욕망하는 젊은이인지라 기성세대가 마련해둔 술독에 빠져버리죠. 윗세대들이 진탕 먹고 주정부리는데 이맛살 찌푸리던 젊은이들이 거나하게 취한 채 '젊은 꼰대' 로 변해 해롱대는 일이 얼마나 잦은지요.

> 여자는 접대 때문에 배우게 됐지. 가장 중요한 업무가 접대니까 여자를 끼고 놀지 않을 수가 없어. 하도 여자랑 많이 자서 몇이나 잤는지도 모르겠어. 세다가 포기했어. 나는 그래도 점잖은 편이야. 점잖을 것 같은 놈들, 공무원 변호사 의사 이런 놈들이 더해. 정말 얼마나 지독하게 노는지, 그걸 맞춰주려면 진짜 죽을 맛이었어. 처음 접대 나가서 했던 게, 우리 신입이 하는 거 한번 보자라고 말해서 다들 보는 앞에서 여자가 날 빨아줬어. 원래는 그렇게까지는 안 하려고 했는데 내가 분위기 띄우려고 오버한 탓도 있지. 여자가 내 바지를 내리고 거기에 술을 붓는 거야. 그래서 그냥 바지를 다 벗었지. 그리고 여자가 내 물건을 입에 넣기에 나도 힘 줘서 세웠지. 그리고 사정했고. 그게 데뷔 무대였지.
>
> 김이환, 『절망의 구』, 298쪽

대학생들이 벌이는 구리텁텁한 술문화와 기성세대들의 너절한 술판은 다른 점 찾기가 수월치 않습니다. 지갑의 두께가 다르기에 술의 종류나 마시는 장소가 다를지 몰라도 술을 마셔대는 몸가짐은 빼다 박았죠. 새내기들을 반갑게 맞아들인다는 이름으로 왜 해마다 학생들이 죽어나가겠는지요.

다행스럽게도 젊은이들 가운데 기성세대의 술문화에 대한 비판의식을 갖는 이들이 늘어나나 아직 그 발걸음이 더딥니다. 어떤 모임이든 무슨 뒤풀이든 꼭 술이 들어가야 하는 한국 사회에서 쭉 살아온 사람들이 새로운 모임을 꾸려내기란 호락호락하지 않으니까요. 한국의 술문화를 갈음할 새로운 판이 아직 갖춰지지 않았습니다.

지금의 술문화를 바꾸려면 단순히 술이 간경화를 비롯하여 생활습관병을 일으킨다며 으름장 놓는 것만으로 안 됩니다. 사회가 통째로 꽐라가 되어 정신 줄을 놓는데, 그 안에 있으면서 술을 마시지 않기란 자못 버겁죠. 따라서 술 권하는 사회문화와 술이 갖고 있는 상징성을 짚으면서 뜯어낼 건 뜯어내고 헤칠 긴 헤쳐야 하겠죠. 흥청망청 술 마시는 까닭들이 여러 가지가 있겠지만, 술을 진탕 들이켜야 자신의 속내를 꺼낼 수 있는 답답한 사람관계와 술 마시는 게 유일한 오락거리였던 호졸근한 놀이문화, 술 마시며 다 같이 망가짐을 친해지는 길목이라고 믿는 회식문화, 사회모순이 있다면 그 뿌리를 뽑는 데 힘쓰기는커녕 건드리지도 않는 정치제도, 엉터리 주정에 대해 끝간 데 없이 너그러운 사회의식 따위들을 모짝 바꾸어야 술문화가 달라지겠지요.

자신의 주량이 어떻든, 술을 좋아하든 술을 안 좋아하든, 술 마시기를 안 좋아하더라도 술자리가 좋아서 술을 마시든 술에 대해서 '생각' 해야 할 때입니다. 기성세대야 여태 해왔던 대로 술판을 벌이겠지만 젊은이들은 꼭 술이 있지 않더라도 더 흐뭇한 만남을 벌였으면 하네요. 더 신나게, 더 살갑게, 더 찐하게!

술을 이러구러 들이킬 게 아니라 자신의 삶을 짜고 있는 얼개들을 매만지면서 '더 나은 삶' 을 애태워야 합니다. 쌓여가는 빈병만큼 같이 마신 사람들과 믿음이 쌓이지 않는다면, 몸속으로 들어간 알코올만큼 자기 삶에 행복감이 들어오지 않는다면, 술 마신 다음날 헛헛하고 언짢다면 어제처럼 술을 마시기보다 자신이 왜 술을 마시는지 그 까닭부터 헤아려야 하지 않을까 싶네요. 술에 취하기보다 삶에 취해야 하니까요.

:: 말과 몸짓, 날마다 혁명

> 그 사소한 일상이 실은 나 자신을 차근차근 파괴해가고 있다는 것을 몰랐고 설사 알았다 해도 멈추고 싶지는 않았을 것이다. 나는 나 자신을 파괴하는 것을 원하고 있었다. 왜냐하면 나는 온 은하계가 나를 중심으로 돌아야만 성이 차던 존재, 술에 취한 날이면 닫힌 문들을 발길로 차면서 나는 진실로 내가 누구인지 무엇을 원하는지도 모르고 있던 사람이었기 때문이다.

공지영, 『우리들의 행복한 시간』, 15쪽

입에 욕이 달려 있습니다. 삐리리, ×××, ㅁㅁ, 많은 욕들이 사회를 떠돌아다니고 사람들 입과 귀에서 맴돕니다. 거리끼지 않으면서 욕을 하면 뭔가 있어 보이고 잘나가는 거라는 얼간이들도 있더군요. 버릇처럼 쓰기에 욕을 안 쓰면 도리어 서먹서먹하다는 이들도 있습니다.

그러나 욕(辱)은 남을 저주하는 말입니다. 누군가를 낮잡으며 깔아뭉개는 말투성이죠. 욕 가운데 듣기에 좋은 말은 하나도 없습니다.

당하는 사람은 기분이 나빠져 얼굴 벌게지거나 애써 듣지 않은 척합니다. 욕은 짐승을 가리키거나 몸의 불편함을 깔보거나 성을 구접스럽게 하는 말이기에 듣는 이의 마음에 생채기를 냅니다. 이런 욕을 서슴없이 저지르는 문화는 찜찜할 수밖에요.

어떤 이들은 욕이 정거움을 나누는 노릇을 한다고 좋아라 합니다. 같이 욕을 주고받으면서 가까움을 느낀다는 거죠. 때에 따라 '구수한 욕'이 있을 수도 있겠지요. 그러나 같은 뜻을 전하고 싶다면 얼마든지 고운 말로 전할 수 있습니다. 구태여 욕을 하면서 가까움을 느끼는지 그 정신상태가 참 가엾지만 헤아리지 못할 바도 아니죠. 욕은 쾌락을 낳으니까요. 유대감과 친근감을 들씌우지만 상대를 찌르고 쪼는 욕을 하면 자신이 그보다 더 세다는 '야릇한 쾌락'이 생깁니다. 욕은 사디즘과 엉켜 있죠. 남들도 다 하니까 소외당할까봐 별 생각없이 덩달아 욕하는 사람들도 있겠지만 어느새 욕에 젖어듭니다. 격투기에서 피튀김에 내 안의 야수가 흥분하듯 욕쟁이들은 욕에 중독되어 있습니다. 욕을 하지 않으면 단박에 혀가 굳죠. 욕이 자기 혀를 움켜쥐고 있으니까요.

근데 여기서 눈길을 더 보내야 하는 것은 욕이 갖고 있는 기운과 이 사회에서 생기는 느낌입니다. 어떠한 말이든 무언가를 가리키지만 되레 그 말을 함으로써 어떤 일이 벌어지기도 합니다. 이를테면 잘 알 수 없는 감정을 사랑이라고 말하는 순간 사랑이 되듯 언어는 무언가를 가리키는 데 그치지 않고 무언가를 만들어내는 노릇을 합니다. 이와 매한가지로 욕이 나오는 순간 욕에 밴 기운은 상대뿐 아니라 욕한 사람을 파고들고 에워쌉니다. 삐리리라고 하는 순간 그 말을 들은 많은 사람들이 삐리리에 덮이지요. 겉으론 욕이 별로 나쁘지 않다고 생각할 수는 있지만 욕이 오가면서 생기는 가시들에 사람들의 무의식은 피를 흘립니다. 말이 씨가 된다고 입에서 나간 낱말들은 상대와 자신에게 미치는데, 욕에는 상대방을 얕보고 헐뜯는 뜻이 담겨 있기에 결코 좋을 수 없습니다. 욕이 사람들 마음에 미쳐 멍울이 맺히죠. 욕이 웅성거리는 곳에서는 정신이 멀쩡하기 어렵습니다.

어떤 사람이 되느냐는 어떠한 말을 쓰느냐에 따라 판가름난다고 해도 지나친 말이 아닙니다. 입이 더러운 사람은 삶도 지저분하죠. 삶이 메부수수하기에 말을 들쭉날쭉하고, 입이 너저분하기에 삶도 너덜너덜한 넝마처럼 나부낍니다. 깐죽거리면 깐돌이가 되고 예쁜 말을 쓰면 예쁜이가 되지요. 욕을 하는 사람들은 잠깐 욕하는 게 아니라 하루도 빠짐없이 틈날 때마다 씨불댑니다. 그러한 나날의 조각들이 모이고 모여 자신의 삶을 우울하고 욱하게 만듭니다. 욕설이 빼곡한 인생살이가 되지요. 욕하는 사람의 삶이 보송보송할 리 없습니다. 짜증이 나니 욕설을 할 수밖에 없고, 욕지기가 걸핏하면 터지니 지긋지긋한 삶이 될 수밖에요. 욕하고 투정부리기에 앞서 왜 자신이 왈왈거리고 넋두리를 하는지 그 까닭을 찾아야 합니다. 그 뿌리를 뽑지 않으면 내내 몰멘소리가 피어날 수밖에 없으니까요.

말과 함께 따져야 하는 것이 몸짓입니다. 사람의 뇌엔 '변연계'가 있습니다. 변연계는 몸과 몸 바깥의 환경을 짚어보면서 몸을 알맞게 맞춰주는 일을 합니다. 보고 듣고 느끼고 냄새 맡는 것과 함께 혈압, 심박, 소화작용 등 모든 몸의 변화는 변연계에 알려지고, 변연계는 이러한 정보들을 아우르면서 몸이 잘 돌아가게끔 매만지죠. 몸은 바깥세상과 자신이 소통하는 창이고, 지금 몸의 기분이나 상태는 세상에 대한 자신의 반응입니다.

뇌과학자들에 따르면 사람의 생리는 열린 구조이기 때문에 사람은 자신의 모든 기능을 손아귀에 넣고 주무르지 못합니다. 몸의 면역 기능이나 호르몬 수치, 신경계 활동이나 감정상태 등은 끝없이 바깥으로부터 영향을 받습니다. 사람의 몸은 언제나 이미 더불어 존재하는 것이지요. 한 사람은 다른 사람의 생리기능에 자신도 모르게 입김을 불어넣고, 이 과정에서 자기 자신의 몸도 울림을 받습니다. 어느 누구도 홀로 몸의 기능을 가누지 못합니다.

똑같은 밥을 먹더라도 혼자 먹을 때와 여럿이 즐겁게 먹을 때 영양의 질이 달라지듯 사람은 홑몸이 아니라 겹몸입니다. 자신 안에 이미 남들이 들어와 있고 남에게 자신이 이미 어려 있지요. 애인이 뾰로통해져 있으면 그 기운이 자신의 몸에까지 미치듯 자신은 사람과 사람 사이에 기대어 살아갑니다. 몸은 마치 악기와 같아서 누구와 함께 연주하느냐에 따라 다른 소리를 내죠. 어떤 자리에서 어떤 사람들을 만나고 함께 하느냐에 따라 몸과 마음이 달라지는 까닭이 여기에 있습니다. 어떤 모임은 교향곡을 빚어내는데 다른 모둠에선 티격태격만 들끓는 까닭은 모임을 이루는 사람들이 얼마나 자신을 열고 남을 받아들이려고 하느냐가 다르기 때문이죠.

이러한 사람의 바탕을 헤아리면 외로움을 가늠할 수 있습니다. 누군가 자신에게 기대는 걸 쳐냄으로 말미암아 상대가 외롭듯 자기 또한 누군가에게 기댈 용기가 없기 때문에 외로움이 산더미같아지죠. 자신이 외롭다면 세상과 소통이 안 되고 꽉 막혀 있기 때문입니다. 을씨년스러운 사회에서는 자신도 외로울 수밖에 없습니다. 세상과 자신은 동떨어지지 않았습니다. 자신이 불행한 까닭은 세상이 흐느끼고 있기 때문입니다. 자신이 웃고 행복하게 살려면 남들이 웃고 행복해야 합니다.

몸과 마음은 따로 있는 것이 아니기에 마음과 마음이 통하지 않는다는 것은 그만큼 몸과 몸이 떨어져 있다는 뜻이기도 합니다. 오늘날 초식남, 건어물녀는 이 시대가 얼마나 파리하고 메말랐는지 보여주는 버짐들이자 젊은이들이 입을 벌리며 클럽에 가는 이유를 어림잡을 수 있는 대목입니다. 금요일 밤부터 홍대나 강남엔 젊은이들로 바글바글합니다. 당최 무엇이 잠까지 쫓아내게 만들까요? 젊은이들은 왜 들썩이면서 그 안으로 들어갈까요? 바로 부비부비를 하기 때문입니다. 수면욕은 나중에 낮잠이라도 자면서 가시게 할 수 있지만 '접촉욕'은 이때 아니면 채워지지 않죠. 평소에 잘 누리지 못했던 '접촉욕'을 젊은이들은 클럽에서 얻습니다.

뒤집어서 생각하면 사람이 득시글거리는 좁은 곳으로 어떻게든 꾸역꾸역 자기 몸을 밀어넣어 잠깐이나마 외로움을 달래는 몸놀림이 불쌍할 수도 있습니다. 생활에서 접촉욕을 마음껏 누리고 평소에 같이 춤을 추고 사랑을 나눈다면 굳이 클럽에 안 가도 될 테니까요. 사람은 남과 통하면서 살아 있음을 느끼는데, 한국 사회는 참 만남을 꺼리고 살갗과 살갗이 잘 미주대지 못하니 젊은이들은 클럽, 중장년층은 카바레란 '예외공간'에서 평소에 못하던 것들을 실컷 하고자 합니다. 어루만짐과 비벼댐이 생명의 뿌리니까요. 몸과 몸이 만나지 않으면 결코 행복하게 살 수 없습니다.

신성로마제국의 프레더릭 2세(1211-1250)는 '아기실험'을 합니다. 갓난아기들을 모아놓고 먹이고 씻기되 말을 건네거나 안고 만지지 못하게 한 뒤 아무런 '접촉' 없이 자란 아기들이 어떤 말을 할지 지켜봅니다. 그러나 아기들은 말 한마디도 하지 못했고 모조리 죽있습니다. 이 아기들이 죽은 까닭은 사랑받지 못했기 때문이죠. 사람은 밥과 물이 반죽된 가죽부대가 아니며, 돈의 입김대로 움직이는 꼭두각시가 아닙니다. 심장이 뛰고 끝없이 고민하며 남과 어울려 살고자 세상으로 나아가는 존재가 사람입니다. 따라서 사랑 없는 삶은 더 이상 사람의 삶이라 할 수 없습니다.

사랑은 언제나 만남에서 피어납니다. 사람은 푸근한 손길 속에서만 사랑을 느낍니다. 뜨겁게 사랑하는 사이라 하더라도 살갗이 맞닿지 않으면 사랑은 식을 수밖에 없습니다. 자주 전화통화를 하고 암만 사진을 쳐다봐도 몸과 몸이 함께 있지 않으면 사랑은 쉬어버리고 시들어 버리죠. 외로움은 자신의 몸이 세상의 몸으로부터 떨어져 있다는 느낌이며, 그만큼 살갗이 그립다는 뜻이기도 합니다. 사람은 사람과 몸을 어루만질 때 살아 있음을 느낍니다. 자신의 손결에 상대가 찰랑이고 상대의 숨결에 자신이 떨립니다. 피아노 반주처럼 자신의 손짓에 따라 짝의 몸은 움직이며 살아 있음을 표현합니다. 마찬가지로 짝꿍의 어루만짐에 자신 또한 몸을 배배 꼬고 간지럼을 터뜨리며 살아 있음을 알리죠. 이러한 비벼댐에서 기쁨이 퍼지고 두근거림으로 삶이 촉촉해집니다.

오늘날 사람들이 외로워하는 것은 그만큼 사람들 사이의 거리가 멀어진 데다 깊이는 얕고 데데하기 때문입니다. 그렇다면 어떻게 관계를 맺어야 하는지, 자신들이 쓰는 말과 맺는 관계는 얼마나 고른지 살피면서 살가운 만남을 늘려야 하지 않을까요? 한국 인사는 좀 헐겁습니다. 서구식 악수가 널리 퍼졌지만 이것 또한 한국식으로 짓이겨졌습니다. 악수란 자신의 손에 무기가 없다는 걸 보여주며 빈손을 내밀어 상대를 안심시키는 몸짓에서 생겨난 인사법입니다. 같은 눈높이로 손을 마주잡으면서 상대를 존중하겠다는 뜻이 담겨 있죠. 그러나 한국에선 악수를 하더라도 아랫사람이 고개를 숙이면서 서열관계를 굳건히 합니다. 근대화를 겪으면서 서구의 악수를 끌어들였지만 사람 사이가 가지런하다는 생각을 녹여내질 못했죠. 그래서 악수를 할 때 어떤 이는 배꼽이 잘 있나 부리나케 얼굴을 밑으로 깔고, 다른 이는 상대의 가마가 몇 개인지 봐야 하는 우스꽝스러운 모습이 빚어집니다.

세상에 인사법은 많습니다. 서구에선 비쥬라고 해서 양쪽 볼에 입술을 비스듬히 대며 유난히 쪽 소리를 내면서 인사를 합니다. 한국에서 비쥬를 해야 할 영문은 없지만 그렇다고 하지 말아야 할 영문도 없습니다. 중요한 건 인사를 하면서 서로 즐겁고 행복해야 한다는 점이죠. 볼을 맞대고 비비는 사람들은 천국에 올라간 표정을 짓는데 왜 그런지 눈여겨 봐야 합니다. 이런 달콤함은 프리허그할 때도 생겨납니다. 프리허그를 할 때 어느 누구도 인상 구기지 않습니다. 하나같이 활짝 웃으며 좋아라합니다. 절로 입꼬리가 귀 쪽으로 올라가죠. 잘 알지 못하는 사람이지만 서로 껴안는 것만으로 웃음꽃이 피어납니다. 그렇다면 친한 사람끼리 부둥켜 안는다면 얼마나 행복할까요? 파랑새는 저 멀리에서 찾을 게 아니라 서로 뜻을 모아 몸을 맞댈 때 생겨나니까요.

사람은 어려운 말이나 텅 빈 몸놀림들보다 서로 맞댄 몸과 눈과 눈이 마주치는 싱싱한 관계를 통해서 살아갈 힘을 얻습니다. 이럭저럭 싱겁게 눈인사를 하거나 손만 잡을 게 아니라, 이참에 자주 얼싸안고 둘레사람들과 조금 더 진하게 인사를 나누고 깊게 만나는 건 어떨까요? 삶이 어제와 같지 않을 겁니다. ^_^

:: 삶을 바꾸는 인문학 공부

넌 누구냐?

승민이 물었다.

알아맞혀 봐.

내가 대답했다.

새야?

아니.

비행기?

아니.

그럼 누구?

나는 팔을 벌렸다. 총구를 향해 가슴을 열었다. 그리고 언덕 아래로 질주하기 시작했다.

나야. 내 인생을 상대하러 나선 놈, 바로 나.

정유정, 『내 심장을 쏴라』, 337-338쪽

정신을 차려보니 21세기란 크나큰 바다에서 허우적거립니다. 물장구를 치기는커녕 물만 들입다 먹습니다. 펄떡거리고 싶었으나 부레를 다친 물고기처럼 헉헉대기 일쑤죠. 여울과 출렁임에 흔들리고 야금야금 무거워져만 가죠. 가뭇가뭇한 세상에서 어디로 가야 할지, 어떻게 살아야 할지, 나는 누구인지 갈피가 잡히지 않습니다. 물살을 가르며 멋들어지게 물질하고 싶으나 가없는 일렁임에 지쳐가죠. 사람들을 빨아들이는 소용돌이에 휩쓸리지 않고자 안간힘을 내도 버겁습니다. 몸부림치는 것도 힘겨우니 그냥 떠내려갈까 싶기도 합니다. 그러나 차마 한 번뿐인 삶을 내팽개칠 수 없지요. 외롭고 괴로운 시간을 견디며 한참을 버티면서 공부를 합니다. 그러면 놀랍게도 몸이 물에 뜹니다. 더 신명나고 흥겹게 찰랑이고자 개운한 마음으로 물놀이를 하고 물결을 읽어내면서 팔을 휘젓고 다리를 차니 앞으로 나아갑니다.

학창시절 딸딸 외우기와 입시지옥에 지친 나머지 공부란 얘기만 들어도 몸서리치게 됩니다. 공부란 살면서 쉼없이 피어오르는 물음표에 손수 마침표를 찍는 과정이긴만 줄 세우기 한국 교육에 쾡해진 사람들은 책을 보거니 공부한다는 것을 상상하는 것만으로 두드러기가 납니다. 이렇게 공부에 대한 반감이 생겨났고 책을 펴려고 하지 않습니다. 공부라고 하면 진저리치는 사람들을 밟고 한 움큼의 사람들만이 지식과 권력을 갖으며 어깨에 힘을 줍니다. 여간내기들은 그 밑에서 부러워만 할 뿐 공부할 생각은 하지 않죠. 넌덜머리나는 한국 제도권 교육이 사람들의 호기심과 생기를 다 앗아가 버렸습니다. 그러나 10대 때 한 것은 공부가 아니라 매질이었습니다. 참다운 공부가 아니라 사회에 나가기에 앞서 말 잘 듣게 만드는 놓게훈련이었기 때문에 10대는 괴로운 시기이고 청소년들은 늘 울상이죠.

사람이라면 공부를 평생 할 수밖에 없습니다. 달라지는 세상풍경이 궁금하니까요. 다만, 불현듯 느낌표를 달고 나타난 모든 고개들을 넘어가는 것이 공부란 것을 모를 따름이죠. 내 삶의 크기는 딱 내가 묻는 만큼입니다. 현실을 얼마나 묻고 따지는냐에 따라 자기 삶의 크기는 달라집니다. 사람은 끝없이 나아가야 하는 존재이고, 평생 배우며 자신을 갈고닦을 때만 사람답게 살 수 있습니다. 공부를 꼭 해야 하는지 갸웃거리는 사람들도 있겠죠. 그러나 사람은 배우고 나서야 자신의 모자람을 깨닫습니다. 공부를 하기 전까진 무엇이 허접스러운지 잘 모릅니다. 잠에서 깨어난 뒤에야 꿈이었다는 걸 알 수 있죠. 앞날이란 지난날을 돌아보면서 새로움을 꾀하는 사람들에게만 열리는 '오래된 미래' 입니다. 앞날은 불쑥 툭하고 땅에서 솟아나는 게 아니라 어제에서 오늘로 걸어온 길이 내일로 내뻗음입니다. 따라서 지난날과 지금을 마땅히 돌아보고 공부해야 이튿날을 꾀할 수 있습니다.

시대가 바뀐 만큼 책 대신 다른 걸 통해 얼마든지 배우고 자신을 열어갈 수 있습니다. 책읽기와 더불어 새롭게 공부할 여건도 너끈히 갖춰졌죠. 영화와 촘촘히 대화를 이어갈 수도 있고, 여행을 떠나 낯선 사람들을 만나면서 많은 걸 깨칠 수도 있어요. 그렇지만 여느 사람들은 잠깐의 쾌락을 위해서만 영상과 교통통신 기계들을 쓰지, 자신을 돌아보거나 사회를 짚는 데 쓰지 않기에 '어제의 나' 에 머무릅니다.

이때 인문학(人文學)은 꿈을 꾸고 더 행복한 삶을 살고자 하는 사람들에게 고마운 지렛대입니다. 인문학은 말 그대로 사람이 무엇인지 사람 스스로 짚는 학문이지요. 글(文)을 배워 사람(人)을 헤아리는 기술이자 사람들이 빚어낸 무늬(文)들을 읽어내는 공부입니다. 사람들이 자아내는 여러 가지 문화들에 뛰어들고 마주치는 어우러짐이 인문학입니다. 인문학은 '사람으로' 살아가면서 얻게 되는 물음들을 모아 엮은 마당입니다. 그래서 인문학의 품은 넓디넓습니다. 문학부터 철학, 정치사상, 예술, 생태, 환경, 정신분석, 역사, 문화연구 등등 수많은 다발들을 품지요. 인문학은 사람이 무엇인지를 캐묻고 돌아보는 노동이자 자신의 꿈을 짓밟고 깎아내려는 권력들과 싸울 수 있는 훌륭한 무기입니다. 사람이 일으키는 일을 가늠하며 거듭나는 일 모두가 인문학입니다.

대학교수들이 자신들의 철밥통에 금이 갔다고 '인문학 위기'란 깃발을 펼쳐든 수선스러움에 아랑곳하지 않고 사회 골골샅샅엔 '인문학 바람'이 따사롭게 부네요. 인문학이란 말이 자연스럽게 쓰이고 적잖이 인문학에 기웃거리고 이 책 저 책을 뒤적입니다. 자기계발 실용서적들이 수그러지면서 사람들이 인문사회과학 책들에 손을 뻗는 낌새까지 나타나죠. 그런데 그 까닭 가운데 좀 고약한 알맹이도 있습니다. 스티브 잡스로 상징되는 '성공한 CEO'들이 인문학을 밑거름 삼아 자신들의 깜냥을 키웠다고 알려지자 인문학이 자본주의 사회 안에서 성공시켜 주는 '신상'이라고 믿는 이들이 생긴 셈입니다. 여기저기에서 조곤조곤 속삭입니다. '이 안에서' 성공하려면 인문학을 공부해!

한숨이 절로 나오지만 모든 걸 상품화하는 자본주의의 먹성을 헤아린다면 이해 못 할 바도 아니지요. 자본주의는 사회주의뿐만 아니라 혁명가들도 '팔릴 만한 상품'으로 탈바꿈시키니까요. 인문학이란

'새로운 시장'을 보고 군침을 삼키지 않는다면 자본주의가 아닙니다. 그러나 인문학은 이러한 자본주의에 대들 수밖에 없습니다. '반시대성'을 머금고 피어나는 앎과 몸놀림이 인문학이니까요. 배불뚝이를 섬기는 인문학은 단박에 고린내 나는 먹물이 됩니다. 자본주의란 회오리가 아무리 그악스럽게 끌어당겨도 휩쓸려 들어가지 않은 채 팽팽하게 맞서고 한발 더 나아가 그 안에서 새로운 물살을 일으켜야 인문학이라 할 수 있습니다. 인문학은 저마다 더 나은 삶을 위해 자기 삶을 주체하면서 새롭게 '주체화' 하여 남과 어울리는 방법입니다.

인문학을 공부하면 자신을 바꾸고 더 사회를 만들려는 바람이 생겨납니다. 감수성이 커져 고통받는 사람들의 아픔을 느낄 수 있게 되고, 눈이 깊어져 세상 여러 일들을 헤아릴 수 있게 됩니다. 어떤 일들에 흥겨워하고 흠칫하는지 솔직하게 자신과 사회를 들여다보고 사람들과 나누게 되지요. 사람으로서 살아갈 때 생겨나는 고달픔과 상처, 즐거움과 기쁨에 솔직하게 마주할 테고, 피하고 싶었던 삶의 진실과 마주하려는 용기를 얻습니다.

나이가 들었다고 생각의 끈을 놓아버린 이들이 숱합니다. 왕년에 어마어마했다며 추억을 우려먹거나 한때 나도 꿈이 있었다고 뇌까리는 이들이 적지 않지요. 뭔가를 새롭게 해보라는 얘기를 들으면 자신은 너무 늦었다고 주억거리기만 합니다. 젊은이들도 그들의 암내에 취했는지 '나이가 많아서요'를 덤덤히 내뱉습니다. 앞으로 살아갈 날이 한창인데도 말이죠. 그러나 에피쿠로스는 이런 얘기를 합니다.

> 철학할 시간이 아직도 오지 않았다라든가, 그럴 시간이 지났다고 말하는 사람은 행복의 시간이 아직 오지 않았거나 더 이상 있지

> 않는다고 말하는 사람과 비슷하다. 늙은이는 늙어가면서 과거의 자신에 대한 고마운 마음으로 말미암아 더 젊어지고, 마찬가지로 젊은이는 젊으면서도 동시에 미래에 대한 두려움이 없는 노인과 같이 되도록 늙은이건 젊은이건 철학해야 한다.
>
> 『메네세에게 보내는 편지』

철학을 생각하기나 배우기로 바꿔도 좋습니다. 사람으로서 태어나서 사람답게 살아가려면 억척스레 공부해야 하고 암팡지게 알아가야 합니다. 세상에서 일어나는 일들에 더듬이를 세워 같이 아파하고 함께 웃고, 남과 자신에게서 빚어지는 다름을 견뎌내며 더불어 살아가려는 몸가짐을 가진 사람만이 알짜로 행복할 수 있습니다. 참 공부를 일찍 시작하면 좋겠지만 더 중요한 것은 평생 배우겠다는 그 뜻을 사그라뜨리지 않는 몸가짐이지요. 늦었다고 생각할 때가 가장 빠른 때입니다. 모든 배움은 자기 심장의 화끈함을 식히지 않으려는 당찬에서 비롯합니다.

오늘날 젊은이들의 빌빌댐은 찌그러진 한국 사회의 결과입니다. 이곳에서 젊은이들이 멀쩡히려면 그 일그러짐을 자신들의 이글거림으로 바꿔야 합니다. 그러려면 자기 안의 용솟음을 즐길 수 있는 뱃심을 지녀야 하고, 그 힘을 키우려면 공부를 해야 하지요. 책을 읽는 사람과 책에서 손 뗀 사람은 다를 수밖에 없습니다. 고민을 하는 사람만이 똑같은 잘못을 저지르지 않고 삶을 새록새록 바꿔냅니다. 사람은 끝없이 바뀝니다. 어떤 책을 읽고 어떤 생각을 하며 어떤 사람들과 어울리며 사느냐에 따라 그의 삶은 아예 딴판이 되지요. 이 모든 과정에서 고민하는 것이 공부이고, 공부를 멈추지 않는 사람만이 담쟁이덩굴처럼 거듭나며 자신의 벽을 넘어 즐거움과 기쁨을 일궈냅니다. 행복을 만들려면 자신을 죄어치는 멍에가 무엇인지 짚어야 하겠지요. 행복하지 않다면 사달이 났다는 뜻일 테니까요. 그 사달을 진단하고 고쳐주는 것이 책읽기고 낯선 남과의 만남입니다.

제도권 교육에 길들여진 사람은 매끄러운 정답을 바라죠. 그러나 사람살이에 해답은 없습니다. 어딘가 꼭 헤엄쳐 가야 할 곳을 그리면서도 하루하루 사람과 사람 사이에서 찰랑이는 물결들과 사회에서 울렁대는 물살을 더듬으며 기꺼이 멱 감는 게 중요합니다. 신명나게 사람들과 함께 치는 자맥질은 공부하는 사람들만의 즐거움이죠. 그러다 보면 곰비임비 꿈에 다가가갑니다. 미처 몰랐던 사실들을 배우면서 느끼는 반가움과 기쁨을 어찌 다 말할 수 있을까요? 공부를 통해 달라지는 삶을 어찌 다 글로 적을 수 있을까요?

공부를 하면 몸이 바뀝니다. 생각이 달라지고 세상 바라보는 눈이 바뀌죠. 말이 달라지며 사람관계가 변합니다. 다짐했던 일을 사흘 넘어 꾸준히 할 수 있는 힘을 키워주죠. 공부를 하면 할수록 할 게 많아지지만 그만큼 즐겁습니다. 배울 게 널렸으니까요. 덧없음과 어릿어릿함으로 철렁거리는 세상에서 살아가는 법을 배우며 더 나은 삶을 살아가는 일은 사람으로서 태어나고 살아가는 이유가 될 수 있습니다. 생각의 뿌리를 깊게 내릴수록 열매는 달고 빛깔도 함함합니다.

아무리 돈을 좇아 살아도, 암만 쾌락에 휩쓸려도 끝내 뿔뿔이 흩어지지 않는 물음들이 삶을 맴돌기 마련입니다. 사람이란 어떤 존재이고 어떻게 살아야 하는지, 죽음이란 무엇이고 내 안에서 왜 이런 감정들이 생겨나고 사회에선 저런 일들이 왜 터지는지 궁금할 수밖에 없지요. 이런 물음들을 어려서부터 묻고 고민한 이의 삶은 어제처럼 살아가는 사람과 같을 수 없습니다. 이런 물음을 놓치지 않는 사람만이 산뜻한 맛과 따뜻한 멋을 이룰 수 있지요. 고민은 포도주와 같습니다. 대번에 익지 않지만 오랜 세월 묵힌 만큼 그윽한 빛깔과 깊은 향기를 냅니다. 그 맛이 행복 아닐까요?

:: 누구를 만나고 누구와 함께 하는가?

뜨거운 눈물이 주르륵 내 볼을 적시고 흐르는 걸 나는 느꼈다.

그렇게도 여린 나팔꽃 줄기가 지구의 등뼈를 가쁜가쁜 타넘고서 이윽고 세계의 중심인 카일라스 정수리에 닿을 때, 연약한 나팔꽃들이 제각각이면서도 하나로 이어져 세계를 환하게 밝힐 때 꿈속에서도 나는 정말 깊은 감동을 느꼈다. 나팔꽃의 꽃말이 그리움이라는 걸 나는 알고 있었지만, 꿈속에서 본 나팔꽃은 그리움을 넘어 차라리 우주를 향해 뻗어가고 있었다.

박범신, 『나마스테』, 393쪽

오늘날 '속 깊은 이야기' 나누기는 쉽지 않습니다. 행여나 진한 얘기를 나눈다 하더라도 시간이란 소나기에 젖으며, 그런 이야기를 나눴는지조차 잊고 살아가지요. 그럼에도 누군가를 찾아가서 만나고 함께 수다를 떨고 생각을 나누어야 하는 까닭은 그러한 '만남'을 통해 자신이 거듭날 수 있기 때문입니다. 만나서 '무슨 얘기'를 하는 것도 중요하겠지만 '만남 그 자체'가 중요합니다. 고향을 떠날 때 쭈뼛거리듯 자신이 머물던 곳에서 벗어나기가 생각보다 두렵고 성가실 수도 있지만, 낯섦을 만날 때 비로소 자신의 선 자리가 드러나고 좀처럼 떼어지지 않았던 진드기들을 털어낼 수 있게 되니까요.

사람살이가 자신의 뜻만큼 풀리지 않고 애끓는 만큼 나아가지 못할 때 갈림길에 들어섭니다. 더 고민해서 새로운 길을 뚫어내느냐, 아니면 자신의 낡아빠짐을 정당화하느냐, 어떤 걸 고르느냐에 따라 삶의 판이 확 달라지는 길목이지요. 안타깝게도 동무들이 없는 사람들은 자신의 모자람과 어쩔 수 없음을 핑계 삼아 속에서 일어나는 삶의 불꽃을 꺼뜨립니다. 이와 함께 생각의 끈을 바스라트리죠. 그렇게 고리타분해집니다. 그러나 사람의 삶은 둘레사람들과 엮임이기에 자신의 둥우리 밖으로 나가 자신과 다른 사람들을 만난다면 자신의 삶은 새롭게 짜입니다. 만남을 징검다리삼아 삶이 바뀌죠. 그럴 때마다 조금씩 생각은 여물고 삶에는 힘이 붙습니다. 자신의 어제가 마뜩찮고 맞이하고 있는 오늘이 시시하다면 자신이 맺고 있는 관계를 바꿔야 합니다.

도둑으로 의심받은 노동자에 대한 오래된 이야기를 상기해 보자. 매일 저녁 퇴근할 때 그가 끌고 가던 운반 수레를 꼼꼼하게 조사했지만 감독관은 아무것도 찾을 수 없었다. 그 안은 항상 텅 비어 있었던 것이다. 이윽고 감독관은 한 가지 사실을 발견했다. 그 노동자가 훔친 것은 바로 수레였던 것이다. 이 반성적 역전은 커뮤니케이션 자체에 내재해 있다. 우리는 소통행위의 내용 속에 소통행위 자체를 포함시켜야 한다. 왜냐하면 소통행위의 의미는 그것

> 이 하나의 소통행위라는 사실을 반성적으로 주장하는 것이기도 하기 때문이다. 이 점이 무의식의 작동방식에 대해 잊지 말아야 할 첫 번째 사항이다. 그것은 수레 안에 숨어 있지 않다. 그것은 수레 그 자체다.
>
> 슬라보예 지젝, 『HOW TO READ 라캉』, 37쪽

만나서 꼭 무언가를 이루려 하기보다 만남 그 자체가 소중합니다. 다른 사람과 이전에 했던 얘기를 새로 사귄 사람과 '또' 하더라도 새로운 만남은 햇사과를 맺기 마련이죠. 모든 사랑이 닮았지만 또 사랑을 해야 하는 이유입니다. 되풀이되는 듯 보여도 그 안엔 언제나 '차이'가 있습니다. 만남을 통해 빚어지는 알맹이도 중요하지만 만남 자체가 사람을 설레게 하고 변화시킵니다. 사람들의 얼굴을 마주하고자 자신의 자락 밖으로 나오면 삶이 확 바뀝니다.

인생이란 여행길을 나서면 수많은 길동무를 만납니다. 제가끔 연이 닿아 말벗이 되기도 하고 때론 실랑이도 하죠. 이러한 만남이 중요합니다. 그 친구가 자신의 향기를 맡아주니까요. 자신의 향은 자신이 맡지 못합니다. 오직 친구의 눈빛과 표정을 통해서만 자신의 내음을 알 수 있죠. 자신의 눈빛을 거뜬히 바꿀 수 없듯 냄새 또한 멱 감는다고 사라지는 게 아니기에 더욱 친구들이 중요합니다. 둘레에 있는 벗들과 지내면서 그들의 냄새가 자신에게 배니까요. 자신의 내음도 동무들에게 깃들고요.

함께 한 시간만큼, 같이 마음을 모은 만치 향은 닮아갑니다. 둘러보면 자기 곁에 있는 사람들과 자신은 다르지만 제법 비슷하다는 걸 알 수 있죠. 자신의 모습 속엔 여러 사람들의 입김이 서려 있습니다.

어버이, 형제자매, 친구, 선생, 애인, 직장동료 등등 떨쳐내려 해도 그들의 기운은 자기 안에 서리게 되죠. 사람은 존재 자체가 '더불어 있을 수밖에' 없습니다. 자신은 혼자가 아닙니다. 자기 안엔 수많은 남들이 웅성거립니다.

그렇다면 친구를 잘 만나야 하겠죠. 스승으로 삼으면서도 어깨동무할 수 있는 사람들과 우정을 소복하게 쌓을 때 자신의 삶은 달라집니다. 좋은 벗이란 같이 웃고 떠드는 수준에 머무는 게 아니라 더불어 아파하면서도 함께 아리따움과 즐거움을 일궈내는 동무죠. 그의 걸음발을 보면서 자신의 마음도 가뿐해지고, 흥얼흥얼 부르는 콧노래에 맞춰 덩실덩실 어깨춤이 납니다. 글썽임으로 마음에 폭풍우를 불러일으키기도 하고 번개보다 더 번쩍거리는 말로 정신을 가다듬게 하는 사람, 이를 참 벗이라고 합니다. 이런 삼삼한 친구가 있으면 여행길이 칠칠맞고 팔팔하겠지요.

지금 젊은이들은 제같에 물렸다 해도 지나친 말이 아닙니다. 자기 틀 안에 갇힌 채 남과 어울리지 못하는 자기 꼴을 합리화하면서 그 자리에 죽지며 진 빠져 있죠. 쳇바퀴 속 다람쥐처럼 끊임없이 손발을 놀리지만 그 자리에 들러붙었죠. 쉬지도 않고 애바르게 용빼지만 정작 무엇을 위해 하는 것인지 젊은이들은 묻지 않고 생각하지 않기에 잘 모릅니다. 그러므로 젊은이들은 새로운 사람들을 만나고 생각을 나누면서 '지난날의 자신'을 잊어야 합니다.

혼자서는 비명도 별 소용이 없는 것이었다. 비명이라든가 신음소리라는 건 또 하나의 언어였다. 언어는 그것을 알아듣고 그것을 이해하고 나아가서 그것을 어루만져 줄 사람이 있을 때 필요한 것이었다.

공지영, 『무소의 뿔처럼 혼자서 가라』, 263쪽

등록금 천 만 원 시대, 신용불량자, 청년실업, 88만 원 세대 등 청년문제는 혼자 힘으론 풀어내기 껄끄럽습니다. 그래서 이런 고통을 같이 겪고 있는 사람들끼리 힘을 모아 풀어야 합니다. 자신을 가두던 쇠창살을 깨고 새로운 판으로 뛰어넘어야죠. 젊은이들이 오늘을 제대로 바라보고, 잘못된 것은 잘못되었다고 얘기하고, 젊은 세대를 향해 곱지 않게 바라보는 눈초리를 피하지 말고 자기들이 처한 현실을 밝혀야 합니다. 그때 비로소 사회도 눈길을 주고 세상이 달라집니다.

이레구레 끌려가는 젊은이들이 아니라 새로운 감수성과 통통 튀는 상상력으로 사회를 이끌어갈 젊은이들이 만나 힘을 모으고 편을 짜야 합니다. 젊은이들은 고민을 나누며 새로운 길을 만들어내야 합니다. 『공산당선언』을 하며 지구동네를 발칵 뒤집었을 때 맑스는 30살, 엥겔스는 28살이었습니다. '달랑' 여든두 사람이 그란마 호를 타고 쿠바로 쳐들어 갔을 때 체 게바라라 불리는 에르네스토는 28살이었고 카스트로는 30살이었습니다. 미래주의자들이 한 「미래주의 선언」을 보면 "우리 가운데 가장 나이 많은 이가 서른이다 : 우리 작업을 끝내는 데 적어도 십 년은 걸린다. 우리가 마흔이 되었을 때 우리보다 더 젊고 굳센 이들이 아마도 쓸모없는 원고처럼 우리를 쓰레기통에 던져버릴 것이다—우리는 이런 일이 일어나기를 바란다"는 대목이 나옵니다. 미래는 젊은이들의 손에 달려 있다는 강한 믿음이 묻어나지요. HOT도 노래했습니다. "We Are The Future"라고.

멀리 갈 것도 없이 한국을 둘러봐도 커다란 물결을 일으킨 사람들은 다 젊은이들이었습니다. 안중근이 이토 히로부미에게 총을 쐈을 때 30살이었으며, 전태일은 22살에 몸에 불을 붙였습니다. 물론, 젊음이라는 깃발을 내세우며 저지른 어리석고 끔찍한 일들도 숱하지요. 그런 점들을 덮어두고 마냥 젊음을 추켜세울 까닭은 없지요. 그러나 그렇다고 슬그머니 젊음의 날개를 꺾으며 기성세대를 닮아버리게 만드는 흐름에 휩쓸려서는 안 됩니다. 역사에 드리워진 젊음의 그늘에 어둡지 않되 역사를 밝힌 젊음의 빛을 놓쳐선 안 됩니다. 여태껏 역사에 나왔던 수많은 젊은이들처럼 떳떳하게 변화를 요구하며 세상을 바꿔내야 하지요. 오늘날 사회는 젊은이들 탓은 아니지만 이대로 가만히 있으면, 젊은이들이 나서지 않으면 자기 탓을 하게 되거나 덤터기씌워집니다.

가장 중요했던 건 모든 가족이 현서를 구하려 사투를 벌이는데 현서는 그 안에서 더 작은 아이를 구하려 사투하는 것이다. 현서, 강두 같은 부족한 사람조차도 더 약한 사람을 보호하려고, 먹이려고 한다는 개념이 제일 좋았나. 또 이 사람들은 시스템으로부터 소외되고, 도움은커녕 방해만 받지만 아무도 시스템 탓 안 하고 자기들끼리 보듬으며 재앙을 개인화한다. 우리나라 사람들이 그렇지 않나.

예를 들어 대구지하철 참사도 구조적 모순을 탓하기보다 "내가 돈 잘 벌었으면, 대학입학 했을 때 차 사줬으면, 안 당했을 변을 당했다"는 식의 반응이 많았다. 이런 게 한국적이고 사실적이다. 재앙은 훨씬 더 구조적인 것에서 온 건데, 「괴물」의 식구들도 마찬가지다.

《한겨레》, 「오른발은 코미디, 왼발은 비극, 그냥 걷는 걸음으로 찍었다」 (2006. 7. 12, 봉준호)

사회란 얼개는 그리 호락호락하게 달라지지 않으며 자신이 나선다고 선뜻 바뀔까 싶기도 하기에 많은 젊은이들이 엉거주춤하죠. 이러한 멈칫거림과 머뭇댐이 쌓이면서 사람들은 보수화되고, 이윽고 늙다리가 됩니다. 보수는 더 이상 고민하지 않고 지금을 받아들였단 뜻입니다. 그래서 보수화된 사회일수록 내 삶, 내 가정만 생각하는 이들로 숲을 이루죠.

하지만 함께 뜻을 세워가는 사람들은 자신의 삶과 동무들의 삶이 가시나무로 우거지는 걸 가만두지 않습니다. 어떠한 서릿발에도 쉽사리 꺾이지 않습니다. 함께 마음을 나눈다는 일이 아름답고 행복하기에 없던 힘마저 납니다. 남의 욱신거림에 공감하고 함께하는 것에 삶의 뜻이 있고 사랑이 있습니다. 남과 자신의 사이, 그곳이 삶입니다. 스피노자는 이런 말을 합니다.

> 만일 두 사람이 자신들의 힘을 모으는 데 뜻을 합친다면, 그들 둘은 서로 떨어져 있을 때보다 더 강한 힘을 갖게 되며 따라서 자연에 대해서 더 많은 권리를 갖게 된다. 서로 합치하는 사람들이 더욱 더 많아질수록 그들 모두는 더욱 더 많은 권리를 갖게 된다.
>
> 『정치론』, 2장 13절

:: 봄이여, 다시 한 번!

계절이 바뀔 무렵 내 머리에서는 솜털 같은 머리카락이 나기 시작했다. 나는 화장실에서 거울을 바라보다가 정수리 부분에 자그마하게 일어난 머리털들을 발견했다. 꼭 어린아이의 것처럼 부드럽고 약한 모발이었다. 밤에 자리에 누우면 나는 손을 올려서 그 잔머리들을 쓰다듬곤 했다. 간질간질한 기분과 함께 졸음이 오면 기분 좋은 꿈을 꿀 수 있었다. 돌이켜보면 그것은 끊임없이 생성하고 소멸하는, 이 둥글고 환한 지구에서 살아가는 꿈이었다.

정한아, 『달의 바다』, 157쪽

아무래도 깔끔한 책을 읽고 싶지만 절판이 된 책이라면 어쩔 수 없이 누렇게 변한 책을 손에 들 수밖에 없지요. 그래도 손때 묻고 밑줄이 짝짝 그어진 헌책은 나름의 맛이 있습니다. 책장을 펼치는 순간 오랜 잠잠함을 깨고 책이 용솟음칩니다. 조금 빛바랜 글자들이 다시 빛납니다. 이런 책들을 읽었기에 70-80년대 대학생들이 그렇게도 뜨거웠겠지요. 사회과학 책들을 땔감삼아 청춘이 활활 타오른 것이죠. 밑줄을 긋고 책 빈터에 자신의 느낌과 생각을 옹기종기 적으며 밤 새던 모습을 어림잡다 보면 괜스레 짠합니다. 짤막하지만 묵직한 몇 마디를 책 속에 적어서 주고받았을 모습을 그리다 보면 뭉클합니다. 그들의 맑간 눈동자가 눈에 선하니까요.

그러나 세월이 흐르고 흘러 그런 책들은 헌책방 모퉁이에 처박혀 있네요. 이 책을 선물받은 사람은 자기 이름도 적혀 있는데 어찌 내놓았을까, 어떤 사연이 있을까 싶지만 그런 사람이 한두 사람이 아니더군요. 헤아릴 수 없는 사람들이 지난날 가슴으로 읽던 책들을 헌책방에 넘기고 떠났습니다. 궁금해집니다. 서로 숨 가쁘게 책을 찾아 읽으며 민주사회와 사람 사는 세상을 부르짖었던 그때 그 젊은이들은 어디서 무엇을 하고 있을까요? 오늘날이 그때 그 청년들이 바라던 세상인가요? 도저히 봐줄 수 없는 현실에 주먹을 쥐고 거리로 나왔던 그 마음은 어디로 갔을까요?

죽음을 무릅쓰고 민주화를 위해 싸웠던 그들 덕분에 그나마 겉으론 자유민주주의 사회를 이룩했습니다. 하지만 크나큰 꿈을 다 꾸어버렸기 때문인지 아니면 팽개쳐버렸기 때문인지 이제 어느 누구도 꿈을 꾸지 않습니다. 지금보다 더 배불리 먹고 살겠다고 입맛만 다실 따름이죠. 꿈이 꺼져버렸습니다. 꿈조차 꿀 겨를이 없는 사람들로 사회가 빽빽합니다. 꿈 얘기를 꺼내면 후졌다는 핀잔을 듣습니다. 이젠 억대 연봉과 강남 아파트가 꿈의 자리를 차지했으니까요. 밤에 꾼 꿈이 뭔지 기억할 짬도 없이 헐레벌떡 돌아가는 하루하루, 사람들은 별 하나 없는 밤거리를 비틀거립니다.

커다란 꿈을 꾸며 젊음을 바쳤다가 돌아선 사람들, 그들 밑에서 꿈 없이 꾸벅꾸벅 졸고 있는 젊은이들, 꿈을 꾸지 못하는 게 마치 멋있는 줄 아는 시린 시대입니다. 꿈이 없는 사람은 산송장이라고 비아냥거려 봤자 그럼 넌 뭐가 잘났냐는 빈정거림과 술래잡기를 할 따름입니다. 사람들은 더 이상 묻지 않습니다. 꽉 닫힌 세계에서 주어진 길로만 갈 뿐이죠. 살아남고자 살아지는 세상, 가위눌린 사람들, 기나긴 악몽을 꾸고 있는 건지 모르겠습니다.

희망은 누가 주는 게 아니라 절망 속에서 몸소 낳아야 하는 자식입니다. 사람이 사는 곳은 무릉도원이나 에덴 언덕이 아니라 구정물 고인 시궁창입니다. 거기서 부싯돌처럼 서로서로 불꽃을 튀기며 희망을 밝혀야 하죠. 인간이란 종 안엔 여러 꼴의 사람들이 있습니다. 사람을 바퀴벌레처럼 다루는 망나니들을 보며 진절머리를 치다가도 자기 목숨을 걸고 남들을 살리는 '사람들'을 보며 희망을 일궈온 것이 인류역사입니다.

사람처럼 실길 바라는 새뚝이들은 외로워하고 쩔쩔매면서도 마침내 고요하지만 먹먹한 변화를 일으킵니다. 더불어 오붓한 사회를 다져가죠. 내 안엔 많은 남들이 들어와 있고 자국을 내고 주름져 있기 때문에 혼자서는 도무지 행복할 수 없습니다. 지구동네는 사람들로 촘촘하게 이어져 있으며, 사람은 외로이 떨어진 섬들이 아니라 땅속 맨틀처럼 잇닿은 존재들입니다. 지구마을은 자신이 아는 것보다 훨씬 더 가깝습니다. 남이 운다면 자기 눈에도 이슬이 맺힐 수밖에 없습니다. 사람은 누구나 틈새가 있고 테두리가 있지만 제가끔 할 수 있는 걸 하고자 자신을 넓히며 거듭날 수 있습니다.

고달픈 세상살이에서 함께 웃고 더불어 춤추며 살아가기란 되우 힘겨운 일입니다. 그렇다고 야멸진 현실이라며 어떠한 움직임에도 코웃음쳐 봤자 자신의 삶은 꿈쩍도 하질 않습니다. 도리어 차가운 이죽거림이 자신의 삶을 좀먹어버리죠. 그러므로 바닥을 헤매면서도 저 너머를 헤아리며 자신이 속한 우리를 넘어가고자 애써야 합니다. 지난날의 습에 지배받는 삶이 아니라 오늘을 새롭게 만들어내는 꿈을 살아야 해요. 인생은 그리 길지 않습니다. 두꺼운 탈을 벗어 던지고 사람들과 만나 활짝 웃어야 합니다.

불행이란 녀석은 찔끔찔끔 나타나지 않습니다. 불행은 걷잡을 수 없이 덮치며 한꺼번에 달려들어 삶을 물어뜯습니다. 아무리 그만 오라고 소리 지르고, 울부짖고, 발버둥 쳐도 아랑곳하지 않고 마치 밀물이 개펄에 들듯 고통은 삶을 삼킵니다. 그러다 썰물처럼 불행이 빠져나가고 고통이 누그러져 정신을 차릴 때쯤 놀랍게도 조금 더 탄탄해지고 깊어진 자신을 느낍니다. 서글픈 진실이지만 사람은 거저 튼튼해지고 따뜻해지지 않습니다. 사람은 고통 속에서 '남을 생각할 때만' 큽니다. 세상의 흐느낌과 자신의 외로움을 머금고 영혼의 키는 조금씩 자라지요.

어쩌면 이러한 '언짢은 진실'을 알기까지 괴로움에 허우적거려야 하는 것이 사람살이인지도 모르겠습니다. 진리가 우리를 자유롭게 해준다는 말이 있는데, 이 말을 뒤집으면 지금 부자유하고 답답하다면 뭔가 잘못된 앎을 갖고 있다는 뜻이겠지요. 줄기차게 자의식을 깨뜨리고 세상으로 깨쳐나가야만 앎을 바로잡을 수 있습니다. 자신이 자유로우려면, 행복하려면 진리를 찾고자 온 힘을 쏟아야 하지요. 김상봉은 이런 말을 합니다.

> 그러나 현실상황이 어떻든 오직 선 때문에 그리고 오로지 선을

위하여 흔들림 없이 선을 행할 수 있기 위해 우리는 처음부터 현실 세계에 대해 절망하는 법을, 기대하지 않는 법을 배우지 않으면 안 됩니다. 다시 말해 참으로 선하게 살기 위해 우리는 추수에 대한 희망 없이 선의 씨앗을 뿌리는 법을, 희망 없이 인간을 사랑하는 법을 그리고 보상에 대한 기대 없이 세계에 대한 우리의 의무를 다 하는 법을 배우지 않으면 안 됩니다. 그리고 마지막으로 우리는 그런 비극적 세계관 속에서도 언제나 기뻐하는 법을 배우지 않으면 안 됩니다.

김상봉, 『호모 에티쿠스』, 334-335쪽

살면서 누구나 꼭 배워야 하는 게 있다면 끝없이 밀려드는 고통 앞에서 무릎 꿇지 않고 담담히 맞서는 마음가짐입니다. 꼭 이기지는 못할지라도 그렇다고 팔짱끼지 않기, 할 수 있는 만큼 온 힘을 다하기, 조금이라도 괴로움이 줄어들게끔 알뜰하기, 누군가의 눈물을 머금고 자랐음을 깨단하고 세상의 눈물을 닦아주고자 손 내밀기, 바로 이것이죠. 희망이란 거저 주어지는 게 아니라 바닥까지 내려가서 울음을 쏟고 난 뒤 고개를 들었을 때 생겨나는 힘이니까요.

젊음이란 삶의 특정한 때를 말하는 게 아닙니다. 자기에게 걸맞은 산뜻함을 일궈내려는 마음가짐이 젊음입니다. 젊음은 팽팽한 살갗에 있는 게 아니라 쌩쌩한 고민 속에 있습니다. 젊음은 얼음이 아니고 흐름입니다. 가없는 흐름 속에서 두근거리는 고민을 그러안고 더 나은 삶과 더 좋은 사회를 꿈꾸는 일이 젊음입니다. 젊음은 즐거우면서도 아리게 고민할 수밖에 없습니다. 젊은이는 삶이란 고민을 부여잡고 줄다리기 합니다. 살아가는 내내 솟아오르는 '왜'라는 물음을 파고들죠. 그 왜는 두더지마냥 잇따라 튀어오르며 "여보세요, 잠깐만요"를 외칩니다. 흐지부지 얼렁뚱땅 눙친다고 그 두더쥐가 들어가지 않죠. 두더쥐에게 답을 해주지 않으면 어떤 쥐보다 더 끈질기게 따라다니며 자기 삶을 갉아먹어 들어갑니다. 그래서 왜라는 물음을 히지 않는 이들은 괴로워합니다. 그 두더쥐가 자기 삶을 갉아먹으니까요.

왜라는 물음은 봄의 부름입니다. 왜라는 물음을 통해 자신을 묶고 얽매는 넝쿨을 끊어내야만 젊음의 맛을 느끼고 누릴 수 있지요. 그럴 때 삶이 봄으로 물들여집니다. 자신의 청춘을 에누리하고 싸잡아 팔아넘기려는 야바위꾼이 있으면 딴죽 걸면서 주먹다짐해야 하지요. 자신의 봄은 누가 만들어주지 않습니다. 봄을 부르는 방법은 유명대학 졸업장을 따거나 스펙을 수북이 등에 싣는 게 아니라, 오히려 자신이 여태 열심히 해왔던 것들을 솎아내는 데 있습니다. 자신이 그동안 정력을 쏟았던 일들이 알고 보면 자기 삶을 옥죄는 쇠사슬일 때가 많으니까요. 화장품을 덕지덕지 바른다고 젊어지는 게 아니라 자기 안에서 솟구치는 샘을 맛보는 사람만이 봄을 누립니다. 자신의 젊음을 푼돈에 넘기지 않고 파랑새를 찾고자 몸과 마음을 움직일 때 아지랑이가 피어납니다.

나이 든 사람들은 회춘한답시고 보약을 달여 먹거나 정력제랍시고 애꿎은 생명들을 잡아먹는데 그래선 안 되지요. 오히려 자기 안에서 샘솟는 활력을 느끼고 그 이글거림을 버텨내야 합니다. 따로 봄을 되돌리려고 애쓰지 않아도 됩니다. 이미 청춘은 푸른 봄이니까요. 자신의 젊음을 견디지 못하고 허투루 내보내거나 엉뚱한 곳에 쏟지 않으려면 자신을 담금질하여 자기의 홧홧함을 담아내는 뚝배기를 갖춰야 합니다.

가만히 자신을 들여다보면, 또는 사회가 쳐놓은 욕망의 그물을 걷어내면 진짜 행복으로 자기를 이끄는 '충동의 물줄기'가 있습니다. 자신도 모르게 울먹임이 쏟아지듯, 막으려 해도 웃음보가 터지듯, 이걸 할지 저걸 할지 저울질하는 게 아니라 요모조모 셈하지 않고 온마음을 다 바쳐 흠뻑 빠져들어 하는 일이 있지요. 아이가 세상을 궁금해 하며 어버이에게 이것저것 묻는 것처럼 자연스럽게 샘솟는 기운에 따라 세상에 묻고 찾아갈 때, 이것이 진정한 회춘입니다. 세상이 짜놓은 욕망의 골대로 흘러가는 삶이 아니라 자기 안에서 샘솟는 충동에 따라 땀 흘리며 사는 '봄사람'은 자신이 애써서 거둔 열매들 덕분에 지구마을의 수많은 사람들에게 짜릿한 맛을 안기고 아기자기한 느낌들을 선물합니다. 하란 것을 하는 종이나 누가 옮겨주지 않으면 영영 그 자리에 붙박인 허수아비와 달리 스스로 생각하고 자기 안에서 피어오르는 바람과 솟구치는 샘물 따라 어디든 가며 삶을 생생히 누리는 '봄사람'은 얼마나 행복할까요?

잃을 게 없는 사람들의 마음맺음

나이 듦은 늙음이 아닙니다. 나이가 들어도 푸른 젊음을 지키는 이들도 많지만 나이가 어려도 팍삭 늙음에 휩쓸린 이들도 숱하죠. 젊음은 순간순간 끓어오르는 이글거림이자 삶을 살맛나게 하는 반짝거림입니다.

젊음은 가치로서 버텨내고 주체하며 얼싸안고 감싸서 끝내 솟구쳐야 하는 숫기입니다. 나이가 들어서 그윽한 국화를 자기 삶에 피워내는 이들도 많지만 적잖은 이들은 잎사귀들을 떨어뜨리고 쓸쓸함을 '받아들이지요.' 좀 아쉽지만 나이 듦이 깊이로 이어지기보다 늙음으로 끌려가기 쉽기에 헤아리지 못할 바는 아닙니다. 한비야는 이런 말을 하네요.

어른이 되고 보니 세계일주는 마음먹는다고 되는 만만한 일이 아니었다. 여행이라는 것은 돈과 시간과 호기심의 삼박자가 맞아야 하는 것인데 학생 때는 돈이 없고, 직장을 다니면 시간이 없고, 두 가지가 다 갖춰질 때까지 기다리다가는 다리 힘이 빠지고 호기심이 떨어져 돌아다닐 수 없는 나이가 될 테니까.

한비야, 『바람의 딸, 우리 땅에 서다』, 9쪽

젊은이들에게 눈길을 두드러지게 줄 수밖에 없는 까닭이 여기에 있습니다. 청춘은 모든 싹을 틔워낼 수 있으니까요. 어느 때건 삶이란 여행은 늘 조마조마하면서도 어여쁘지만, 그 가운데 가장 일렁이면서도 들썩이는 길목이 청춘입니다. 나이 듦이라는 시간조건에서 그 어느 누구도 자유롭지 않지만, 그나마 청춘은 세상 흐름에 덜 찌든 때이죠. 그래서 여무지게 슷기를 가다듬으면 나이가 들수록 무르녹아가고 그만치 깊이와 넓이를 만들어냅니다.

허나, 밥벌이의 두려움이 지구동네를 휩쓸고 더 많은 걸 써버리고 싶다는 욕망의 아귀가 삶을 집어삼키는 오늘날 10-20대들이라고 마냥 젊은 건 아닙니다. 하루하루 술렁임에 어찌 할 바 몰라 하며 갈팡질팡 헤매고 여기저기서 생채기를 받아 흐느끼며 몸져눕기 일쑤지요.

희끄무레하고 검푸른 앞날에 지친 나머지 늙다리처럼 미주알고주알 씨부렁거리며 자신의 삶을 갉아먹는 이들이 드물지 않습니다. 삐죽대며 꼰대처럼 살아가는 '늙은 애들' 은 '녹슬어버림' 을 자신이 받아들였기에, '닳아빠짐' 에 자신의 삶이 먹혔기에 툭하면 간살스럽게 침 튀기며 둘레를 흉건하게 만듭니다. 젊음을 넉장거리한 이들에겐 하품과 졸음만이 남습니다. 그래서 추레한 자신의 모습을 감추고자 더 설레발치고, 그럴수록 팍 낡아버립니다.

이에 반해 알짜배기 청춘들은 까마득하고 흐리멍덩한 현실이라해도 주저앉지 않죠. 처음엔 미적거리고 망설이더라도 쉼없이 자기안을 박차같이 파고드는 물음표에 답을 찾고자 생각을 하고 공부를 하고 사람을 만나고 묻고 따지고 아려하며 '어른' 으로 자랍니다. 와들와들하고 멀미나고 뻐근하고 벅차더라도 자기 안의 젊음을 누리며 고통을 끼니삼아 마음의 키를 키웁니다. 이렇게 마음은 '성장통' 을 겪어야만 자라는데, 그 까닭은 더 좋은 사람이 되기 위해서입니다. 시뻘건 불길 속에서 쇠가 더 단단해지고 강해지듯, 싸늘한 추위에 김치가 맛있게 익어가듯 청춘은 괴로움에 널브러지지 않고 그 괴로움마저도 젊음 안에서 진주로 바꿔내며 더 좋은 사람으로 자랍니다. 삶을 살아지지 않고 살아내면서 어른이 됩니다.

오늘날 사람살이가 외롭고 사회가 답답한 까닭은 꿈을 더 이상 생각하지 않기 때문입니다. 퐁퐁 샘솟는 꿈을 짓누르려 하기 때문이지요. 하지만 암만 겉모습을 잘 꾸미고 기술문명의 기기들을 앞장서 다룬다 하더라도 더불어 행복할 수 있는 꿈이 없다면 어느 누구도 행복할 수 없습니다. 약삭빠르고 얍삽한 사람들이 짧게는 치고나가고 뭔가를 많이 얻는 듯싶지만 언제나 멀리 가지 못하고 나자빠집니다. 꿈을 꾸지 못한다면 왜 못 꾸는지, 꿈이란 어때야 하는지 젊은이들이 서늘한 눈으로 톺아야 합니다. 잘못된 과녁에 얽매이면 아무리 빼어난 활솜씨를 지녔더라도 좋은 결과를 얻을 수 없듯 무엇이 꿈이어야 하는지, 젊은이들이 온몸과 온 마음을 다해 찾아야 합니다. 나이만 먹는다고 거저 꿈이 생기기는커녕 도리어 하고 싶은 일이 줄어들기 십상이니까요.

난 말이야. 스무 살이 넘으면 모든 것이 혁명적으로 짜잔, 하고 바뀌어버릴 줄 알았어. 그래서 기다리고 기다렸지. 그런데 스무 살까지 가는 시간은 너무 멀고 지겨웠어. 바뀐건 바 없었어. 그런데 바뀌는 것은 분명했지만 아주 천천히 스멀스멀 기어다니는 정도의 속도였어. 지겨운 것은 조금씩 더 많아졌고 하고 싶은 일은 점점 줄어들었어.

김중혁, 『펭귄뉴스』, 「펭귄뉴스」, 349쪽

꿈 찾기가 쉽지 않겠지요. 이제껏 쏟아부은 시간과 돈도 생각나고 저 막막한 '새로운 길' 로 나서기엔 다리가 후들거리니까요. 암만 자기가 있는 곳이 싫어도 차마 발걸음이 떨어지지 않습니다. 참말 가고 싶은 곳이 있다면 용기를 내서 신발끈을 동여매겠지만, 딱히 어디 가고 싶은 데가 있는 것도 아닌 젊은이들은 우물쭈물하다가 도로 제자리에 쭈그려 앉습니다. 입맛이 쓰지요. 젊을 때 우리 밖으로 나가지 못하면 평생 그 안에 있을 수밖에 없으니까요. 붙박임이 자신을 낡고 늙게 만듭니다. 시간이 지날수록 누군가의 얘기는 잔소리로만 들리고 어떻게 해야 할지는 모른 채 자신의 생각은 굳어만 가지요. 그러다 보면 자신의 선 자리를 못마땅해 하면서도 움직이지 않는 고슴도치로 변해버립니다. 이미 돌이킬 수 없으니 그것이 맞다고 구시렁거리면서.

그러나 영화 「레인보우」를 보면 직장을 그만둔 주인공은 영화감독을 하고자 집밖을 나섭니다. 아들은 개기고 남편은 투덜거리지만 자신의 꿈을 찾아 어려운 여건에서도 영화를 만들고자 애면글면하죠. 중학교 2학년 아들이 '루저' 가 어떤 사람들이냐고 묻자 주인공은 "잃을 게 없는 사람들"이라고 답합니다. 잃을 게 없는 사람들은 어디든 갈 수 있고 뭐든 할 수 있습니다. 지금 꿈을 꾸지 못하고 있다면 무언가를 잃을까 두렵기 때문이겠죠. 그렇지만 그게 인생이라면,

인생을 잃을까 두려워서 꿈을 꾸지 못하다가 시간이 흘러 인생에서 가장 중요한 청춘을 그냥 잃는다면 어떤 기분일까요?

꿈에 대해서 많이 생각해 볼 필요가 있어요. 이게 제일 큰 문제죠. 인터넷 교보문고 보니까 27세 이건희처럼 살아라, 이런 게 나왔던데, 되게 웃겨요. 역사상 이런 20대가 없거든요. 생계에 연연해하고, 이상한 거 같아요. 하지만 20대는 역사에서 쭉 약자였어요. 사회도 계속 부조리했어요. 20대들이 이거에 대해 열등감, 열패감을 너무 느낀다는 게 문제 같아요. 생각을 달리하고, 넘어져도 괜찮으니 도전해 보자, 이런 얘기를 하고 싶네요.

여기저기서 20대 관련된 이야기가 굉장히 많이 나오고 대화 하자고 저에게도 전화 오는데, 그때마다 드는 생각은 이걸로도 콘텐츠를 만드나, 어쩔 때는 불쾌하기도 했어요. 청년실업, 이태백, 이런 얘기가 많이 들리니까 더 위축되고 점점 자조하는 분위기가 되는데, 이걸 제일 경계해야 할 거 같아요. 어떻게 보면 20대는 하나도 안 불쌍해요. 저희는 힘이 있잖아요. 젊기 때문에 넘어져도 초라하지 않거든요. 정말 불쌍한 건 삶 전면에 나가 있는 기성세대들이고, 오히려 우리가 그들을 위로해주고 힘내시라고 응원해드려야지 않을까 싶고, 상큼한 젊음으로 그래야 되지 않을까 싶네요. 기죽지 말고 힘을 주자, 얘기를 하고 싶어요. 우리는 아름답잖아요. 그것만으로 기득권이에요.

『꺄르르♡인 블로그』, 「비정상 사회, 청년들이 사회참여해야」

돈을 숫제 시들방귀로 여기거나 깔보라고 하는 말이 아닙니다. 온

누리를 따듯이 덥히려면 돈이라는 불쏘시개가 있어야 하겠죠. 사랑 없는 돈은 사람을 수렁으로 빠트리지만 돈 없는 사랑은 땔감이 없는 불처럼 오래 가지 못할 때가 잦으니까요. 따라서 균형감각이 있어야 하는데 한국은 외가닥으로 물매집니다. 모든 사람들이 벌건 눈으로 찜할 깃들을 찾아 숨 가빠하고 있습니다. 속물로 살아가는 걸 여보란 듯합니다. 마시면 마실수록 목마름을 일으키는 바닷물처럼 암만 쥐어도 행복하지 않기에 뭔가 야릇한 걸 알지만 다른 길을 모릅니다.

자신이 행복하고 싶다면 잠깐이라도 '밥벌이의 식은땀'을 닦아낸 뒤 다른 곳으로 눈을 돌려보는 건 어떨까요? 푸석푸석한 하루하루에서 빠져나와 여행을 떠나보는 건 어떨까요? 적어도 잠깐이나마 찌든 나날에서 벗어날 수 있으니까요. 때론 아쉬움과 부질없음이 울컥 치밀 수도 있으나 그 느낌마저 훌륭한 땔감이지요. 앞으로 되풀이하지 않겠다는 다짐으로 이어낸다면 얼마나 우람한 힘이 되는지요! 그 힘을 연필삼아 새롭게 앞날을 그려나갈 테니까 말이죠. 지난날을 포근하게 어루만지고 다음을 싱그럽게 열었으면 좋겠네요.

막바지에 이르렀습니다. 여기까지 책을 읽은 애탐과 애씀은 더 나은 자신으로 나아갈 수 있는 훌륭한 발판입니다. 새로운 싹이 마음에 트였다면 그 움을 잘 키우시길 바랍니다. 책을 덮으면서 지금 마음을 그대로 덮지 마시고 기지개를 켜면서 자신을 찬찬히 돌아보며 삶의 언저리를 가다듬는다면 얼마나 구성진 일들이 일어날까요? 삶이란 미처 알지 못했던 마주침과 줄기차게 피어나는 사건들의 다발이기에 계획은 종이에서만 그럴듯하지 현실에선 큰 쓸모가 없죠. 그러므로 사람에게 꼭 있어야 하는 것은 또박또박하게 그려진 지도가 아니라 가볍게 걸을 수 있는 신발이고, 얻음과 잃음을 잽싸게 재는 계산기가 아니라 서로의 마음을 싣는 편지입니다. 삶은 이미 벌어졌고, 살포시 웃으면서 세상 사람들과 함께 한바탕 즐기면 됩니다.

오늘이 가면 또다시 바쁜 세월이 찾아오겠지요. 지난날과 비슷하게 시간은 쏜살같이 흘러갈 터입니다. 자신도 어디론가 정신없이 달려갈 테고, 시간에 쫓겨 허겁지겁 달력을 넘기겠죠. 그러다 고개를 들어 창밖을 보면 어느새 땅거미져 있겠고요. 꿉꿉한 피로를 짊어지고 무거운 발걸음 옮기는 일이 행복하지만은 않을 성싶습니다. 이러한 무겁고 칙칙함에서 벗어날 수 있는 때가 지금입니다. 오늘은 새로움을 일으킬 수 있는 유일한 기회입니다. 오늘 품은 바람들이 삶의 신바람으로 이어질 수 있으니 마음을 맺으시길 바랍니다. 행여나 사흘 만에 접더라도 그 사흘이 얼마나 소중한지요? 사흘은 인생이란 농사를 일궈가는 첫 모내기입니다. 금세 닫히더라도 오늘만큼은 마음의 빗장을 활짝 여시길 바랄게요. 청춘은 모든지 될성부릅니다. 좀처럼 잡히시 잃는 세상이란 바다 속에서 허우적거리더라도 손발놀림을 멈추지 않고 앞으로 나아가고자 힘을 내길 바랍니다. 늘 그래왔듯!

다시 세상으로 나갈 때입니다. 아직 젊은 그대여. 몸에서 땀이란 땀은 다 뺄 만치 노동도 하고, 사랑도 오순도순하면서도 찌릿하게 하고 사회참여도 신나게 하길! 겁 없이 덤비고 기꺼이 아파하시길!

인생이란 저 바다로 나아가는 길, 자주 출렁이고 때론 폭풍이 불어올 수밖에 없습니다. 그렇다면 부두에 머무르기보다 더 용기를 내면서 배를 저어가야겠죠. 그러다 보면 갈매기들과 함께 끼룩끼룩 노래도 부르고, 겨드랑이를 간질이는 바닷바람과 방싯거리고 있겠죠. 자신의 선 자리에서 벗어나 자신의 테두리를 뚫고 자신이 믿어왔던 세상의 바깥으로!

'어이, 일어나.'

나는 쉽게 눈을 뜰 수 없다. 내 마음대로 눈을 뜰 수가 없다. 나는 셋을 세기로 한다. 셋을 셀 동안 일어나지 못한다면 나는, 이대로 영원히 죽지도 살지도 못한 채 어둠 속에 존재할 것만 같다. 그러나 나는 늦잠을 자다가 이불을 박차고 일어나듯이 셋을 센 다음 일어날 것이다. 잠에서 깨어나 아주 나쁜 악몽을 꾸었다고 사람들에게 이야기할 것이다. 그리고 완전히 새로운 삶을 살아나갈 것이다. 희망도 절망도 없지만 전진, 또 전진하는 삶을 살아갈 것이다. 이제 셋을 세어보자.

하나,

둘,

호흡을 가다듬고,

셋.

서진, 『웰컴 투 더 언더그라운드』, 284쪽

지은이 **이 인**

20세기가 뉘엿뉘엿 저물 무렵, 봄에 태어났다.

더 나은 사람이 되고자 수많은 사람들을 만나러 다녔고 여기저기 신세를 졌다. 그러다 젊은이들에게 손을 건네는 인생 선배들을 만나 『청춘대학』(동녘, 2010)을 엮었다.

2008년 가을부터 '까르르'라는 이름으로 블로그를 꾸리고 있다. 사회철학, 정신분석, 문화종교, 생태생명 등등을 공부하며 글을 쓴다. 까르르 웃는 나너 우리를 꿈꾸면서♡

blog.ohmynews.com/specialin

자기계몽
자기 삶과 사회를 뒤바꾸는 꿈

초판1쇄 / 2011년 6월 20일

지은이 **이 인**
펴낸이 **여국동**
펴낸곳 **도서출판 인간사랑**
인 쇄 **백왕인쇄**

출판등록 1983. 1. 26. / 제일 3호

정가 15,000원

ISBN 978-89-7418-026-3 93040

※ 잘못된 책은 교환해 드립니다.

(411-815) 경기도 고양시 일산구 백석동 1178-1
TEL (031)901-8144, 907-2003
FAX (031)905-5815
E-mail igsr@yahoo.co.kr / igsr@naver.com